MODELOS DE EVANGELISMO

Priscilla Pope-Levison

Traducción: Oscar Aguilar M.

Instituto de Estudios Wesleyanos

Instituto de Estudios Wesleyanos
www.estudioswesleyanos.org
Contacto: instituto@estudioswesleyanos.org

ISBN: 978-1-955761-05-5

Para información escribir a:
Wesley Heritage Foundation
PO Box 311
Midland, GA 31820 USA
hello@wesleyheritage.org

Título original del libro:
Models of Evangelism
(Baker Academic, 2020)

Ilustración de portada: Shutterstock
Diseño de portada: Paula Gibson

Contenido

Reconocimientos   i

Introducción   iv

1. PERSONAL   1

2. GRUPO PEQUEÑO   30

3. VISITACIÓN   56

4. LITÚRGICO   85

5. IGLECRECIMIENTO   115

6. PROFÉTICO   145

7. AVIVAMIENTO O CAMPAÑA   175

8. MEDIOS DE COMUNICACIÓN   206

Conclusión   255

Reconocimientos

La génesis de este libro es el salón de clases —más de veinte años enseñando *Introducción al evangelismo* en la Escuela de Divinidades de Duke, la Universidad de Seattle Pacific, y ahora en la Escuela de Teología de Perkins en la Universidad Metodista del Sur. Típicamente, la primera parte del curso cubre los fundamentos bíblicos, históricos y teológicos del evangelismo; la segunda mitad se enfoca en los modelos de evangelismo. El proyecto final requiere que los estudiantes reúnan todos estos aspectos en una estrategia evangelística de un año de duración para un entorno ministerial concreto; deben implementar minuciosamente al menos un modelo en la tarea. A lo largo de los años, el entusiasmo de los estudiantes por estos modelos, que desafían sus ideas preconcebidas sobre el valor del evangelismo y despiertan su imaginación sobre cómo practicarlo de manera inteligente y convincente, me inspiró a escribir este libro. Quizás, entonces, no sea tanto el salón de clases la génesis del libro, sino los muchos estudiantes entusiastas y serios que, durante más de dos décadas, han llenado sus páginas con un espíritu de aprendizaje.

Hace cinco años, comencé a ocupar un puesto administrativo de tiempo completo como decana asociada de programas externos en la Escuela de Teología de Perkins. Este cambio vocacional vino con menos tiempo para investigar y escribir, lo que hizo que mi permiso de ausencia de cinco meses otorgado por el Decano Craigh Hill fuera aún más valioso. Durante esos meses, mi esposo, Jack, y yo nos recluimos en un apartamento bajo el alero del Internationales Begegnungszentrum en Munich, y completé el borrador completo del libro. Nuestro asistente estelar de posgrado, Andrew Klumpp, escaneó y me envió por correo electrónico montones de artículos y capítulos de libros para que pudiera mantener un ritmo de escritura febril. El personal de la Biblioteca de Bridwell también fue inmensamente útil. Sally Hoover solicitó innumerables materiales de préstamo entre bibliotecas, Ellen Frost compró libros para agregarlos a la colección de Bridwell, y los bibliotecarios de referencia David Schmersal (ahora en el Seminario Presbiteriano de Austin) y Jane Elder buscaron referencias y citas bibliográficas oscuras y de otra manera inalcanzables. Mientras estuve fuera del campus, mis queridos colegas de la Oficina de Programas Externos, Bart Patton y Mary Roberts, dirigieron nuestros eventos con aplomo y excelencia. Es un auténtico placer trabajar con ellos, y espero cada día poder interactuar con ellos mientras subo los escalones hacia el tercer piso del Selecman Hall, un viejo edificio de ladrillos en el campus de la Universidad Metodista del Sur.

Un grupo notable de personas, algunas de las cuales aún no he conocido en persona, gentilmente tomaron tiempo de su propio trabajo para comentar partes del manuscrito o contribuir a él a través de conversaciones significativas: Billy Abraham, Chris Alford, Jonathan Bedford-Strom, Angela Gorrell, Natasha Govekar, Robert Hunt, Dick Peace, Mark Teasdale, Patricia Walker y Mark Wingfield. También estoy agradecida con el equipo de Baker Academic, que diseñó la fabulosa portada del libro y proporcionó una corrección de estilo de manera experta y cuidadosa, y especialmente a Bob Hosack, editor de adquisiciones, quien ayudó a dar forma a este libro durante comidas en la Academia Americana de Religión y la Sociedad Teológica Wesleyana, y que, no casualmente, la defendió desde el principio.

Chloe y Jeremy, nuestra hija y nuestro hijo, nos sorprendieron y nos deleitaron al mudarse a Dallas, ambos, poco después de que Jack y yo recogiéramos nuestras cosas en Seattle y nos dirigiéramos a Texas en 2015. Me han mantenido con los pies en la tierra en medio de una gran transición geográfica y vocacional. Durante la última media década, hemos descubierto lugares favoritos para caminar, pedir una excelente pizza para llevar y disfrutar de horas felices. Qué alegría ha sido estar en su presencia casi a diario.

Jack, mi cónyuge desde hace treinta y ocho años, editó a conciencia todo este libro. Sabía que mi tiempo para hacer una edición a fondo era limitado una vez que terminara mi licencia, así que se ofreció a ser mi editor y acepté de inmediato. El libro mejoró inmensamente bajo su sabia y experta pluma. Para su cumpleaños el año pasado, le regalé una tarjeta con el mensaje "¡Me encanta cómo vivimos" Estas palabras hablan de nuestro disfrute lleno de amor de la vida diaria juntos, unidos plena y felizmente en el otro. Le dedico este libro a Jack con amor y gratitud por cómo llevamos la vida juntos.

Introducción

Bathsheba Kingsley fue acusada en 1741 de robar un caballo y cabalgar en el día de reposo sin el consentimiento de su esposo, con el propósito de predicar el evangelio en los pueblos vecinos. Se justificó ante el concilio de la iglesia, del cual Jonathan Edwards era parte, alegando que había recibido una revelación del cielo y que simplemente obedecía la voluntad de Dios. Bathsheba Kingsley era una evangelista.

Sarah Osborn organizó un grupo de oración de mujeres durante más de veinte años. Para 1766, el grupo llegó a tener hasta 350 personas, incluidos hombres, mujeres, niños y esclavos, que acudían a su casa para asistir a las reuniones vespertinas de oración y participar de conversación religiosa. Sarah Osborn era una evangelista.

Harriet Livermore cantó y predicó ante una multitud que estaba de pie en el Congreso el 8 de enero de 1827, con la asistencia del presidente John Quincy Adams. Predicó al Congreso tres veces más entre 1831 y 1843. Harriet Livermore era una evangelista.

Jarena Lee viajó a pie, en diligencia y en barco desde su casa en Filadelfia a lo largo de Nueva Inglaterra, al norte hacia Canadá y al oeste hacia Ohio. Predicaba dondequiera que se presentara ocasión: iglesias, escuelas, campamentos, graneros y casas. Su autobiografía de 1836 fue la primera publicada por una mujer afroamericana. Jarena Lee era una evangelista.

Isaac Hecker se convirtió al catolicismo en 1844. Él y otros cinco sacerdotes nacidos en Estados Unidos formaron la Congregación de San Pablo (o los Paulistas) en 1858, como un apostolado para los no católicos. Llevaron a cabo misiones evangelísticas por todo el país. Isaac Hecker era un evangelista.

Jennie Fowler Willing nunca dio a luz a un hijo, pero animó a las mujeres, especialmente a las madres, a utilizar su influencia y autoridad al servicio del evangelismo. En un artículo publicado en 1896, Fowler Willing ensalzó el poder de la madre en el evangelismo. "Entre las fuerzas más poderosas aún no descubiertas", aconsejó, "el poder de la madre para el bien lo supera todo"[1]. Jennie Fowler Willing era una evangelista.

Mattie Perry fundó el Instituto de Capacitación Elhanan en Marion, Carolina del Norte, para estudiantes sin recursos llamados a la obra evangelística. Su plan de estudios les proporcionaba clases bíblicas y capacitación práctica. Trabajando con su padre y su hermano, restauró, amuebló y preparó veinticinco habitaciones del abandonado hotel Catawba a tiempo para el servicio de dedicación de la noche de vigilia el 31 de diciembre de 1898. Mattie Perry era una evangelista.

Emma Ray y Madre Ryther eran un par de mujeres interraciales que visitaban burdeles en el distrito del muelle de Seattle en la cúspide del siglo XX. Los propietarios de los burdeles les daban permiso para visitarlos y apaciguaban el baile y la música para que Ray y Ryther pudieran tener reuniones evangelísticas en el salón. Emma Ray y Madre Ryther eran evangelistas.

Anna Prosser fue sanada después de vivir con una discapacidad durante diez años. Armada con una salud renovada, comenzó a trabajar como voluntaria en una misión de rescate de la Unión de Mujeres Cristianas por la Temperancia en Buffalo, Nueva York, y convocó un estudio bíblico el sábado por la noche para hombres trabajadores. Cada Navidad les ofrecía un banquete tan abundante como podía permitirse. Cuando se sintió llamada a abrir una nueva misión, los hombres decidieron ir a ayudarla. A partir de entonces, al hablar de la misión, Prosser utilizó el pronombre *nosotros* para referirse a su colaboración. Anna Prosser era una evangelista.

David Goldstein, un converso del judaísmo al catolicismo, cofundó el Gremio de la Verdad Católica en 1917 como una organización evangelística itinerante dirigida y atendida por laicos católicos. Con el apoyo del arzobispo de Boston, William O'Connell, Goldstein viajaba en un Modelo-T personalizado por toda Nueva Inglaterra en el verano y por todo el continente hasta California en el invierno, celebrando reuniones evangelísticas al aire libre en el camino. David Goldstein era un evangelista.

Raymond Leong emigró del sur de China a Detroit y trabajó en un negocio de lavandería a mano. Después de convertirse al cristianismo en 1953, gracias a los esfuerzos de alcance de las iglesias locales, reclutó a otros lavanderos chinos para que se unieran a grupos de estudio bíblico. Estos esfuerzos evangelísticos llevaron a la fundación de la Iglesia Bíblica China de Detroit. Raymond Leong era un evangelista.

Iva Dardanet habló con su vecina en el sencillo tendedero del patio trasero de una casa construida después de la Segunda Guerra Mundial, en los campos de papas de Long Island, Nueva York. Con su fuerte acento sureño le preguntó: "¿Qué tal una Coca-Cola bien fría?" Su vecina, Norma Levison, aceptó el gesto de vecindad y en cuestión de meses se comprometió con Cristo. Iva Dardanet era una evangelista.

Los miembros de la Iglesia Presbiteriana de Oak Lane tocaban los timbres de las casas en su vecindario del centro de Filadelfia a finales de la década de 1960, para su programa de evangelismo de visitación. Esto condujo a tener compasión hacia los vecinos– por ejemplo, la compra de camas de hospital para los que tenían padecimientos– en la medida en que la iglesia demostraba amor a sus vecinos de Filadelfia de manera práctica. Oak Lane cambió en el proceso: se convirtió en una iglesia con mayor diversidad étnica que reflejaba los cambios demográficos de su vecindario. Los miembros de Oak Lane y su pastor, Richard Armstrong, eran evangelistas.

Rodney Woo, mientras se desempeñaba como pastor principal de la Iglesia Bautista Wilcrest en Houston, Texas, de 1992 a 2010, dirigió su transformación de una iglesia conformada completamente por personas blancas, a una que es treinta y cinco veces más diversa racialmente que la congregación promedio en los Estados Unidos. "La Iglesia Bautista Wilcrest es el puente multiétnico de Dios que atrae a las todas personas a Jesucristo, quien las transforma de incrédulas a misioneras", anuncia la declaración de visión de la iglesia[2]. Rodney Woo y los miembros de la Iglesia Bautista Wilcrest son evangelistas.

Samira Izadi Page, nacida como musulmana chiita, huyó de Irán en 1989. Finalmente, cruzó a los Estados Unidos por la frontera de Texas pasando por el Río Grande, y se entregó en el puesto de control fronterizo. En Dallas, se convirtió al cristianismo, obtuvo dos títulos de seminario y fundó *Gateway of Grace* (Puerta de Gracia), una organización que moviliza a las congregaciones para conectarse con refugiados. Samira Izadi Page es una evangelista.

Según un estudio reciente de *Barna Group*, "Seis de cada diez estadounidenses, sorprendentemente, creen que cualquier 'intento de convertir a otros' a la propia fe es 'extremo'. ¡Más de ocho de cada diez 'sin afiliación' así lo dicen! Para ser claros: la mayoría de los adultos estadounidenses y la gran mayoría de los adultos no religiosos (83%) creen que el evangelismo es religiosamente extremo"[3]. Puede que esa mayoría tenga razón. Después de todo, Bathsheba Kingsley robó un caballo, cometiendo un delito, para ser evangelista. Harriet Livermore, después de predicar al Congreso por última vez, gastó todo su dinero viajando cuatro veces a Jerusalén para evangelizar allí y ser testigo del inminente y literal regreso de Jesús; murió sola en una casa de beneficencia de Filadelfia y fue enterrada, como lo había solicitado, en una tumba sin nombre. Richard Armstrong, pastor de la Iglesia Presbiteriana de Oak Lane y organizador de su programa de evangelismo de visitación en el centro de Filadelfia, no ocultó el hecho de que el evangelismo puede ser extremo. "El primer efecto de nuestro testimonio cristiano", advierte Armstrong, "puede que no sea la reconciliación sino la marginación, no la paz sino la espada, no la confesión sino el conflicto. Ese es el riesgo que debemos correr, porque nuestro llamado es ser agentes de reconciliación de Dios en un mundo tal como este"[4].

Sí, la mayoría de los adultos estadounidenses pueden tener razón cuando afirman que el evangelismo es religiosamente extremo. Sin embargo, es posible que también estén equivocados. El evangelismo no es inevitablemente extremo. Sarah Osborn no se propuso organizar una reunión multirracial para cientos de personas. Lo que hizo fue abrir su casa para que las mujeres de la ciudad se reunieran en oración. Iva Dardanet le preguntó a una vecina si quería una Coca-Cola. Esa invitación convencional llevó a invitaciones a la iglesia y, finalmente, a la fe vibrante, duradera y vitalicia de mi suegra. La visión de Rodney Woo de una iglesia multicultural circulaba por sus venas incluso antes de nacer. Su padre, mitad chino, se desempeñó como misionero para hispanos, afroamericanos e inmigrantes vietnamitas en la ciudad fronteriza de Port Arthur, Texas. La experiencia multicultural de Woo se intensificó cuando asistió a una escuela primaria y secundaria afroamericana. Woo diría que es natural, y no extremo en absoluto desde el punto de vista religioso, esperar que las iglesias crucen las fronteras raciales y étnicas en sus comunidades.

La mayoría de los estadounidenses, entonces, tienen razón y están equivocados a la vez. El evangelismo puede ser ambas cosas: a veces extremo, a veces no. Del modo que sea, hay algo estimulante en el evangelismo. Participar activamente en el evangelismo anima al evangelista a mantener su propia fe viva y resiliente porque está motivada por un sentido de optimismo, de apoyarse en las posibilidades que se materializan cuando aborda a las personas con el evangelio cristiano. Piense en Mattie Perry, quien reconoció que los evangelistas y misioneros necesitan capacitación antes de emprender el ministerio de tiempo completo. Cuando nadie más dio un paso al frente, Perry, a pesar de la falta de educación y respaldo financiero, fundó una escuela religiosa para estudiantes que no podían pagar por una educación universitaria. Considere, también, a Anna Prosser, que quiso dar a los demás en agradecimiento por su sanidad después de vivir diez años con una discapacidad, por lo que dedicó su tiempo y recursos en su misión de rescate local hacia aquellos que estaban absolutamente desamparados. Considere también a Samira Izadi Page, quien tomó su experiencia como refugiada y la transformó en una organización que sirve, en nombre de Jesucristo, a refugiados de todas las creencias que se han establecido en Dallas, Texas.

La historia del evangelismo es una letanía diversa. Hombres y mujeres, ricos y pobres, itinerantes y locales, católicos y protestantes, extremos y naturales, públicos y privados. Hay evangelistas de todas las formas y tamaños.

La palabra en español *evangelismo* no es tanto una traducción sino una transliteración modificada de la palabra griega *euangelion*, que se compone de dos partes: la proposición *eu*, que significa "bueno" (como en *euforia* o *eufemismo*); y la raíz *angelos*, que significa "ángel" o "mensajero". El contenido del evangelismo es el evangelio, el *euangelion*, las buenas nuevas. El que trae las buenas nuevas, el mensajero, es el evangelista, el *euangelistes*.

Jesús trajo un mensaje de buenas nuevas, el *euangelion*. La primera mención del mensaje de Jesús, descrito en el primer evangelio, usa precisamente esta palabra: "Después de que encarcelaron a Juan, Jesús se fue a Galilea a anunciar las buenas nuevas [*euangelion*] de Dios. 'Se ha cumplido el tiempo', decía, 'El reino de Dios está cerca. ¡Arrepiéntanse y crean las buenas nuevas!'" (Marcos 1:14-15). La palabra *euangelion* aparece dos veces en este resumen de la vocación de Jesús: Jesús anunció las buenas nuevas de Dios (*to euangelion tou theou*) y dijo a la gente "arrepiéntanse y crean las buenas nuevas" (*metanoeite kai pisteuete en to euangelio*).

Aunque podemos trazar la historia y la práctica del evangelismo hasta Jesús, las definiciones de evangelismo varían ampliamente. D. T. Niles, un líder de Sri Lanka en el movimiento ecuménico de mediados del siglo XX, propuso una de las definiciones más simples de evangelismo: el evangelismo es "un mendigo diciéndole a otro mendigo dónde conseguir alimento"[5]. El profesor de evangelismo de la Iglesia Bautista del Sur, Delos Miles, ofreció una definición amplia, basada en parte en Marcos 1:14-15: "Evangelismo es ser, hacer y contar el evangelio del reino de Dios, para que por el poder del Espíritu Santo las personas y las estructuras se conviertan al señorío de Jesucristo"[6]. Un aspecto central de la definición de Miles es la pauta de que el evangelismo puede ser transformador tanto para las personas como para las estructuras. También es esencial la presencia del Espíritu Santo, que indica que el evangelismo no es un proceso mecánico.

La autora y conferencista contemporánea Martha Grace Reese concibió una definición basada en entrevistas con más de mil personas de cientos de iglesias: "En esencia, el evangelismo es gente que comparte con otros su comprensión personal de que la vida es mejor, más rica y más verdadera si uno tiene fe en Cristo y vive en una comunidad de fe"[7].

El Papa Francisco ofrece otra definición, destacando la centralidad de la hospitalidad en la tarea del evangelismo. "Los cristianos tenemos el deber de anunciar el evangelio sin excluir a nadie", aconseja. "En lugar de parecer que imponen nuevas obligaciones, deben parecer como personas que desean compartir su gozo, que señalan un horizonte de belleza y que invitan a los demás a un delicioso banquete"[8].

Ninguna definición de evangelismo es universalmente aceptada, pero lo que es común a las que se presentan aquí es la promesa de un evangelismo que hace invitaciones, forja relaciones, alivia el hambre, sacia la sed, restaura la fecundidad y reconcilia a las partes distanciadas. Si un solo texto bíblico puede encapsular esta visión, es Isaías 52:7:

> ¡Cuán hermosos son, sobre los montes,
>> los pies del que trae buenas nuevas!
>
> Los pies del que anuncia la paz,
>> del que trae buenas noticias, del que anuncia salvación,
>> del que le dice a Sion: "¡Tu Dios reina!" (RVC)

En este hermoso encomio, el verbo *euangelizo* ("traer buenas nuevas") aparece dos veces en la traducción griega del Antiguo Testamento (la Septuaginta). El mensajero trae buenas nuevas de paz y salvación, que, en el contexto de Isaías 40-55, es la restauración a la plenitud y el regreso de las duras realidades del exilio babilónico. En esencia, la promesa es un regreso a un lugar de seguridad y prosperidad, lo cual, cuando pensamos en ello, es una descripción espléndida del propósito del evangelismo.

Los ocho modelos de evangelismo seleccionados para este libro ejemplifican la amplia extensión que constituye el evangelismo[9]. En resumen, los modelos varían drásticamente. Piense aquí en la diferencia entre el evangelismo personal (una experiencia de uno a uno, a menudo entre amigos) y una campaña (una concentración muy organizada, típicamente grande, centrada en un mensaje proclamado a todas las personas simultáneamente). O reflexione sobre la diferencia entre el evangelismo mediático, que emplea lo último en avances tecnológicos, y el evangelismo litúrgico, que se basa en milenios de tradición de culto y catequesis. Dado este amplio espectro – y esta es solo una de las contribuciones de este libro – cada lector sin duda gravitará hacia algunos modelos, se resistirá a otros y quizás (y animo esto) combinará elementos de varios modelos, en concierto entre sí, para desarrollar un modelo distintivo de evangelismo que se adapte de manera única a un contexto particular.

Estos ocho modelos están organizados desde los más íntimos hasta los de mayor alcance posible:

- Personal: desarrollar una relación de uno a uno que proporcione un contexto cómodo para el evangelismo.
- Grupo pequeño: convocar de ocho a doce personas para un estudio a corto plazo enfocado en el evangelio.
- Visitación: tocar puertas, conocer las necesidades e inclinaciones religiosas de los vecinos e iniciar conversaciones sobre el evangelio.
- Litúrgico: integrar el evangelismo en el culto de la iglesia según el calendario cristiano.
- Iglecrecimiento: establecer nuevos puertos de entrada a los que las personas receptivas puedan unirse fácilmente para conocer el evangelio.
- Profético: desafiar a las personas y las estructuras a seguir el evangelio de palabra y obra y en su plenitud social, política y económica.
- Campaña: una reunión organizada y multitudinaria que suele incluir música, un mensaje evangelístico, una invitación y seguimiento.
- Medios de comunicación: utilizar medios que van

desde la palabra impresa hasta la internet con propósitos evangelísticos.

La organización de este libro es sencilla, con un capítulo dedicado a cada modelo. Cada capítulo sigue el mismo formato:

- se comienza con una anécdota u observación para preparar el escenario para una discusión de ese modelo.
- se analizan las bases *bíblicas* principales de ese modelo.
- se exploran al menos dos temas *teológicos* que brindan anclaje a cada modelo.
- se ofrece una breve discusión *histórica* de varios practicantes notables, principalmente norteamericanos, de ese modelo.
- se proporciona un desglose *práctico* paso a paso para facilitar la implementación de ese modelo.
- se ofrece una valoración de cada modelo.

Este libro, entonces, ofrece un estudio de ocho modelos influyentes de evangelismo bajo estas mismas rúbricas: bíblica, teológica, histórica y práctica.

El análisis de cada capítulo es ecléctico, lo que significa que la presentación de cada modelo se extrae de una gama amplia y representativa de proponentes y enfoques, en lugar de solo un enfoque o proponente como representación del modelo. Por ejemplo, en mi análisis del evangelismo de visitación, me baso en el Evangelismo Explosivo orientado a la salvación y altamente organizado de James Kennedy, junto con el modelo orientado al servicio de Richard Armstrong. Ambos representan el evangelismo de visitación, pero lo hacen de manera notablemente diferente. Este enfoque permite al lector ver un modelo desde una multiplicidad de perspectivas.

Cuando los proponentes de estos modelos no proporcionaron fundamentos bíblicos, teológicos, históricos o prácticos adecuados, complementé y fortalecí sus enfoques llenando los vacíos y subrayando los énfasis. Verán rastros de mi mano en las secciones de "Fundamentos bíblicos", donde incluyo un significativo estudio complementario de textos que a menudo se han citado sin suficiente comentario sobre los idiomas originales, el contexto histórico y el arte literario.

Verán más rastros en las secciones de "Fundamentos teológicos", porque con frecuencia encontré que la articulación teológica de estos modelos era algo superficial. El evangelismo cae bajo la rúbrica de la teología práctica, pero estos modelos, en general, tienden a inclinarse hacia lo práctico a expensas de lo teológico. Para dar coherencia a la reflexión teológica, a menudo incorporé ideas de *Modelos de la Iglesia* de Avery Dulles para extraer implicaciones teológicas relacionadas con la eclesiología (la doctrina de la iglesia). El libro de Dulles también sirvió de inspiración para el título de este libro, *Modelos de evangelismo*.

También verán más rastros de mi mano en las secciones de "Fundamentos históricos", ya que soy ante todo una historiadora. He analizado estos modelos con lo que espero sea visto como perspicacia y visión histórica.

En la sección de "Fundamentos prácticos" de cada capítulo, verán mi mano principalmente en la selección y organización. Estos modelos, en su conjunto, no carecen de estrategias prácticas, pero nadie, que yo sepa, ha proporcionado un análisis completo, organizado y accesible de cómo implementar cada uno de ellos. *Modelos de evangelismo* lo hace.

Mi intervención es más intensa hacia la conclusión de cada capítulo, en la sección "Valoración", en la que planteo varias preguntas sobre cada modelo. Estas preguntas están destinadas a ofrecer una evaluación imparcial de cada modelo. Luego, para facilitar la interacción del lector, cada capítulo se cierra con cinco preguntas de reflexión. La última pregunta es siempre la misma: ¿Qué otro modelo de evangelismo complementa de mejor manera este modelo? Esta pregunta es esencial para el libro – y para la obra continua de evangelismo – porque la impresión que este libro puede dar es que el evangelismo requiere el dominio de un único modelo (personal, grupo pequeño, visitación, litúrgico, iglecrecimiento, profético, campaña, medios de comunicación). Por el contrario, un futuro vital y prometedor para el evangelismo sólo se producirá en la medida en que los modelos individuales se combinen para crear un modelo que se adapte de manera única a cada contexto particular. Tal combinación es la promesa y el potencial de *Modelos de evangelismo.*

Uno
PERSONAL

Para visualizar cuán efectivo puede ser un modelo de evangelismo, en el que una persona comparte su fe uno a uno con otra, basta con recordar alguna vez en la que te hayas dejado llevar por el entusiasmo de una amiga por la comida increíble que comió la noche anterior en un restaurante de moda del centro de la ciudad, o la película que vio durante el fin de semana que sencillamente tienes que ver, o –sí, esto es cierto– un nuevo y revolucionario producto para el cabello, como lo experimentó Kevin Harney: "Una vez vi a una mujer acercarse a su amiga y decirle: 'Huele mi cabello'. Parecía una petición extraña. Pero, para mi sorpresa, la otra mujer se inclinó y aspiró profundamente. Esto dio lugar a una extensa conversación sobre un determinado producto para el cuidado del cabello. Estuvieron charlando durante diez minutos al respecto. La primera mujer promocionó los beneficios de su nuevo champú con gran entusiasmo y pasión. La segunda escuchaba, hacía preguntas y parecía bastante intrigada". Harney, defensor del evangelismo personal, continúa señalando que "evangelizamos todo el tiempo… . La verdad es que cuando nos entusiasma algo, cuando realmente nos encanta, hablamos de ello. Invitamos a otras personas a experimentarlo. Queremos compartir el gozo"[10].

Suena muy fácil, pero hablar de un producto para el cuidado del cabello o de un restaurante es mucho más fácil –y normalmente mucho menos susceptible a la resistencia por parte del oyente– que conversar sobre religión. ¿Quién no quiere comer una comida deliciosa, ver una buena película o tener un cabello con, oh, ese brillo y movimiento perfectos? ¿Pero religión? ¿Fe? ¿Cristianismo? Un estudio reciente de *Barna Group* documentó dos razones en particular por las que la gente no habla a menudo de la fe: evitación y ambivalencia.

• Las conversaciones religiosas siempre parecen crear tensión o discusiones: 28%.
• Me desanima cómo se ha politizado la religión: 17%.
• Siento que no sé lo suficiente para hablar de temas religiosos o espirituales: 17%.[11]

El enigma que presentan la evitación y la ambivalencia es que cada vez hay menos cristianos en los Estados Unidos dispuestos a participar en el modelo más efectivo de evangelismo. Como escribe Tom Stebbins: "El evangelio se difunde con mayor efectividad a través de una red existente de relaciones de confianza"[12]. ¿Qué hacer entonces? Si usted es alguien que se resiste a la idea misma del evangelismo personal, le pediría que suspenda su vacilación, baje los brazos cruzados y acalle sus críticas el tiempo suficiente, como para leer con atención el resto del capítulo, en el que podría encontrar algunas cualidades sorprendentes, incluso admirables, del evangelismo personal que aún no ha encontrado o considerado.

FUNDAMENTOS BÍBLICOS

Aunque es posible encontrar innumerables ejemplos en las Escrituras de personas que comparten las buenas nuevas uno a uno, hay suficientes ilustraciones en el Evangelio de Juan para que empecemos por ahí. En Juan 1:39, Jesús responde a una pregunta de Andrés, uno de los discípulos de Juan el Bautista, invitándolo a "venir y ver" dónde mora. Andrés entonces encuentra (*heuriskei*) y trae (*egagen*)–del verbo griego *ágo*, quizás mejor traducido como "condujo"–a su hermano, Simón Pedro, y los dos hermanos terminan convirtiéndose en dos de los doce discípulos (1:40-42). En el siguiente versículo–al día siguiente cronológicamente– Jesús encuentra (*heuriskei*) a Felipe y lo llama para que le siga (v. 43). Felipe responde afirmativamente y luego invita a un Natanael más escéptico–que no puede creer que algo bueno pueda venir de Nazaret–con las simples palabras, "Ven y ve" (v. 46), que Jesús había pronunciado antes.

Hay muchas palabras sencillas en este capítulo del Evangelio de Juan, palabras que encierran la esencia del evangelismo personal. *Ven y ve. Encontró. Condujo. Encontró. Ven y ve.* En el primer capítulo del Evangelio de Juan, las buenas nuevas se difunden de uno en uno a través de una invitación personal entre amigos y familiares, subrayando una idea central del evangelismo personal: el evangelio se difunde con mayor eficacia y eficiencia a través de una red de relaciones existente.

Dos capítulos después, Jesús interactúa con otra persona, Nicodemo, "un dirigente de los judíos" (Juan 3:1). Esta vez, Nicodemo es quien inicia el encuentro, con preguntas que quiere discutir (vv. 1-21). Después de la crucifixión de Jesús, Nicodemo se presenta con una gran cantidad de especias y ayuda a José de Arimatea a colocar el cuerpo de Jesús en la tumba (19:38-42). Si Nicodemo llega alguna vez a creer en Jesús como el Mesías, es una pregunta que queda sin responderse; su respuesta no es en absoluto como la de Andrés y Felipe. La ambigüedad que marca la aparición final de Nicodemo en el evangelio de Juan es algo por lo que podemos estar agradecidos, ya que es fiel a la vida: las conversaciones espirituales pueden ser difíciles y tentativas, y muchas veces terminan sin una decisión clara, sin una conversión segura.

En el cuarto capítulo del evangelio de Juan, ocurre uno de los ejemplos más exitosos de Jesús como evangelista, en un encuentro muy improbable, incluso indecoroso, con una mujer cuya promiscuidad sexual es legendaria. En la conversación más larga de Jesús, habla a solas con la mujer samaritana en el pozo de Sicar, al calor del sol del mediodía (4:1-42). Jesús inicia la conversación con una simple petición. "Dame de beber", le dice (v. 7). La mujer hace varias preguntas, que Jesús responde y la conversación continúa, tocando temas que van desde la vida personal de la mujer, hasta asuntos religiosos divisivos. Cuando los discípulos regresan, la mujer deja el cántaro en el pozo y se apresura a regresar al pueblo con estas palabras en los labios: "Me ha dicho todo cuanto he hecho" (v. 29). Como resultado de su testimonio, la gente del pueblo vino a Jesús para escuchar más por ellos mismos. Jesús se queda dos días y muchos, cuya curiosidad se despertó inicialmente debido a las palabras de la mujer, llegan a creer que Jesús es el Mesías.

El evangelio de Juan no es el único libro del Nuevo Testamento que ofrece modelos claros de evangelismo personal[13]. El libro de Hechos, que narra la historia de la iglesia primitiva, contiene un relato impresionante del evangelismo personal que involucra a Felipe y un eunuco etíope (8:26-40). Obsérvese la forma de responder de Felipe al mensajero de Dios.

4

Inmediata y obedientemente, se levanta y se dirige al camino del desierto que se extiende desde Jerusalén hasta Gaza. Inmediata, obediente y rápidamente, sigue la dirección del Espíritu de acercarse al carruaje, corriendo hacia él (vv. 29-30). Abre la conversación con una simple pregunta: "¿Entiendes lo que lees?" (v. 30). El eunuco reacciona: "¿Pues cómo podré yo, a menos que alguien me guíe?" (v. 31). Luego invita a Felipe a subir al carruaje para hablar más.

Obsérvese cómo Felipe permite que la conversación se desarrolle a su propio ritmo. El eunuco, no Felipe, plantea la pregunta: "Te ruego que me digas: ¿de quién habla el profeta? ¿Habla de sí mismo, o de algún otro?" (v. 34). Felipe responde a la pregunta y relaciona lo que leyeron en el rollo de Isaías con las buenas nuevas acerca de Jesús. Comienza precisamente donde está el eunuco y dirige hábilmente la conversación desde el profeta Isaías hasta Jesucristo.

Felipe no se hace cargo de nada en esta historia. Reacciona con prontitud al impulso del Espíritu de acercarse al carruaje. Luego, después de hacer una simple pregunta inicial, responde a la petición del eunuco. La capacidad de Felipe para responder en lugar de controlar la conversación, aparece con especial claridad en la solicitud del eunuco de ser bautizado. Sin que Felipe diga una palabra, el eunuco ordena que se detenga el carruaje; los dos luego se dirigen juntos al agua, donde Felipe lo bautiza y deja que el eunuco continúe su camino con regocijo. ¡Qué historia para inspirar un enfoque receptivo y flexible del evangelismo personal!

Imagínense a esta pareja sentados uno al lado del otro, un hombre negro y un hombre (relativamente) blanco, un lisiado sexualmente (un eunuco) y un hombre robusto con cuatro hijas (Hechos 21:9), rebotando en un carruaje por un camino desolado, unidos únicamente por el rollo de Isaías que está sobre sus rodillas. Es un espectáculo digno de verse... . Una pareja inesperada, un pergamino compartido, un lugar apartado, pero en el centro mismo de la obra de Dios. Uno a uno, inesperadamente, el pueblo de Dios creció. Uno a uno, sorprendentemente, la iglesia de Dios fue enriquecida. ¿Y por qué? Porque Felipe se encontró en lugares inesperados, escuchó al Espíritu, estuvo dispuesto a tomar la iniciativa, estuvo abierto a preguntas y peticiones, y se contentó con sentarse y estudiar las Escrituras al ritmo de otra persona[14].

FUNDAMENTOS TEOLÓGICOS

El evangelismo personal encuentra su orientación en dos focos teológicos: cristología y pneumatología. El aspecto cristológico al que apelan principalmente los defensores del evangelismo personal es la encarnación, la plena humanidad y la plena divinidad de Jesús. Jesús, la Palabra divina que desde el principio era Dios, nació como uno de nosotros plena y corporalmente. Juan 1:14 ofrece una imagen hermosa y terrenal de Jesús plantando su tienda (*skenoo*) en medio de la humanidad: "Y la Palabra se hizo carne, y habitó (*eskenosen*) entre nosotros"[15]. El sustantivo relacionado, *skene*, aparece en la Septuaginta, la traducción griega del Antiguo Testamento, donde se refiere al tabernáculo como el lugar terrenal donde habitaba la presencia de Dios[16]. Así como la gloria de Dios resplandeció desde el tabernáculo, Jesús resplandeció la gloria de Dios: "la Palabra se hizo carne y habitó entre nosotros, y contemplamos su gloria, como la gloria del unigénito del Padre lleno de gracia y de verdad" (v. 14). A través de su encarnación, Jesús se convirtió en "una ayuda visual" para el Dios invisible[17]. "El que me ha visto a mí, ha visto al Padre" (14:9).

Jesús fue enviado al mundo para dar a conocer al Dios invisible. Encomendó y encargó a sus discípulos la misma tarea: dar a conocer al Dios invisible en el mundo. Dios envió al Hijo, quien a su vez envió a sus seguidores a comunicar las buenas nuevas de la salvación de Dios en la persona de Jesucristo (Juan 17:18). Como escribe Rebecca Manly Pippert, "Dios no mandó un telegrama, ni hizo llover del cielo libros de estudio bíblico sobre evangelismo, ni una lluvia de adhesivos con la frase: 'Sonríe, Jesús te ama'. Envió a un hombre, su Hijo, para comunicar el mensaje. Su estrategia no ha cambiado. Todavía envía hombres y mujeres–antes de enviar tratados y técnicas–para cambiar el mundo"[18].

Las personas devotas del evangelismo personal también identifican al Espíritu Santo como el instigador divino y guía para el evangelismo personal. En la sección anterior leímos cómo el Espíritu Santo dirigió a Felipe a su encuentro con el eunuco etíope (Hechos 8:29-30). Como en el caso de Felipe, los encargos divinamente ordenados pueden surgir de la nada. Hace años, durante la última comida antes de las vacaciones de Navidad en una cafetería universitaria casi vacía, un amigo mío se sentó frente a una compañera de estudios a quien conocía de pasada. Habló sin entusiasmo con ella, con la esperanza de terminar su comida rápidamente para emprender el camino de regreso a casa y relajarse después de tomar una serie de exámenes. De alguna manera, la conversación giró hacia el tema de la participación de mi amigo en un estudio bíblico y terminó contándole sobre su peregrinaje de un año hacia el cristianismo. Después de unos quince minutos, mi amigo se sorprendió al darse cuenta de que la estudiante estaba realmente interesada en lo que decía. Mientras continuaban la conversación, mi amigo se sintió impulsado a preguntar si le gustaría orar para recibir a Cristo. Ella dijo que sí. Oraron juntos, se despidieron y no se volvieron a ver. Un camino desértico. Una cafetería universitaria desierta.

Detrás de este encuentro está la convicción de que el Espíritu Santo inspira lo que hay que decir, como lo descubrió mi amigo. La persona evangelista no está sola. Una de las principales promesas del Nuevo Testamento es que el Espíritu Santo inspira el testimonio que señala hacia Jesús. En Hechos 1:8, por ejemplo, Jesús deja en claro que el Espíritu Santo proporcionará poder a los discípulos de Jesús para su misión: "Recibiréis poder cuando haya venido sobre vosotros el Espíritu Santo; y me seréis testigos en Jerusalén, en toda Judea, en Samaria, y hasta lo último de la tierra". En una conversación de evangelismo personal, "el Espíritu nos da tanto las palabras para decir como la oportunidad de decirlas. Nuestra sensibilidad sobre qué decir y cuándo hablar se puede realizar con la oración y cuando nos dejamos llevar hacia aquellos que están dispuestos a escuchar la historia del amor de Dios"[19].

La creencia de que el Espíritu Santo convence a las personas de su necesidad de transformación es igualmente fundamental para este modelo. Esto no es algo que los seres humanos pueden engendrar; la transformación se deja al individuo y al Espíritu Santo. Nuestro papel es ayudar a llevar a las personas al punto de decisión, acompañarlas y luego cuidarlas. Piense aquí en una cena progresiva: "Compartir las buenas nuevas del amor de Dios en el momento de la convicción es como servir el último plato de una cena progresiva. El Espíritu ha despertado el hambre. Nosotros simplemente servimos la comida... . Somos responsables de los contactos, no de la convicción. E incluso nuestros contactos se hacen en respuesta a la dirección del Espíritu Santo"[20]. Comprender el papel fundamental del Espíritu Santo en el evangelismo personal nos anima a dar testimonio de Jesucristo con la certeza de que no estamos solos y que la tarea no recae solo sobre nuestros hombros. Esta colaboración con el Espíritu Santo nos permite relajarnos e incluso disfrutar de hablar con la gente sobre Jesús.

FUNDAMENTOS HISTÓRICOS

Uno de los evangelistas más renombrados de todos los tiempos, que influyó en el avivamiento estadounidense por generaciones sucesivas, incluidas las de Billy Sunday y Billy Graham, se hizo cristiano a través del evangelismo personal. ¡Qué evangelista llegaría a ser! Se calcula que un millón de personas se convirtieron gracias a su predicación. Con el fin de prepararse para sus campañas, estableció una eficiente organización evangelística que visitaba una ciudad tras otra durante semanas. Esta misma eficiencia la puso en práctica durante lo que algunos consideran que fue su cúspide, la Campaña de la Feria Mundial de 1893[21]. Cada día de la campaña, su organización patrocinó hasta cinco reuniones en decenas de lugares que incluyeron diez iglesias, siete salones, dos teatros y cinco carpas. Decidido a "superar a la Feria Mundial" con eventos electrizantes y atractivos para el público, él, junto con su equipo de evangelistas cuidadosamente seleccionados y varios cientos de trabajadores, mantuvieron un ritmo vertiginoso. El 23 de septiembre de 1893, un día considerado como el mejor de la campaña, su organización evangelística programó "sesenta y cuatro reuniones diferentes celebradas en cuarenta y seis lugares, con una asistencia estimada de sesenta y dos a sesenta y cuatro mil personas"[22].

Entonces, ¿cómo llegó Dwight L. Moody a la fe? Por medio del evangelismo personal de su maestro de escuela dominical, Edward Kimball. Moody había llegado a Chicago para trabajar como vendedor en la zapatería de su tío; el arreglo con su tío incluía la asistencia obligatoria de Moody a la iglesia. Después de pasar un tiempo animando a Moody a leer la Biblia y tomarla en serio, Kimball se presentó en la zapatería el 21 de abril de 1855. Mientras Moody guardaba zapatos en la trastienda, Kimball le pidió sin rodeos que dedicara su vida a Cristo. Lo hizo y ese mismo día Moody comenzó a compartir su fe con los demás. (Otro camino del desierto, por cierto, la trastienda de una zapatería de Chicago).

Mejor conocido por sus campañas, un modelo de evangelismo que exploraremos en el capítulo 7, Moody también tuvo un profundo impacto en los líderes cristianos jóvenes a través del Instituto Bíblico Moody, así como a través de su escuela anual de verano para estudiantes universitarios. Este programa de verano despertaba en los asistentes un compromiso con el evangelismo y la misión. John R. Mott, que asistió a la primera escuela de verano en 1886, escribió a sus padres sobre su experiencia: "Aquí hay 225 jóvenes, todos ellos cristianos sólidos y, además, todos imbuidos de las características de la YMCA: trabajo por las almas. No conozco ninguna otra reunión de este tipo, al menos en este país. Todos están impresionados también con el sentimiento de responsabilidad. Dudo mucho que haya un compañero aquí que no vaya a entrar en alguna obra religiosa activa"[23].

El evangelismo personal hacia y por medio de estudiantes universitarios sigue siendo la columna vertebral de las organizaciones de ministerio universitario como InterVarsity, Los Navegantes y Cru (*Campus Crusade for Christ*, o bien, "Cruzada Estudiantil y Profesional para Cristo" como se conoce en Latinoamérica y el Caribe), por nombrar algunas. Estas organizaciones refuerzan el evangelismo personal al proporcionar recursos y capacitación. Uno de los recursos más utilizados en el evangelismo personal, las Cuatro Leyes Espirituales, fue desarrollado a mediados de la década de 1960 por Bill Bright, fundador de Cru[24].

Avancemos casi un siglo hasta una de las conversiones más publicitadas del siglo XX, que ocurrió cuando un amigo compartió el evangelio con Chuck Colson, antiguo Asesor Especial del presidente Richard Nixon. Colson se describía como un hombre que se forjó a sí mismo y que tuvo éxito en la universidad y en la escuela de derecho, en la Marina y como abogado de alto poder. Después de las elecciones presidenciales de 1968, Nixon le pidió a Colson que trabajara en la Casa Blanca, donde tuvieron oficinas contiguas. Cuatro años más tarde, después de organizar una victoria aplastante para Nixon, Colson decidió regresar a su bufete de abogados, pero su vida dio un giro dramático en ese momento. Se encontró con un sentimiento de vacío, "cansado de la batalla después de estar en la Casa Blanca" y, por supuesto, Watergate estaba en el horizonte[25]. Colson fue a la casa de su amigo Tom Phillips, otro hombre forjado a sí mismo y director ejecutivo de una gran corporación. Colson notó de inmediato un cambio en la conducta de Phillips; éste parecía estar completamente en paz. ¿La razón? "He aceptado a Jesucristo", le dijo Phillips a Colson, "y le entregué mi vida". A continuación, Phillips leyó en voz alta un capítulo de *Mero Cristianismo* de C. S. Lewis. El capítulo que eligió fue "El gran pecado". "Lo escuché y me di cuenta de que Lewis estaba escribiendo sobre mí", dijo Colson. "Todo lo que yo había hecho, lo había hecho para mí".

Colson salió de la casa de Phillips y trató de alejarse en su automóvil, pero no pudo porque estaba llorando. Habiendo crecido sin ninguna influencia religiosa o "brújula moral durante los primeros 41 años de su vida", nunca había escuchado a nadie hablar así de Dios[26]. Se sentó en el automóvil durante aproximadamente una hora y clamó a Dios por primera vez en su vida. A la mañana siguiente, localizó rápidamente una copia de *Mero cristianismo* y lo leyó por completo. Sacó un bloc de notas amarillo e hizo dos columnas, una encabezada por la declaración "Dios existe" y la otra por "Dios no existe", y pensó detenidamente en las preguntas que se le planteaban. Luego, tomó su decisión. "En la tranquilidad de estar en la costa de Maine, lejos de Watergate, antes de ser considerado un objetivo de la investigación, simplemente entregué mi vida a Cristo en silencio".

En 1974, Colson fue enviado a la prisión Maxwell de Alabama, un "choque cultural al pasar de una oficina al lado del presidente de los Estados Unidos, a una celda de la prisión". Allí comenzó un estudio bíblico con siete hombres, un grupo heterogéneo compuesto por tres personas condenadas por abuso de sustancias, un estafador, un ladrón de autos, un fabricante de licores clandestinos y el ex asesor Especial del presidente. Tras cumplir siete meses de su condena de cuatro años, fue puesto en libertad. En 1976 fundó *Prison Fellowship*, un ministerio que atiende de los reclusos, a los que estuvieron anteriormente encarcelados y sus familias. También se convirtió en un destacado defensor de la reforma de la justicia penal. En reconocimiento a su trabajo entre los reclusos, Colson recibió el prestigioso Premio Templeton al Progreso en Religión en 1993[27].

FUNDAMENTOS PRÁCTICOS

Hay una marcada sencillez en el evangelismo personal. No requiere ningún título teológico. No exige la necesidad de controlar la conversación. No necesita ninguna hiperespiritualidad. Ciertamente, no requiere un espacio sagrado. Una cafetería servirá, al igual que una zapatería o una celda de prisión. Al mismo tiempo, existen fundamentos prácticos que pueden mejorar la práctica del evangelismo personal.

1. Comience con el evangelismo como estilo de vida.

El *evangelismo como estilo de vida*, un término acuñado por Joseph Aldrich, subraya el punto clave de que, para los cristianos, su estilo de vida debe comunicar el evangelio incluso antes de pronunciar una palabra. El estilo de vida abarca todo lo que nos rodea: qué ropa usamos y qué alimentos comemos, dónde vivimos y trabajamos, con quién pasamos el tiempo y cómo organizamos nuestro día. Lo reconozcamos o no, nuestro estilo de vida requiere innumerables elecciones todos los días y comunica lo que más apreciamos, lo que priorizamos. Lo reconozcamos o no, la gente nota nuestro estilo de vida y saca conclusiones sobre nosotros a partir de ello. Esto sucede en todas partes, incluso en el lugar de trabajo. Un empleado de un banco cuenta cómo empezó a observar la vida de Miles, que era uno de los vicepresidentes del banco: "Un día le preguntó a Miles qué lo hacía tan diferente. Miles lo invitó a que se reunieran para desayunar y compartió a Jesucristo con él"[28]. Esta historia ilustra la afirmación de Aldrich de que "los cristianos deben ser buenas nuevas antes de compartir las buenas nuevas. Las palabras del evangelio deben encarnarse antes de ser pronunciadas"[29].

No hace falta decir que la integridad es clave en el estilo de vida de un cristiano. Las acciones y las palabras en nombre del evangelio deben ser congruentes con el estilo de vida que uno tiene, enriqueciéndose y edificándose mutuamente. La hipocresía comunica con más claridad y con más fuerza que las palabras piadosas, incluso que las palabras piadosas correctas. Entre los que rechazan el cristianismo, la razón que se aduce con mayor frecuencia es que los cristianos son hipócritas; actúan de una manera en público y de otra en privado. El evangelio se ve empañado por un estilo de vida que carece de integridad. En Norteamérica, hemos tenido la desafortunada y desagradable oportunidad de ver esto una y otra vez en la conducta se-

xual inapropiada y la codicia de prominentes evangelistas.

La hipocresía no se circunscribe solo al ámbito de
los famosos e infames. Todos los cristianos deben ser
personas íntegras. Si nuestro ojo nos hace tropezar,
nos dice Jesús, debemos cortarlo y tirarlo (Marcos
9:47). Hipérbole, sin duda, pero al grano. Ejemplos de
evangelistas hipócritas llenan las páginas de las nove-
las y las imágenes de las películas. Son fáciles de de-
tectar y de exhibirlos como conocimiento público.
Pero no menos significativa es la integridad que atrae
a los incrédulos en el curso normal de la vida, lejos del
estruendo de las campañas, los programas de televisión y los podcasts. Demostramos las buenas nuevas a
través de nuestro estilo de vida, cuando nos volvemos
hacia un vecino que es de una etnia, clase, cultura,
país, idioma o partido político diferente; cuando demostramos compasión; cuando corremos hacia los
carruajes; cuando supervisamos un banco o una oficina con honestidad; y cuando nos situamos en compañía de adictos, de un estafador, de un ladrón de autos
y de un fabricante de licor clandestino. La integridad
es un ingrediente esencial en un estilo de vida que
evangeliza.

2. Aumente su temperatura evangelística

"Todo seguidor de Jesús tiene una temperatura evangelística", explica Harney. "Puede ser caliente, fría o
estar en algún punto intermedio. Esta temperatura
impacta la forma en que vivimos e interactuamos con
quienes están lejos de Dios"[30]. La temperatura evangelística de muchos cristianos estadounidenses es fría

y cada vez más fría, según un estudio de *Barna Group*. Cuando en 1993 se les preguntó a los cristianos si estaban de acuerdo con la afirmación: "Todo cristiano tiene la responsabilidad de compartir el evangelio", el 89 por ciento de los encuestados estuvo de acuerdo. En 2018, la misma afirmación recibió solo el 64 por ciento de acuerdo, lo que indica un enfriamiento del 25 por ciento en la temperatura evangelística en veinticinco años[31]. La culpa de la desaceleración en el evangelismo suele recaer en la caricatura de un evangelista autoritario y arrogante, pero la realidad es diferente, y más bien doméstica. El evangelismo es un tema y una práctica con la que los cristianos no quieren tener nada que ver; siguen siendo reacios, incluso se sienten avergonzados, de hablar de su fe con otras personas.

¿Cómo podemos los cristianos superar esta aversión al evangelismo personal? Un lugar para comenzar es con una evaluación honesta de la temperatura evangelística que usted posee. Piense numéricamente en una escala del uno al diez, siendo uno "Frío como el hielo (el evangelismo personal nunca está en la pantalla de su radar y eres extremadamente aprensivo al respecto)" y diez es, "Caliente como el fuego (el evangelismo personal es su configuración diaria predeterminada)"[32]. ¿En qué punto de la escala se encuentra usted actualmente? Ser sincero desde el principio, cuando se trata del evangelismo personal, proporciona una base para medir más adelante si usted se ha vuelto más cálido poco a poco, a medida que implementa los fundamentos prácticos que siguen.

Una forma de aumentar tu temperatura evangelística es invertir más profundamente en tu propia vida espiritual, desarrollando disciplinas espirituales. Richard Peace lo explica: "La formación espiritual consciente como parte de la capacitación personal para ser evangelista y como parte del estilo de vida personal como evangelista, producirá una profundidad espiritual que impactará positivamente en la obra de evangelismo"[33]. Oración diaria. Lectura diaria de las Escrituras. Participación en una comunidad de fe que le desafíe a ser cristiano o cristiana en circunstancias menos favorables. Orar regularmente por las personas espiritualmente desinteresadas o desconectadas que conozcas, con las que te cruzas. Como recordatorio para orar por estas personas, coloque una lista en algún lugar donde la pueda ver a lo largo del día[34]. Ore especialmente para que el Espíritu Santo, como hemos comentado anteriormente, prepare a estas personas, y a usted, para una conversación relacionada con la fe.

Otra forma de aumentar tu temperatura evangelística es buscar a personas que tienen una temperatura evangelística alta y escuchar sus historias. Quizás puedas acompañarles en un recorrido o estar presente en una situación en la que se involucren en evangelismo personal. Conviértase en un discípulo informal. Luego prepárese para actuar, porque el ánimo y la experiencia que estas personas tienen pueden ser contagiosos.

3. Fomente la relación

Edificar una relación de confianza, credibilidad y comunicación a través de su presencia es fundamental para el evangelismo personal. Por medio de esta relación, usted podrá demostrar su amor, cuidado y respeto por los demás, al escucharles y conocerles mejor.

Mi suegra cultivó relaciones con muchas personas en todo tipo de lugares, incluyendo "La Liga del Pijama" en Mid-Island Bowl en Long Island, que en la década de 1960 consistía principalmente en madres que jugaban a los bolos mientras sus hijos estaban en la escuela. En esa liga, conoció a Joan y Mary. Se hicieron amigas. Amigas durante años. Mamá las invitó a un retiro en un campamento rústico en las montañas Catskill. Las invitó a unirse a un estudio bíblico de ocho a diez mujeres que se reunían alrededor de la mesa de su comedor todos los martes por la mañana. Las invitó a la boda de su hija en una iglesia donde su familia asistía al culto, y Joan y Mary quedaron impresionadas por su sencillez y autenticidad. Finalmente, tras años de amistad y hospitalidad, tanto Mary como Joan llegaron a la fe, convirtiéndose en cristianas devotas.

Luego estaban Doug y Helen, a quienes conoció mientras vendía productos de Avon. Un llamado a la puerta condujo a una invitación a su casa y a un estudio bíblico vespertino. También estaban Sallie y John, que llevaban a mi suegro a casa desde la estación de tren después de un largo día en Manhattan. Mamá los invitaba a tomar algo frío en verano y algo caliente en invierno. Esto dio lugar a más conversaciones, amistad y a la transformación de sus vidas al seguir a Jesucristo.

Puede ser tentador rehuir del evangelismo personal en aras de mantener una relación relajada y amistosa. Después de todo, hablar de religión, al igual que hablar de política, puede ser extremadamente espinoso y tenso, y queremos evitar que los demás se sientan incómodos a nuestro alrededor. Sin embargo, también debemos reconocer algo más: a menudo, esta inquietud es nuestra y no de nuestro amigo en absoluto. Si se trata de una relación en la que nos preocupamos el uno por el otro, es muy posible que la otra persona quiera escuchar y comprender aquello que es más importante para usted.

Si se siente incómodo, recuerde también que ha estado orando por su amigo o amiga y por la presencia del Espíritu Santo en sus vidas, así como en la suya propia. Por lo tanto, puede confiar en que el Espíritu Santo está presente y el terreno está arado.

4. Comparta el evangelio

Llega el momento, en este modelo, de compartir el evangelio; en ese momento, hay muchas formas de proceder. Consideraremos algunos aquí.

Haga preguntas. Comience con una pregunta abierta, como la simple pregunta que hace Felipe al eunuco etíope: "¿Entiendes …?" Las preguntas contribuyen a mitigar la impresión de que se está predicando a alguien o haciendo proselitismo[35]. Las preguntas son una forma de invitación; convierten la conversación en un diálogo. Este tipo de preguntas sondean con amabilidad, pero persistentemente: *¿Qué significaba la religión para usted cuando era niño y qué significa ahora? ¿Cuál es la imagen de Dios que tiene usted? ¿En qué momento de su peregrinaje espiritual se encuentra?[36] ¿Qué opina de los cristianos y el cristianismo?* Su amigo o amiga, a su vez, le hará preguntas, tal vez las mismas preguntas, y su conversación sobre el evangelio se desarrollará a un ritmo de preguntas y respuestas[37].

Cuente su historia de fe. Otra forma de participar en el evangelismo personal es contar la historia de cómo usted ha experimentado a Dios en su vida y por qué decidió seguir a Jesucristo. Duncan McIntosh escribe: "Es un buen ejercicio tanto para nuestra fe como para nuestra memoria, recordar cómo nos dimos cuenta y ahora nos damos cuenta de nuestra parte en la historia de Dios... Cada una de tus respuestas podría ser un hilo conductor que le conecte con alguien con ideas e imágenes similares que tal vez necesite escuchar el evangelio"[38]. (Esta historia suele llamarse *testimonio*, pero esa es una palabra que suena a iglesia y que puede desanimar a las personas desde el principio). Asegúrese de enfatizar las acciones de Dios en tu historia más que las tuyas propias, de modo que puedas señalar a Dios como el digno de confianza. Este enfoque de contar tu historia dentro de la historia de Dios, que lo abarca todo, imparte un sentido de humildad porque no se trata solo de usted. Al mismo tiempo, es difícil refutar o debatir tu historia de la gracia salvadora de Dios, ya que es peculiarmente suya. Como dice James Kennedy: "Nadie puede discutir tu propia experiencia de Cristo. Es tu propia historia, contada con tus propias palabras"[39]. Debido a que es tu historia, eres su encarnación. En palabras de Delos Miles, "Le proporcionas carne, sangre y realidad a las buenas nuevas"[40].

Utilice una rúbrica. A diferencia, pero complementario a los dos primeros enfoques, encontramos la presentación del evangelio en un formato breve, a menudo prescrito. Varias condensaciones populares incluyen el Camino de los Romanos[41], las Cuatro Leyes Espirituales[42] y el diagrama del puente[43]. Estos formatos programáticos proporcionan fundamentos útiles que pueden ampliarse fácilmente cuando hay tiempo y apertura. Si estos parecen demasiado enlatados, condensados o poco atractivos, sumérjase en las palabras de un escritor cristiano de peso, como lo hizo Tom Phillips con C. S. Lewis. No eres el primero en recorrer este camino, así que busca a alguien inteligente y fiel que pueda hablar por ti. Esta fue la clave de la conversión de Chuck Colson. Otro formato más es seguir un credo, como el Credo de los Apóstoles, que presenta la historia de la salvación de Dios desde la creación ("Creo en Dios Padre todopoderoso, creador del cielo y de la tierra") hasta la nueva creación ("Creo … en la vida eterna. Amén.").

Cuando se presente la oportunidad de compartir las buenas nuevas, resista la tentación de "descargar todo el camión evangelístico la primera vez que la conversación se dirija a temas espirituales"[44]. Ya que ha sido paciente hasta este punto y ha invertido tiempo, energía, cuidado y oración en la relación, continúe en la misma línea.

5. Haz un seguimiento

El evangelismo personal es un esfuerzo a largo plazo. Lo más probable es que la primera vez que pronuncies el evangelio no sea la última. Tus amigos podrían permanecer indecisos, inseguros, inciertos. Haz un seguimiento para conocer su opinión y, a la luz de su respuesta, reformule, redefine o busque otras maneras. A veces, tus amigos te pedirán más información sobre un punto específico; asegúrese de investigarlo y luego responderles. A veces, tus amigos necesitan que les asegures que tu amor y tu cuidado continuarán, independientemente de su fe o falta de ella. Prestar atención a estas preocupaciones será persuasivo en sí mismo porque da fe de una relación en curso. Piense en el apóstol Pablo en este respecto. Mantenía contacto con personas que, de alguna manera, respondían a su mensaje; las visitaba nuevamente, les escribía cartas y enviaba un embajador en su lugar si no podía ir en persona. "Volvamos a visitar a los hermanos en todas las ciudades en que hemos anunciado la palabra del Señor, para ver cómo están" (Hch. 15:36). También sabemos, por sus cartas, del seguimiento que hizo de los que llevó a Jesucristo.

Recuerda también que cuando tus amigos deciden seguir a Cristo, tu interacción con ellos no termina. No son proyectos que ha que completar, un medio para un fin. Una parte importante del seguimiento incluye ponerlos en contacto con una iglesia, un grupo pequeño, un estudio bíblico o recursos en línea para ayudarlos a profundizar y fortalecer su incipiente fe. Otro aspecto del seguimiento que a menudo se pasa por alto, es el de ser mentores de tus amigos en cuanto al evangelismo personal, de tal manera que puedan convertirse en evangelistas de otros. En las primeras horas después de una transformación tan trascendental, pueden estar ansiosos por compartir su experiencia con otras personas, como lo estuvo la mujer samaritana. O considere al endemoniado gadareno. Después de ser sanado, quiso quedarse con Jesús, pero Jesús lo envió de regreso a su casa con estas palabras: "Vete a tu casa, a los tuyos, y cuéntales cuán grandes cosas el Señor ha hecho contigo, y cómo ha tenido misericordia de ti". Y hace caso. "Y se fue, y comenzó a publicar en Decápolis cuán grandes cosas había hecho Jesús con él; y todos se maravillaban" (Marcos 5:19-20). Como escribe Stebbins, "Él [el endemoniado] iba a ser una carta viviente para que todos la leyeran. Estaba cuerdo, no demente; santo, no impuro; gentil, no feroz. Verdaderamente era 'una nueva creación; ¡lo viejo se había ido, lo nuevo había llegado!' (2 Corintios 5:17). Su testimonio se daría entre de sus viejos conocidos, donde muchas veces es más difícil de expresar, pero donde nuestro testimonio da el fruto más abundante y duradero"[45].

Tomarse el tiempo para ser mentores en el evangelismo personal multiplica exponencialmente el número de evangelistas -y, por supuesto, el número de creyentes- en el mundo. Este principio ha recibido diversos nombres, como "el principio de multiplicación" o "el Plan supremo de evangelización"[46]. Mi cónyuge, Jack, recuerda cómo, cuando era un estudiante de primer año en la universidad, un estudiante de último año llamado Kenny le presentó el milagro de la multiplicación: "'Si eres mentor [Kenny lo llama *discipular*], de alguien durante seis meses', me decía, 'y ustedes dos son mentores de alguien durante seis meses y los cuatro son mentores de alguien durante seis meses, al cabo de diez años, habrán ayudado a más de un millón de cristianos a estar equipados para seguir de mejor manera a Jesús'". Sí, has leído bien: más de un millón de cristianos activos en el evangelismo. Es matemática simple. Es matemática explosiva. Es una matemática que todos podemos hacer. Kenny usaba un tablero de ajedrez para ilustrar cómo funciona esto: la primera casilla tenía un centavo, la segunda dos; la tercera, cuatro; la cuarta, ocho; y así sucesivamente. Para ayudarle a comprender el milagro de la multiplicación, aquí está la tabla de Kenny:

	Primeros seis meses	Segundos seis meses
Año 1	1 (mentor) + 1 (pupilo/a) = 2	2 (mentores) + 2 (pupilos/as) = 4
Año 2	4 (mentores) + 4 (pupilos/as) = 8	8 + 8 = 16
Año 3	16 + 16 = 32	32 + 32 = 64
Año 4	64 + 64 = 128	128 + 128 = 256
Año 5	256 + 256 = 512 (total involucrados)	512 + 512 = 1,024
Año 6	1,024 + 1,024 = 2,048	2,048 + 2,048 = 4,096
Año 7	4,096 + 4,096 = 8,192	8,192 + 8,192 = 16,384
Año 8	16,384 + 16,384 = 32,768	32,768 + 32,768 = 65,536
Año 9	65,536 + 65,536 = 131,072	131,072 + 131,072 = 262,144
Año 10	262,144 + 262,144 = 524,288	524,288 + 524,288 = 1,048,576

Este seguimiento multiplica el evangelismo y las personas como evangelistas.

VALORACIÓN

Reducido a su esencia, el evangelismo personal es el modelo más simple de este libro. El evangelismo personal puede suceder en cualquier lugar: en el trabajo, en un avión, en una cafetería, en el comedor de una universidad, en una zapatería, en casa. Este modelo no necesita una ubicación distintiva como los modelos litúrgicos, de campaña o de visitación. El evangelismo personal puede suceder en cualquier momento en que dos personas se encuentren. No es necesario que otras personas se tengan que unir como sucede con otros modelos, como el evangelismo en grupos pequeños o en el de iglecrecimiento. El evangelismo personal es gratuito, excepto por la compra ocasional de una taza de café o una comida. No se necesita un presupuesto como en otros modelos, como el evangelismo de medios de comunicación o el evangelismo de campaña. Cualquier persona puede hacer evangelismo personal: un maestro o maestra de escuela dominical, un amigo o amiga, un compañero o compañera de asiento en un avión. No es necesario prepararse de antemano como en el caso del evangelismo de visitación, el de liturgia o el de grupos pequeños. El evangelismo personal no necesita un lugar fijo, un tiempo fijo, una forma ni una preparación fijas; no exige iglesia, ni costo, ni organización.

Al mismo tiempo, el evangelismo personal puede ser el modelo más difícil de este libro. Considere su nomenclatura: *personal*. Si se le quitan todos sus aditamentos, se trata de mí como evangelista. Soportaré el peso de la vergüenza; me enfrentaré al riesgo de ser rechazado; me expondré al cargo de ignorancia; me enfrentaré a la realidad de que todavía no soy candidato a la santidad. No es de extrañar, entonces, que en el trajín de la vida diaria, yo, como muchos de los que respondieron a la encuesta de Barna, encuentre docenas de otras tareas que realizar para evitar esta: simplemente compartir, compartir simplemente las buenas nuevas de Jesucristo con otras personas en forma individual.

¿Cómo podemos despertar la pasión por el evangelismo personal?

Dado que la motivación, o la falta de motivación, es un obstáculo clave para este modelo de evangelismo, consideremos algunas formas modestas de despertar la pasión por el evangelismo personal.

Recuerde que el motor principal en el evangelismo es el Espíritu Santo. Si bien parece que todo gira en torno a *mí* o a *usted* como evangelistas, en realidad es el Espíritu Santo quien inspira, guía, convence, enseña y transforma. La práctica principal de un evangelista no es, sorprendentemente, evangelizar; más bien, es orar por que haya apertura al evangelista principal: el Espíritu Santo. Con este entendimiento, los cristianos vuelven a los fundamentos de la oración. Oramos por todo tipo de cosas: por sanidad, por una cirugía exitosa, por reconciliación, por paz y justicia, entonces, ¿por qué no orar para que el Espíritu Santo nos guíe a conversaciones significativas y a las relaciones significativas que las sustentan?

Otra cosa que usted puede hacer es identificar a alguien que ya esté motivado por el evangelismo y aprender de él o ella. Aprenda de manera informal con ellos. Hágales preguntas sobre cómo se involucran en el evangelismo personal, cómo superan el miedo o la vergüenza. Pídales un recuento honesto de sus peores y mejores experiencias. Averigüe qué desearían haber sabido al principio. Deje que le animen, le enseñen, sean sus mentores, oren por usted.

Y no olvides ser paciente contigo mismo. Si te sientes incómodo en las conversaciones con quienes no creen, date tiempo y espacio para sentirte cómodo. Empieza quizás practicando con otros cristianos. Esto no es artificial. Todo bailarín, músico o atleta practica. Todo estudiante estudia. Todo actor ensaya. ¿Y quién puede imaginar a un comediante que no haya contado chistes parado frente a un espejo? Un evangelista es el guardián y dador de grandes noticias, noticias que cambian vidas, noticias que cambian el mundo. Aprender a compartir esas noticias de manera inteligente y convincente requerirá práctica, como cualquier otra actividad que valga la pena hacer bien.

A continuación, envíe algunos globos de prueba. Recuerde esas primeras invitaciones del Evangelio de Juan. *Ven y ve.* Recuerde la pregunta inicial de Felipe: "¿entiendes lo que lees?" Suficientemente simple. Envíe un mensaje de texto a alguien, invitándolo a tomar un café, a un servicio en la iglesia o a dar un paseo. Conéctese con un viejo amigo o amiga en las redes sociales y descubre a dónde te puede llevar esto, recordando siempre que el Espíritu Santo está obrando en el mundo antes que tú y a tu alrededor, ciertamente de maneras que aún no puede ver.

Practica también la capacidad de escuchar. Cuando inicies una conversación sobre la fe, comienza con una pregunta y luego escucha con atención. La mayoría de las personas quieren hablar. No encontrarán ofensivo un oído atento. Después de ofrecer a alguien una invitación– "ven y ve" –relájate, escucha y ora.

¿Es la iglesia irrelevante para el evangelismo personal?

A partir de lo que has leído sobre el evangelismo personal, puede parecer que la iglesia, el cuerpo de Cristo, es irrelevante. Después de todo, ¿dónde está la iglesia en una cafetería o una zapatería? Esta es la impresión que da uno de los libros más vendidos sobre evangelismo personal, cuando incluye un solo capítulo–el último capítulo–sobre la comunidad cristiana. La autora afirma que "no somos llamados a ser cristianos tipo 'llanero solitario'", pero la organización del libro y la poca importancia que se le da a la iglesia dicen lo contrario[47]. No es sino hasta las últimas tres páginas del último capítulo, que la autora siquiera menciona a la iglesia y lo hace en gran medida para criticar lo que la iglesia hace mal, como el evangelismo de visitación puerta a puerta. En definitiva, la iglesia se describe como olvidadiza y olvidada, excepto por lo que hace mal.

Esta perspectiva del evangelismo personal es engañosa. Piense de nuevo en el primer capítulo del Evangelio de Juan, donde las personas se integraban en una comunidad muy unida de seguidores de Jesús. O piense en Felipe, que era un siervo en la iglesia en Jerusalén (Hechos 6:5-6) y el líder de un avivamiento en Samaria, que la iglesia en Jerusalén autorizó (8:4-25), antes de iniciar aquella conversación en un camino del desierto. Piense también en Dwight Moody, ¡cómo sus interacciones personales con Edward Kimball tuvieron lugar debido a que recibió una sanción obligatoria de asistir a la iglesia! Es posible que la iglesia no esté en el frente del evangelismo personal—ese es el trabajo de las personas—pero ciertamente proporciona sustento, fundamento y una comunidad que fortalece al evangelista. La iglesia es la fuente de disciplinas espirituales como la oración, el estudio de la Biblia y la adoración. La iglesia educa a los cristianos para que sepan cómo responder a preguntas y comentarios. Y es el laboratorio en el que los cristianos aprenden a hablar de la fe y, lo que es más importante, a escuchar atentamente a los demás.

PREGUNTAS DE REFLEXIÓN

• ¿Cómo valora usted el evangelismo personal?

• ¿Qué implicaciones tiene para usted el evangelismo personal? ¿Para su iglesia?

• Si tuviera que participar en evangelismo personal, ¿cómo compartiría el mensaje del evangelio?

• Si su iglesia promoviera el evangelismo personal, ¿cómo debería comenzar?

• ¿Qué modelo cree usted que complementa mejor el evangelismo personal? ¿Por qué?

Dos
GRUPO PEQUEÑO

Haga una pausa por un momento para pensar en los grupos pequeños en los que ha estado involucrado. Equipos deportivos. Clases de confirmación. Clubes de ciencia. Grupos de vigilancia vecinal. Grupos de exploradores. Clases de escuela dominical. Grupos de jóvenes. Grupos de Facebook. Ligas de bolos. Clubes de bridge. Fraternidades y hermandades. Grupos políticos. Ligas de fútbol de fantasía. ¡Tantos grupos pequeños a los que unirse! Hace unas décadas, un importante estudio realizado en los Estados Unidos reveló que cuatro de cada diez adultos participaban activamente en un grupo pequeño "que se reúne regularmente y proporciona apoyo o cuidado a quienes participan en él". Los directores del estudio afirmaron que los grupos pequeños se habían convertido en una parte integral del estilo de vida estadounidense, incluso más que los programas de televisión más populares de la época, con la excepción del *Super Bowl* (Supertazón)[48].

Los grupos pequeños con fines religiosos siguen siendo populares, especialmente entre las personas que actualmente participan en una iglesia o buscan una iglesia. Algunas mega-iglesias reconocen la importancia de los grupos pequeños; a pesar de que los servicios de culto tienen capacidad para miles de personas, mantienen un fuerte compromiso con los grupos pequeños. Por ejemplo, la Iglesia Comunitaria de North Point en las afueras de Atlanta, Georgia. Su membresía en 2020 es de casi cuarenta mil en seis recintos, sin embargo, el punto de entrada designado sigue siendo un pequeño grupo conocido como "Punto de partida". "Si eres nuevo en la fe, o simplemente estás haciendo una primera aproximación, o estás regresando a la iglesia después de un tiempo de ausencia, 'Punto de partida' es un gran primer paso. 'Punto de partida' es un entorno de grupo pequeño conversacional a corto plazo donde puedes explorar la fe y experimentar comunidad. Es un lugar donde se valoran tus creencias y opiniones, y donde ninguna pregunta está fuera de los límites"[49]. Entre enero y octubre, la iglesia pone en marcha un grupo pequeño "Punto de partida" cada mes.

A pesar de la preponderancia de grupos pequeños en las iglesias, es poco común que se concentren en el evangelismo. Esto se confirma en los recursos para los grupos pequeños. Un recurso cataloga nueve tipos de grupos pequeños divididos bajo estos cuatro encabezados: educación, estudio bíblico, terapia y grupos misioneros. Solo uno de los nueve tipos se enfoca específicamente en el evangelismo[50]. Otro recurso enumera cuatro objetivos bíblicos para los grupos pequeños: "Fomentar el amor bíblico, promover el compañerismo y la unidad, edificar el cuerpo y nutrir los dones espirituales"[51]. Estas son aspiraciones dignas, cada una de ellas, pero el evangelismo no figura como un objetivo bíblico primario o secundario. Este capítulo compensará esta carencia centrándose en "el uso deliberado de los grupos pequeños con fines evangelísticos"[52]. Este es, en pocas palabras, el modelo de grupo pequeño: tomar un formato bien conocido y utilizado, el grupo pequeño, y acondicionarlo para el evangelismo.

FUNDAMENTOS BÍBLICOS

En uno de los primeros actos públicos, Jesús convoca a un pequeño grupo de seguidores para enviarlos "a pescar personas" (Mateo 4:18-22; Marcos 1:16-20). Se enfoca en este grupo, les enseña, negocia las dinámicas de grupo (como quién sería el primero o el último y quién era el mayor o el menor), y los lanza "a proclamar las buenas nuevas, 'El reino de los cielos se ha acercado'" (Mateo 10:7). Sobre ellos, y otros que se les unirían, descansaría la continuación de la obra de su vida después de su crucifixión, resurrección y ascensión. "Jesús cambió la historia de la humanidad a través del proceso de formación de un pequeño grupo intencional de doce personas"[53].

Junto con los doce discípulos varones registrados, Lucas señala que las mujeres también formaban parte de un grupo pequeño alrededor de Jesús (Lucas 8:1-3). Lucas 10:38-42 muestra a Jesús en la casa de María y Marta, con María asumiendo el papel de discípula sentada a los pies del rabino para escuchar sus enseñanzas. Las mujeres también son parte del grupo pequeño que acompañó a Jesús en su muerte (Mateo 27:55-56, 61; Marcos 15:40-41, 47; Lucas 23:27-31, 49; Juan 19:25b-27), y fueron las primeras en encontrar la tumba vacía (Mat. 28:1-10; Marcos 16:1-8; Lucas 24:1-11; Juan 20:1-2, 11-18). Después de la resurrección y ascensión de Jesús, las mujeres siguieron estando entre quienes esperaban y oraban juntos en el aposento alto en Jerusalén (Hechos 1:14). A partir de estos relatos, queda claro que las mujeres también formaron parte del grupo pequeño que acompañó a Jesús durante su vida y en su muerte, y continuaron como seguidoras después de la resurrección.

En el libro de los Hechos y las cartas del Nuevo Testamento, podemos discernir un conjunto de grupos pequeños. El libro de los Hechos contiene, casi como un anexo, el detalle de que "un día de reposo salimos por la puerta, junto al río, donde solía hacerse la oración; y sentándonos, hablamos a las mujeres que se habían reunido" (Hechos 16:13). Al parecer, los seguidores de Jesús buscaron grupos pequeños, en este caso, un grupo pequeño de mujeres fieles, que ya se estaban reuniendo para adorar y orar. Los grupos pequeños también se reunían en iglesias en casas. Había iglesias en casas en la casa de María, madre de Juan Marcos (Hech. 12:12); la casa de Priscila y Aquila (Rom. 16:3-5; 1 Cor. 16:19); la casa de Filemón (Filem. 2); y la casa de Ninfas (Col. 4:15). Las iglesias en casas eran lugares para impulsar actividades comunales como la adoración, la enseñanza y el compañerismo. A pesar de que parecían ser reuniones aisladas para que los creyentes fueran instruidos y discipulados, las iglesias en casas también eran evangelísticas, y servían como el "escenario principal y el medio para el ministerio cristiano en un mundo hostil"[54]. En este sentido, veamos más de cerca lo que sucedía en la casa de Priscilla y Aquila.

Priscila y Aquila eran refugiados en Corinto que habían sido expulsados de Roma debido a la persecución imperial contra los judíos. Aunque estaban lejos de casa, se las arreglaron para recibir a Pablo durante más de un año (Hechos 18:1-3). La próxima vez que vemos a Priscila y Aquila, se han trasladado a Éfeso; incluso en esta nueva ciudad, utilizaron un grupo pequeño en su hogar para promover el evangelio al evangelizar y capacitar a Apolos, un judío y nativo de Alejandría, quien era elocuente y muy versado en las

Escrituras. Vemos su evangelismo en grupos pequeños en tres verbos en un solo versículo: "Y [Apolos]
comenzó a hablar con denuedo en la sinagoga; pero
cuando le oyeron Priscila y Aquila, le tomaron aparte
y le expusieron más exactamente el camino de Dios"
(Hech. 18:26)

En primer lugar, Priscila y Aquila *oyeron* a Apolos
mientras hablaba "con denuedo" en la sinagoga en
Éfeso. No sabemos cuántas veces lo escucharon hablar, pero sí sabemos que lo escucharon con la suficiente atención como para comprobar que Apolos
tenía más que aprender. En algún momento, lo *tomaron aparte*. La traducción "tomar aparte" es una descripción demasiado insulsa de lo que hicieron Priscila
y Aquila. (Sugiere engañosamente una reprimenda: lo
apartaron.) Lo más probable es que lo llevaran a casa
y le mostraran hospitalidad. El verbo griego *proslam-
bano*, traducido como "tomar aparte", se usa en el libro de los Hechos para referirse a comer, a llevar alimento al cuerpo (27:33, 36)[55]. Se puede traducir como
"recibir", como en Hechos 28:2, donde describe la
cálida hospitalidad después de un naufragio: "Y los
nativos [de Malta] nos trataron con no poca amabilidad, pues nos recibieron a todos y encendieron un
fuego a causa de la lluvia que caía y del frío". Recibieron a los invitados que tenían frío y estaban mojados,
acogiéndolos y colocándolos alrededor de un cálido
fuego. Y eso es lo que Priscilla y Aquila le ofrecieron
a Apolos. Piense en una comida casera, un fuego cálido y un ambiente de convivio. Allí, en la calidez y la
acogida de su hogar, Priscila y Aquila le *enseñaron* a
Apolos "más exactamente". Lucas lo expresa perfec-
tamente: Apolos enseñaba a las personas "exactamente"; Priscilla y Aquila le enseñaron "más exactamen-

te". El resultado fue asombroso: Apolos benefició la misión de la iglesia primitiva en Acaya cuando "refutaba vigorosamente en público a los judíos, demostrando por las Escrituras que Jesús era el Mesías" (18:28, NVI).

Este escenario parece encajar mejor con el modelo anterior. El evangelismo en grupos pequeños es un modo de evangelismo personal más estructurado, menos espontáneo y más colaborativo. Lo que ocurrió entre Priscila, Aquila y Apolos fue profundamente personal, pero había una comunidad de creyentes que los rodeaba. Observe el siguiente encuentro después de que Priscila y Aquila le enseñaron a Apolos más exactamente. Cuando Apolos "quería viajar a Acaya, los hermanos [en Éfeso] le animaron y escribieron a los discípulos que le recibieran" (Hechos 18:27). Claramente, Priscila y Aquila no estaban solos, así que cuando Apolos se preparó para dejar Éfeso, no fueron Priscila y Aquila quienes lo autorizaron, sino los creyentes en su conjunto. Ellos fueron los que animaron y escribieron la carta. Esto es fiel a la forma del modelo de evangelismo en grupos pequeños. Alguien toma la iniciativa, pero en la mejor práctica, el evangelismo en grupos pequeños ocurrirá en conjunto con una comunidad de creyentes.

FUNDAMENTOS TEOLÓGICOS

El evangelismo en grupos pequeños captura un aspecto de la naturaleza de Dios relacionado con existir en comunidad, no con existir en aislamiento. Dios creó comunidad junto con los cielos y la tierra, los peces del mar y las aves del cielo. Justo al comienzo de las Escrituras, el lenguaje de la creación es comunitario:

Entonces dijo Dios: Hagamos al hombre a nuestra imagen, conforme con nuestra semejanza;...

Creó, pues, Dios al hombre a su imagen,
a imagen de Dios lo creó;
hombre y mujer los creó. (Gén. 1:26-27).

"Los grupos pequeños son un microcosmos de la comunidad de la creación de Dios. Cuando dos o más personas se reúnen, se convierten en un reflejo real de la imagen y semejanza de Dios", como sostiene Gareth Icenogle[56]. Luego, Dios instruye al primer hombre y a la primera mujer para que sean mayordomos del resto de la creación y los bendice para la tarea que tienen por delante. En este texto de la creación, con el hombre y la mujer en relación entre sí y con Dios, vemos cómo "la comunidad humana existe fundamentalmente como un *grupo pequeño*"[57].

A un pastor amigo que vivía en Kansas City en la década de 1980 le gustaba decir: "Dios es un grupo pequeño". Hay una gran medida de verdad en esta ocurrencia. La Trinidad, Dios en tres personas, revela la inclinación de Dios a estar en relación, en comunidad. Una perspectiva particular de la Trinidad, conocida como la Trinidad Social, es la que más se acerca a la descripción de Dios como comunidad. La esencia de la Trinidad Social es que el Dios cristiano existe como tres personas (*hypostases: hipóstasis*) que son recíprocamente interdependientes de manera que constituyen una sola esencia (*ousia*)[58]. Si eso suena demasiado forzado, entonces otra forma de entender la Trinidad Social sin las palabras griegas, es imaginar la Trinidad como una comunidad, como un grupo pequeño "donde se aman entre sí y viven juntos en armonía"[59]. El obispo ortodoxo oriental Kallistos Ware emplea la idea de que "Dios es triunidad: tres personas iguales, cada una morando en las otras dos en virtud de un movimiento incesante de amor mutuo"[60]. El énfasis en la palabra *persona* está en la relacionalidad; *persona* es un concepto relacional[61]. Para explicar el dinamismo de la relacionalidad entre las tres personas de la Trinidad (*pericoresis*), los teólogos recurren a la ilustración de tres bailarines (las tres personas) que se agarran entre sí mientras se mueven en un movimiento dinámico y circular.

Una imagen (*eikon*) de la Trinidad como comunidad fue creada en el siglo XV por Anton Rublev. Los íconos, que son obras de arte religiosas, sirven como ventanas a una conexión y comprensión más profundas de Dios. Cada pincelada de color, cada símbolo y cada figura están inmersos en oración y tienen un significado sagrado. En este ícono en particular, los aspectos de la historia de comunidad y hospitalidad de Génesis 18:1-15 sirven como marco icónico. Hacia el fondo hay un árbol que representa "el encinar de Mamre" donde "el Señor se apareció a Abraham" (v. 1). Hacia el frente y al centro se sitúan los tres extraños que inesperadamente visitan a Abraham y Sara (v. 2); en el ícono, representan las tres personas de la Trinidad. La forma en que están sentados da la sensación de que se inclinan el uno hacia el otro de forma circular, aunque "el círculo no está cerrado"[62]. Ninguno de los tres da la espalda al espectador. La disposición evoca un círculo abierto en el que otras personas son bienvenidas: "Al meditar en el ícono, uno tiene la clara sensación de que no solo está invitado a esta comunión, sino que, de hecho, ya forma parte de ella. Un Dios encerrado en sí mismo, una sociedad divina cerrada, difícilmente sería un arquetipo apropiado de hospitalidad"[63].

La pieza central del ícono, el cáliz sobre el altar, personifica la misericordiosa hospitalidad del Dios Trino, que nos da la bienvenida a su relación amorosa como huéspedes de honor y nos alimenta con el pan y el vino eucarísticos. De manera similar, los grupos pequeños reflejan este vínculo de amor mutuo cuando dan la bienvenida, alimentan e invitan a otras personas a tener una relación con el Dios Trino. Una estrofa del amado himno de John Fawcett resume esta reciprocidad:

Sagrado es el amor que nos ha unido aquí,
A los que oímos del Señor la voz que llama a Sí[64].

FUNDAMENTOS HISTÓRICOS

Durante el siglo XVIII, el catedrático de Oxford, Juan Wesley (1703-91), fundador del Metodismo, junto con su hermano Carlos (1707-88) establecieron un sistema escalonado de grupos pequeños cuyo punto de entrada era la reunión de clases. Las reuniones de clase estaban formadas por una docena de personas que se ayudaban mutuamente a ocuparse de su propia salvación; la membresía estaba abierta a cualquiera que expresara su deseo de huir de la ira venidera[65]. Muchas conversiones se producían en las reuniones de clase porque, como reconocía Juan Wesley, "los comienzos de la fe en el corazón de un hombre, podrían incubarse hasta convertirse en fe salvadora de manera más efectiva en el cálido ambiente cristiano de la sociedad que en la frialdad del mundo"[66]. Semana tras semana, los metodistas, según Wesley, hablarían "cada uno en orden, libre y claramente, acerca del verdadero estado de nuestras almas"[67]. El formato permitía compartir el compañerismo espiritual dentro del grupo, impulsado por la pregunta semanal del líder de la clase a cada miembro, "¿Cómo está tu alma?". Con el fin de evaluar el estado del alma, Wesley desarrolló tres categorías de lo que llamó "preguntas de búsqueda":

¿Te has abstenido cuidadosamente de toda especie de mal?
¿Te has mantenido celoso de buenas obras?
¿Has andado constantemente en todas las ordenanzas de Dios?[68]

La fusión de afecto mutuo, rendición de cuentas y crecimiento espiritual se expresa en esta oración compuesta para las reuniones de clase:

Ayúdanos a ayudarnos mutuamente, Señor,
a que cada uno lleve la cruz del otro.
Que todos puedan experimentar tu amistosa asistencia,
y sentir el cuidado mutuo.

Ayúdanos a edificarnos mutuamente,
A ayudarnos mutuamente a mejorar;
Aumenta nuestra fe, confirma nuestra esperanza,
Y perfecciónanos en amor[69].

Las reuniones de clase fueron la piedra angular del primer movimiento metodista y un foro ferviente para el evangelismo. En las clases, "se asimilaban miembros, se encontraban voces, se compartían experiencias espirituales y se construían comunidades de fe... En su mejor momento, eran los espacios en los que el mensaje se encarnaba"[70]. Las reuniones de clase en el metodismo prácticamente habían desaparecido hasta finales de la década de 1980, cuando esfuerzos concertados dieron nueva vida a estos grupos pequeños. David Lowes Watson, por ejemplo, desarrolló Grupos de Pacto Discipular siguiendo el modelo de las reuniones de clase de los primeros Metodistas. El propósito de estos grupos, al igual que las reuniones de clase, es formar a sus miembros como "fieles discípulos de Jesucristo que viven como sus testigos en el mundo"[71]. El renacimiento de las reuniones de clase wesleyanas coincidió con una encuesta de Gallup de 1988 titulada: "*The Unchurched*" ("Las personas sin iglesia"), que pronosticó que los grupos pequeños se convertirían en una metodología evangelística clave de la década[72].

El sociólogo Robert Wuthnow, que elaboró un importante estudio sobre los grupos pequeños a principios de la década de 1990, comparó vívidamente la proliferación de grupos pequeños en Norteamérica con el "estado de ánimo del cristianismo primitivo o el de los israelitas durante su estancia en el desierto". Explicó que "se preferían las reuniones en casa que los espectáculos públicos. Se preferían los tabernáculos que los templos. La fe era portátil". Wuthnow señaló que este movimiento hacia los grupos pequeños iba en contra de la esencia del cristianismo estadounidense. "A lo largo de gran parte de la historia de Estados Unidos", observó, "el curso de los acontecimientos ha ido en la otra dirección. Cuanto más gran-

de, mejor. Los líderes religiosos derribaron las pequeñas casas de reunión y construyeron otras más grandes. Se exigieron títulos más avanzados para poder
predicar. Los servicios requerían una planificación
más elaborada, coros más grandes, órganos más caros
y un acolchado más grueso en los bancos [de la igle-
sia]"[73]. Los grupos pequeños, por el contrario, devol-
vieron a los cristianos a una fe más portátil y flexible
para ser compartida con otras personas en un entorno
más íntimo.

Incluso algunas megaiglesias, denominadas como
iglesias atractivas porque están diseñadas para atraer a
sus grandes entornos de adoración a aquellos que aún
no se adhieren al cristianismo[74], reconocen que más
grande no es necesariamente mejor, y varias, incluidas
la Iglesia Comunitaria de Willow Creek en los suburbios del norte de Chicago, la Iglesia Saddleback en el
sur de California y la Iglesia Comunitaria de North
Point en Atlanta, defienden los grupos pequeños. Las
limitaciones de las megaiglesias, como la falta de intimidad y la tendencia hacia el anonimato, según
Wuthnow, "hicieron necesaria una contratendencia
hacia los grupos pequeños"[75]. La Iglesia Comunitaria
de North Point, como vimos anteriormente, considera los grupos pequeños, no como algo a lo que hay
que unirse una vez que la persona ha participado en
un servicio de adoración por un tiempo, sino como
un punto de entrada.

En Seúl, Corea del Sur, el evangelismo en grupos
pequeños impulsó el crecimiento exponencial de lo
que se convertiría en la iglesia más grande del mundo,
la Iglesia del Evangelio Completo de Yoido, fundada
en 1958 por David Yonggi Cho. A mediados de la
década de 1960, Cho implementó un plan para el

evangelismo en grupos pequeños en los vecindarios de Seúl, con el objetivo de que cada grupo pequeño se convirtiera en el centro de avivamiento de su vecindario. "Me gusta describir la Iglesia Central del Evangelio Completo como la iglesia más pequeña del mundo, como también la iglesia más grande del mundo", comentó Cho. "Es la más grande [y] también es la iglesia más pequeña del mundo, porque cada miembro forma parte de un grupo familiar"[76]. Estos grupos se convirtieron en el núcleo dinámico de una estrategia evangelística vital destinada a alcanzar toda la ciudad. Tanto Cho como Juan Wesley, aunque separados por siglos, idioma y cultura, comprendieron el genio del grupo pequeño y su potencial para el alcance evangelístico.

FUNDAMENTOS PRÁCTICOS

Como acabamos de ver en esta breve reseña histórica, el evangelismo en grupos pequeños puede tener lugar en una variedad de formas y contextos. Sin embargo, en el proceso de implementación de este modelo, afloran algunos elementos compartidos.

1. Invite a los participantes

Personas que pueden ser invitadas a los grupos pequeños se cruzan en tu camino con regularidad. Están entre quienes conoces en el trabajo, en tu vecindario o en lugares que frecuentas, como el gimnasio o una cafetería favorita. Son amigos en tu página de Facebook o que te siguen en otras redes sociales. Aún así, lo más probable es que se requiera un esfuerzo concertado de su parte para encontrar personas para ser invitadas a un pequeño grupo *evangelístico*. Las personas con más probabilidades de estar interesadas en un pequeño grupo de este tipo, ya poseen algún nivel inicial de interés, aunque sin identificarse como cristianas. "Las reuniones de grupos pequeños pueden ser un lugar eficaz para que los *buscadores* (-4 [Actitud positiva hacia el Evangelio] a -1 [Arrepentimiento y fe en Cristo] en la escala de Engel) tengan algunas de estas conversaciones"[77]. Lanzar un grupo pequeño evangelístico, por lo tanto, requiere que seamos inventivos, creativos y persistentes.

A medida que vayas conociendo a las personas y comiences a invitarlas, sé honesto contigo mismo y tu fe. Sé sincero en tu invitación haciendo una pregunta como: "¿Le gustaría tomarse una hora este sábado por la noche para ver lo que la Biblia realmente dice acerca de Jesús?"[78] La hospitalidad comienza en el momento en que explicas *con toda claridad* cuál será el enfoque del grupo. De lo contrario, imagina cuál podría ser la reacción si tus invitados pensaran que van a venir a disfrutar de una cena o a conocer gente nueva, y luego, cuando llegan, se encuentran cara a cara con cristianos deseosos de hablar con ellos sobre Jesús. La disparidad entre la invitación y el evento, entre la expectativa y la realidad, puede generar desconfianza y ser contraproducente para una conversación honesta y atractiva.

La transparencia también se extiende a informar a las personas de antemano cuántas reuniones hay en la agenda. Por ejemplo, para invitar personas a una reunión de un grupo pequeño durante cuatro semanas, establece desde el principio la duración del compromiso. También hay que tener en cuenta que es más fácil que las personas se comprometan con una serie corta de reuniones. Combinado con una declaración transparente de que se trata, de hecho, de un grupo pequeño destinado a personas que no se adhieren a la fe cristiana, una descripción realista del tiempo y la duración será de gran ayuda para alentar a las personas a comprometerse con algo completamente nuevo.

Practicar la honestidad y la hospitalidad puede facilitar la aceptación inicial de todas las personas que aceptan la invitación al grupo pequeño. Complemente estas cualidades con una honestidad continua, dando a los participantes la libertad de decidir no continuar si consideran que el grupo es no es adecuado o es poco interesante, o si simplemente no tienen tiempo para cumplir con su compromiso. La transparencia, la integridad y la honestidad, como vimos en el modelo de evangelismo personal, siguen siendo el núcleo de este modelo de evangelismo también, porque estas virtudes son esenciales para ser testigos hospitalarios y convincentes de Jesús, quien también invitó personas a un grupo pequeño.

2. Decida el formato

Una gama de formatos se adapta al evangelismo en grupos pequeños. Uno de ellos es un estudio bíblico evangelístico. Dado que la Biblia es el texto principal para los cristianos, es importante que los buscadores lean la Biblia y observen por sí mismos lo que dice. Hay que insistir en que no es necesario tener un conocimiento previo de la Biblia. Todo lo que una persona necesita aportar al estudio de la Biblia es una apertura para estudiarla, una disposición para tomarla en serio. Una líder de grupo pequeño comenzó su estudio bíblico evangelístico con esta declaración del propósito del grupo: "Es para personas que están interesadas en descubrir quién es Jesús y lo que la Biblia tiene que decir... Este estudio no asume que usted ya cree en Jesús o que acepta la Biblia como verdadera. Más bien, es para ayudarle a tomar una decisión una vez que conozcas lo que la Biblia realmente dice"[79].

Una manera excelente de iniciar un estudio bíblico evangelístico es plantear una pregunta abierta que sustente la discusión en las experiencias de las personas y luego acompañar esta pregunta con un texto bíblico relevante. El líder de un grupo pequeño ofrece un ejemplo de esta estrategia: "¿Cuáles son las quejas más comunes que tiene la gente contra instituciones religiosas como la iglesia?" Tras una discusión de la pregunta por parte de los participantes, el líder respondió: "No era diferente en la época de Jesús. Estamos a punto de leer una historia en la que Jesús aborda estos mismos problemas: la hipocresía y los líderes religiosos que se aprovechan de la gente en nombre de la religión. Les sorprenderá ver cómo responde Jesús"[80]. A continuación, el líder del grupo pequeño dirigió la atención de ellos a Juan 2:13-25, la historia de Jesús cuando limpia el templo de prácticas injustas, lo que abrió un debate sobre los posibles fallos de las instituciones religiosas establecidas, un puerto de entrada común para muchas personas. Es importante permitir que los participantes despejen la horrible maleza; luego es importante llevar la conversación de regreso a las buenas nuevas del evangelio.

Otro formato es un diálogo dirigido sobre un tema mediante el cual el evangelio puede relucir. En este formato, el facilitador presenta un tema con el que muchas personas se identifican, como la soledad, las relaciones o una ambición. Se puede utilizar un clip de película, una charla TED, la aplicación Voke[81] o un artículo de revista como una forma atractiva de presentar el tema. La tarea del líder en este tipo de grupo pequeño evangelístico es integrar las buenas nuevas del evangelio en la discusión.

Otra opción más es utilizar un plan de estudios establecido para grupos pequeños, como el curso Alpha, que guía a los buscadores a través de los fundamentos del cristianismo. El vídeo promocional de Alpha hace hincapié en su diseño intencionado para explorar significados y hacer preguntas: "Si alguna vez te has preguntado si hay más, no eres el único. Todos exploramos cada día, a pequeña y gran escala... A pesar de toda nuestra búsqueda, es raro encontrar tiempo para pensar, para hablar sobre las grandes preguntas de la vida. Sobre la fe y la razón, Dios y el significado. Pero explorar es bueno. Estamos hechos para ello"[82]. Cada sesión Alpha comienza con comida y compañerismo, seguida de una charla de veinte a treinta minutos sobre una pregunta relacionada con el cristianismo: ¿Quién es Jesús? ¿Cómo podemos tener fe? ¿Por qué y cómo orar? ¿Cómo nos guía Dios?[83] Después, hay tiempo suficiente para conversar, plantear preguntas y seguir debatiendo. Un plan de estudios estructurado como Alpha, que se completa con un vídeo temático de un maestro reconocido, le quita presión al organizador de tener que desarrollar algo exclusivo para cada reunión del grupo pequeño.

3. Convoque la reunión

Reducida a su esencia, cada reunión de grupo pequeño consta de cuatro partes:

- bienvenida (con comida y bebidas)
- una explicación sobre el formato de la reunión
- una breve presentación
- interacción

Empieza siempre con comida y una conversación general para ayudar a las personas a sentirse cómodas. La hospitalidad es clave para el evangelismo en grupos pequeños y brinda el mejor tipo de bienvenida tanto para desconocidos como para amigos. A continuación, explique cómo se desarrollará la reunión para que todos entiendan completamente qué esperar. Una vez más, esto hace que las personas se sientan cómodas y elimina las sorpresas. Lo que sigue es una breve introducción (de cinco a siete minutos) al tema o pasaje bíblico, a menos que esté usando Alpha u otro plan de estudios con una presentación más larga. Enfoque estos comentarios introductorios en provocar interés al conectar el tema o el texto bíblico con un contexto o situación contemporánea.

Después de la presentación, facilite el debate con varias preguntas de aplicación que fomenten una interacción sustancial con la presentación más allá de un simple pulgar hacia arriba o hacia abajo:

¿Qué aspectos de la presentación le han parecido más relevantes?
¿Qué le molestó o frustró?

¿Qué le ayudó a comprender mejor una situación en particular?[84]

Tenga en cuenta que en un grupo pequeño "se tiene la oportunidad de discutir un tema que vale la pena y es importante con un puñado de personas, cada una de las cuales es interesante y única. Esta conversación es animada; crea relaciones y da como resultado el crecimiento personal. *Conversaciones grupales que cambian la vida sobre temas importantes: este es el genio de los grupos pequeños*"[85].

Concluya la reunión con un breve tiempo para recibir comentarios sobre lo que experimentaron las personas. Acepte todos los comentarios, incluidos los que no sean del todo positivos. Invite cordialmente a todos a regresar y anuncie la fecha, hora, tema y lugar. Esta invitación general debe ir seguida de un contacto personal del coordinador del grupo pequeño antes de la próxima reunión.

La reunión inicial es la más importante porque suele determinar si alguien decide permanecer en el grupo. Por esa razón, hay que hacer hincapié en establecer conexiones entre los participantes y desarrollar una atmósfera segura para que se puedan hacer comentarios y preguntas sin invocar juicios o alguna reprensión. (Un estudio de *Barna Group* encontró lo siguiente: "Una de las preocupaciones más importantes de quienes no están involucrados en el cristianismo actual: los cristianos son juzgadores"[86]). Para este propósito, considere la posibilidad de establecer reglas básicas para el grupo:

• Elimine la jerga teológica o el lenguaje de los ya iniciados, que excluye a los recién llegados. Como lo expresó un experto en grupos pequeños: "Tal terminología es bíblica pero no familiar para los buscadores y podría asustarlos, porque sentirán que no encajan en el grupo"[87].

• Minimice la controversia y los pequeños desacuerdos sobre cosas no esenciales, como el bautismo de niños o adultos.

• En lugar de ponerse al día con los amigos, pase la noche ayudando a que todas las personas se sientan bienvenidas.

• Evite dar consejos u ofrecer trivialidades insulsas, como la falsa seguridad de que todo saldrá bien si uno confía en Jesús.

• Tome a cada persona en serio, lo que significa escucharles para descubrir quiénes son y cómo el grupo puede servirles mejor; y sea honesto a cambio, sincero sobre la fe, así como con la falta de fe, el gozo y el dolor. "Esta es la naturaleza de un grupo cristiano auténtico: un pueblo santo que ha confrontado sus lados oscuros, ha encontrado el perdón en Cristo y el uno con el otro, puede, por lo tanto, vivir una vida transparente y honesta. Un no cristiano que ingrese en un grupo así encontrará la experiencia virtualmente irresistible"[88].

4. Planifique ahora para el futuro

La visión del evangelismo en grupos pequeños está orientada consistentemente hacia fuera con el fin de compartir el evangelio. Para este propósito, una vez que las reuniones del grupo pequeño hayan concluido, inicie un nuevo grupo pequeño evangelístico con aquellos que respondieron al evangelio en la primera ronda. Ellos toman la iniciativa al invitar a sus conocidos y amigos a este nuevo grupo. Y así sucesivamente. Cho adopta una metáfora útil para describir la multiplicación de grupos pequeños: lo que él llama "grupos familiares" (grupos celulares en casas), en términos biológicos. "Los grupos familiares son células vivas", escribe Cho, "y funcionan de manera muy similar a las células del cuerpo humano. En un organismo vivo, las células crecen y se dividen. Donde una vez hubo una célula, ahora hay dos... Las células no se agregan simplemente al cuerpo; se multiplican por progresión geométrica"[89].

Esta es una estrategia probada y efectiva. Alpha, por ejemplo, recluta a nuevos conversos para que dirijan un grupo pequeño en la siguiente ronda[90]. De esta manera, los nuevos conversos pasan rápidamente de participantes invitados a líderes. Es difícil crecer hacia adentro cuando cada ronda de grupos pequeños se dirige hacia afuera, y es dirigida por aquellos que acaban de hacer la transición de invitados a convocantes. Este, por supuesto, es el genio de una estrategia clara, respaldada por una invitación hospitalaria y un generoso espíritu de indagación.

Teniendo en cuenta que el enfoque de este grupo pequeño es el evangelismo, establezca de antemano una vía para trasladar a quienes que expresan un interés continuo en el cristianismo, o aquellos que hacen un compromiso de fe, a una comunidad cristiana una vez que la serie inicial de reuniones llega a su final. Para facilitar esto, es esencial asociarse con una congregación que esté dispuesta a acoger a los recién llegados. Esta asociación mejora tanto la efectividad del grupo pequeño como la capacidad de la iglesia para integrar a los buscadores. Los grupos pequeños evangelísticos proporcionan un punto de entrada perfecto para los visitantes que se presentan en la iglesia. Con demasiada frecuencia, las iglesias carecen de un lugar específico para las personas que se encuentran al margen de la fe y que, aunque verdaderamente hacen el esfuerzo de visitar un servicio de culto, se pierden en la confusión de un entorno desconocido, para nunca regresar. Un grupo pequeño evangelístico proporciona una estrategia establecida para dar la bienvenida y evangelizar a los visitantes de la iglesia.

VALORACIÓN

La experiencia previa de las personas con los grupos pequeños de cualquier tipo, ya sea una colaboración en el trabajo o un grupo de vigilancia del vecindario, proporciona la entrada a los grupos pequeños evangelísticos. De manera que, la idea de unirse a un grupo pequeño no es amenazante; se siente más cómodo desde el principio. La interacción cara a cara con unas cuantas personas puede aumentar la intimidad, lo cual apela al deseo que tienen de conectarse, conocer a los demás y ser conocidos por ellos. Los grupos pequeños proporcionan un medio para el "evangelismo *intensivo*, es decir, concentrarse en uno o dos o tres buscadores de manera *sostenida*... Aquí podemos invitar a los amigos que muestren confusión, indecisión o un conocimiento fragmentado del evangelio. Aquí ninguno de nosotros se sentirá urgido o presionado, sino que podrá examinar con calma los hechos sobre Jesucristo"[91].

Por otro lado, la noción de unirse a un grupo pequeño enfocado en el evangelismo puede ser francamente intimidante, lo que lleva a muchas personas a rechazar la invitación. Por eso son tan importantes los pasos prácticos iniciales, especialmente ofrecer una invitación convincente y acogedora con objetivos claros y un horario y duración establecidos. La gente sabrá entonces que no se les está pidiendo que se unan a una secta poco convencional; sabrán que la invitación es genuina, que la meta cristiana es transparente y que la duración es limitada. Cada uno de estos elementos, cuando se ejecutan con cuidado, aumentarán la probabilidad de que las personas acepten la invitación.

¿Cómo retienen los grupos pequeños un énfasis evangelístico?

Aún así, sigue existiendo un gran obstáculo: a pesar de tener como meta la proyección evangelística, muchos grupos pequeños no se dedican de hecho al evangelismo. Un estudio de Wuthnow corrobora esta apreciación. Incluso los grupos pequeños que dicen ser evangelísticos no suelen serlo abiertamente, sino que optan por un enfoque más reservado, que se basa menos en el evangelismo que en una espiritualidad atractiva.

> Los miembros del grupo dicen que están compartiendo su fe, pero no se sienten atraídos por los programas formales de evangelismo que muchos clérigos defienden (tocar las puertas de los vecinos, invitar a sus amigos a la iglesia o tal vez escuchar subrepticiamente para encontrar a pobres no creyentes con problemas a quienes ayudar). No intentan aprender

técnicas para hablar con los inconversos, ni siquiera para adquirir argumentos lógicos para usar en defensa de su fe. Más bien, están tratando de incorporar algún sentido de espiritualidad en sus vidas de manera que brille de forma natural... Así, convencidos de que su fe es auténtica, sienten que otras personas se sentirán atraídas por ella de forma natural[92].

Wuthnow también dice que la espiritualidad de los grupos pequeños puede mostrar una tendencia a promover una "religión en la que yo soy lo primero". Esto sucede cuando los participantes se enfocan en cómo la fe satisface sus necesidades personales en lugar de mantener la atención en los buscadores y su peregrinaje. "Se anima a los miembros del grupo a pensar en las formas en que la espiritualidad puede ayudarlos, a aplicar conceptos de fe a sus problemas personales y a compartir estos problemas con el grupo. En el proceso, es fácil que estas aplicaciones prácticas y personales de la fe tengan prioridad sobre todo lo demás"[93]. Esto explica por qué muchas iglesias que representan todas las tendencias teológicas ofrecen oportunidades para el discipulado, ayuda al matrimonio, amistad, extensión comunitaria y muchas otras cosas, pero los grupos pequeños evangelísticos son pocos y distantes entre sí.

Para mantener el enfoque en el evangelismo en lugar de volverse un grupo de apoyo o un grupo de cristianos solamente —este es siempre el riesgo—, es esencial adherirse a las estrategias prácticas expuestas en este capítulo y al propósito de este modelo: convocar a un grupo pequeño de buscadores religiosos a corto plazo, presentarles el evangelio, establecer a los que responden en un entorno en el que continúen creciendo en su fe, engendrar otro grupo pequeño, y así sucesivamente. Si la meta del evangelismo se desdibuja u oscurece y se olvidan las instrucciones claras para dirigir grupos pequeños, es poco probable que produzca el evangelismo en grupos pequeños. Es más probable que los miembros del grupo elijan la comodidad de estar con otros cristianos, con quienes comparten valores y vocabulario comunes, en lugar de enfrentarse al desafío de discutir la fe con aquellos que no creen. Quizás, entonces, es importante recordar que el evangelismo en grupos pequeños no es para todos. No es para colonizadores; es para exploradores y pioneros dispuestos a hacer el arduo trabajo de llevar las buenas nuevas del evangelio con los buscadores.

¿Qué correspondencia hay entre el fundamento trinitario y la naturaleza temporal de estos grupos?

Esta es una pregunta razonable dado que la comunidad Trinitaria es eterna, mientras que estos grupos pequeños son, por diseño, de corta duración. Apelar a este fundamento teológico, por lo tanto, puede no ser particularmente útil. Aún así, el fundamento trinitario puede ser útil en un aspecto: se centra en la relacionalidad. Las relaciones son un componente clave de este modelo, especialmente las relaciones que ofrecen apoyo sin juzgar la opinión de ningún participante y que tienen la disposición de ofrecer hospitalidad a los desconocidos. Si "el misterio de Dios como Trinidad, como sociabilidad final y perfecta, encarna cualidades de mutualidad, reciprocidad, cooperación, unidad [y] paz en una diversidad genuina"[94], entonces un grupo pequeño puede ser el lugar perfecto para exhibir las virtudes y, en consecuencia, reflejar al Dios Trino, no sólo en el contenido de lo que se dice, sino en el carácter de su apertura, su cooperación mutua y su aceptación pacífica de diversos puntos de vista. Al encarnar estas cualidades relacionales, este tipo de grupo pequeño refleja la comunidad de la Trinidad.

PREGUNTAS DE REFLEXIÓN

• ¿Cómo valoraría usted el modelo de evangelismo en grupos pequeños?
• ¿Qué materiales utilizaría usted para las reuniones de grupos pequeños?
• ¿A quién invitaría usted a un grupo pequeño evangelístico? Si nadie viene a la mente, ¿por qué es así?
• ¿Qué se necesitaría para que su iglesia se aventurara en el evangelismo en grupos pequeños?
• ¿Qué modelo cree usted que complementa mejor el evangelismo en grupos pequeños? ¿Por qué?

Tres
VISITACIÓN

Ahí está usted, sentado tranquilamente en su propia casa, cuando un par de personas bien vestidas y con panfletos tocan el timbre de su puerta. Evangelistas en la puerta de su casa. La aparición de una pareja sin invitación en su puerta es la razón por la que este modelo, evangelismo de visitación, nos pone los pelos de punta. Estoy con usted. Hace unos años, cuando vi a una pareja de este tipo, extremadamente vestida y llamando a la puerta de un vecino al final de la cuadra, caminé de puntillas en silencio al otro lado de la puerta hasta que el timbre dejó de sonar.

El otoño pasado, fue mi turno de experimentar este escenario desde la perspectiva opuesta, cuando mi esposo y yo hicimos campaña para un congresista en nuestro distrito de Dallas. Ahí estábamos, armados con panfletos, tocando timbres por todo el vecindario. Vimos a personas meterse a sus casas, igual que lo había hecho yo. Nos dimos cuenta de que había personas en el interior de sus casas, de puntillas, igual que lo había hecho yo. Incluso escuchamos a padres ordenar a sus hijos que no abrieran la puerta. Está claro que las personas no recibían con agrado a huéspedes no invitados con panfletos y una perorata de "vote por nuestro candidato" en una tarde de domingo de cielo azul.

Debido a que muchos de nosotros tenemos esta reacción ante tales huéspedes no invitados, el profesor de evangelismo Len Sweet declara que el evangelismo de visitación está muerto al llegar. "El hogar es ahora un escondite, no un lugar de reunión. Los timbres provocan ansiedad, no anticipación. Huimos de los llamados a la puerta, no acudimos a ellos. Las personas no dan la bienvenida a las intrusiones no solicitadas o no controladas en sus castillos posmodernos"[95]. Agregue a esto la ineludible realidad de que pocos miembros de la iglesia quieren hacer visitas de cualquier tipo. En su gigantesco estudio sobre grupos pequeños, al que se hizo referencia en el capítulo anterior, el sociólogo Robert Wuthnow pidió a los participantes de grupos pequeños que clasificaran las actividades que habían realizado en su iglesia el año pasado en términos de disfrute. Las visitas a la iglesia ocuparon el último lugar, junto con trabajo en la guardería y el cuidado de niños[96].

Ciertamente, existen obstáculos notables al modelo de evangelismo de visitación, que un proponente definió como un "enfoque planificado, cuando una o más personas, sin previo aviso o con cita, ingresan a un hogar con el propósito de compartir el evangelio e invitar a una respuesta"[97]. Sin embargo, y no deben descartarse fácilmente, existen fundamentos bíblicos, teológicos, históricos y prácticos notables para el evangelismo de visitación, que justifican una segunda mirada y podrían incluso alterar nuestra percepción. Esto es lo que me ocurrió mientras profundizaba en este modelo, a pesar de mi resistencia inicial.

Este capítulo, al igual que los demás, presenta el fruto de las investigaciones realizadas por diversos proponentes a lo largo de los años. Sin embargo, en el caso de este modelo, tuve que esforzarme especialmente para recopilar esas ideas en un enfoque contemporáneo del evangelismo de visitación. Me alegro de haberlo hecho. Lo que descubrí, y espero que usted también lo haga, son posibilidades estimulantes que se ofrecen a los cristianos dispuestos a hacer visitación fuera de las paredes de la iglesia, a conocer personas en sus vecindarios y más allá. En una época de anonimato y aislamiento, esto en sí mismo podría ser un logro extraordinario.

FUNDAMENTOS BÍBLICOS

Los defensores del evangelismo de visitación recurren a un conjunto diverso de materiales bíblicos. El significado básico de la palabra griega *episkeptomai* es "visitar"[98]. En la Septuaginta, la Biblia utilizada por la iglesia primitiva, *episkeptomai* puede tener la connotación de una profunda preocupación[99]. A veces esa preocupación es punitiva: Dios visitó a los israelitas con castigo después de que adoraron a becerros de oro (Éxodo 32:34). Pero con más frecuencia, Dios visitaba para consolar, ayudar y mostrar favor, como en la visita de Dios a los hijos de Israel cuando clamaron en agonía durante su experiencia de esclavitud en Egipto (4:31). A veces esto es evidente en los verbos con los que se empareja *episkeptomai*: Dios recuerda y visita a las personas (Sal. 8:4; 106:4; Jer. 15:15); Dios busca a las personas (Ezequiel 34:11). La esencia del cuidado se recoge en Ezequiel 34:11: "Ciertamente así ha dicho el Señor Dios: 'he aquí, yo mismo buscaré mis ovejas y cuidaré [*episkeptomai*] de ellas'"[100].

Esta misma profundidad de cuidado continúa a través de los usos de *episkeptomai* en el Nuevo Testamento, donde "nunca implica simplemente 'visitarlos' en el sentido habitual, o con fines egoístas, sino 'preocuparse' siempre por ellos, con un sentido de responsabilidad por los demás"[101]. En un discurso que lo llevó a su martirio, Esteban, un líder de la iglesia primitiva, declara que "cuando [Moisés] cumplió cuarenta años, le vino al corazón el visitar a sus hermanos, los hijos de Israel" (Hechos 7:23). Este deseo surge en el corazón de Moisés debido a la preocupación por sus compatriotas israelitas. "[Moisés] los busca porque les pertenece y comparte la responsabilidad de su destino"[102]. Más adelante en Hechos, esta misma inclinación por la visitación surge cuando Pablo sugiere que él y Bernabé vuelvan "a visitar a los hermanos en todas las ciudades en las cuales hemos anunciado la palabra del Señor, para ver cómo están" (15:36). El motivo subyacente de Pablo para la visitación era hacer un seguimiento a quienes había predicado anteriormente, "para ver cómo están".

La visitación significaba compañía para los enfermos y los que pasaban por situaciones difíciles, como las viudas y los huérfanos (Santiago 1:27). Jesús les dijo a sus discípulos que visitaran a los prisioneros como si lo visitaran a él (Mat. 25:36). Varios versículos después, subrayó esta responsabilidad cuando pronunció juicio sobre los que se negaron a visitar a los prisioneros (25:43-46). El verbo *episkeptomai*, tal y como lo interpreta Richard Armstrong (partidario del evangelismo de visitación), "no es una cuestión de actos aislados, sino de una actitud fundamental. Hay que darse cuenta de que uno no existe de y para uno mismo, sino de y para los demás. Esto debe expresarse en las propias acciones"[103].

Otro proponente señala hacia el modelo de Jesús, quien "estableció el patrón del evangelismo de visitación"[104] cuando recorría "las ciudades y aldeas, proclamando y anunciando las buenas nuevas del reino de Dios" (Lucas 8:1, LBLA). Por supuesto, Jesús no llamaba a las puertas, pero iba a los lugares donde vivía la gente– sus pueblos y aldeas– en lugar de esperar que acudieran a él.

Otro fundamento bíblico más es la misión a la que Jesús envió a sus discípulos (Marcos 6:7-13; Mateo 9:35-10: 23; Lucas 10:1-24). Según Marcos, el primer evangelio, Jesús "llamó a los doce y comenzó a enviarlos de dos en dos" (6:7). Los discípulos salen de dos en dos hacia nuevos territorios por delante de Jesús, preparándole el camino. Jesús da instrucciones específicas a quienes harían visitación antes que él, por ejemplo, les dice que no lleven demasiadas cosas ni que se queden mucho tiempo en pueblos no hospitalarios.

Mateo y Lucas cuentan la historia de manera diferente: en el evangelio de Mateo, solo doce salen y la misión es solo a Israel; mientras que, en el evangelio de Lucas, salen setenta en una misión mucho más extendida. Sin embargo, ambos evangelios contienen este dicho de Jesús palabra por palabra: "la mies es mucha, pero los obreros pocos; rueguen, pues, al Señor de la mies que envíe obreros a su mies" (Mateo 9:37-38; Lucas 10:2). En un libro publicado hace casi un siglo, A. Earl Kernahan describe el modelo de Jesús como la base para el evangelismo de visitación: "Envíe a varios laicos, de dos en dos, a cualquier comunidad para visitar y hablar de Jesús a las personas de las que su iglesia es responsable, y habrá otros como Andrés [y] Pedro ... que aceptarán la invitación de encontrarse con Jesús"[105].

Los proponentes de este modelo se esfuerzan por señalar que eleva la primacía de los laicos (*laos*, traducido como "pueblo" en la RVA) en la iglesia[106]. La palabra *laos* aparece en 1 Pedro 2:9 como una metáfora de la iglesia: "Pero ustedes son linaje escogido, real sacerdocio, nación santa, *pueblo adquirido por Dios*, para que anuncien los hechos maravillosos de aquel que los llamó de las tinieblas a su luz admirable". Detrás de la frase "pueblo adquirido por Dios" hay un versículo en Isaías:

A este pueblo lo he creado para mí,
Y este pueblo proclamará mis alabanzas. (43:21)

El pueblo en su conjunto, no solo los ministros o los profesores de religión, es el motor que impulsa el evangelismo de visitación. La visitación realizada por los laicos en lugar de los clérigos, trae consigo el beneficio adicional de ser percibida como menos amenazante porque las buenas nuevas provienen de una persona común y no de un "especialista en religión". Len Sweet, a pesar de su comentario de que la visitación está muerta al llegar, la aplaude cuando la realizan los laicos; escribe que es "más dinámica y creciente cuando se trata de un movimiento laico"[107]. Además, sugiere que un lugar más adecuado para que los laicos realicen evangelismo de visitación es el lugar de trabajo de las personas. Si este lugar es, de hecho, más adecuado que un hogar, es tema de debate[108].

FUNDAMENTOS TEOLÓGICOS

Ekklesia, la iglesia, era una palabra bien utilizada mucho antes de que el apóstol Pablo la escribiera en sus cartas. Se refería a "la asamblea regular de los ciudadanos de una ciudad para decidir asuntos que afectan a su bienestar"[109]. En las cartas de Pablo, *ekklesia* se usó para referirse a las asambleas propiamente dichas de cristianos, que se reunían con un propósito religioso. *Ekklesia* es una palabra dinámica y compuesta, formada por la preposición *ek*, que significa "fuera de" o "desde" y el verbo *kaleo*, que significa "llamar". Esto sugiere una asamblea de personas convocadas. La palabra es dinámica, no estática; representa tanto la comunidad reunida como el acto de reunirse como comunidad. En otras palabras, sin la reunión regular, no hay *ekklesia*[110]. De *ekklesia* proviene el término teológico *eclesiología*, que se refiere a la doctrina de la iglesia. La eclesiología se encuentra en el corazón del evangelismo de visitación. Aunque el lugar de la visitación se encuentra *fuera* del edificio de la iglesia– en los vecindarios, al otro lado de la calle, alrededor de la cuadra– la comunidad de la iglesia es esencial para su práctica.

Pocas personas argumentarían que la práctica del evangelismo de visitación es fácil. Jesús mismo dio instrucciones claras sobre qué hacer cuando sus discípulos experimentaran rechazo durante la visitación. Por esta razón, la iglesia es fundamental para patrocinar y respaldar la visitación mediante la capacitación de los visitadores, sostenerles en oración continua y dar la bienvenida con los brazos abiertos a quienes responden favorablemente a la visita. Antes de que comience la visitación y a medida que avanza, la iglesia debe ser una presencia activa y comprometida.

Esta acción de la iglesia corresponde a dos de los cinco modelos influyentes de eclesiología de Avery Dulles: la iglesia como heraldo y la iglesia como servidora. Como heraldo, la iglesia comunica el mensaje del evangelio. "Esta eclesiología tiene una gran confianza en la evangelización misionera", señala Dulles. "La predicación del evangelio se relaciona con la salvación porque convoca [a las personas] a poner su fe en Jesucristo, el Salvador. Se anuncia el día de la salvación que está cerca para los creyentes"[111]. Aunque Dulles y los proponentes de Evangelismo Explosivo[112] podrían ser extraños compañeros de cama, la primera pregunta planteada en la guía de Evangelismo Explosivo tiene el mismo sentido de urgencia al anunciar el día del día de salvación: "¿Ha llegado al convencimiento en su vida espiritual de que si muriera hoy iría al cielo?"[113] El tono es diferente y el tenor distinto, pero la urgencia es la misma.

La iglesia como servidora –otro de los modelos de Dulles– se solidariza con la humanidad para ofrecer esperanza y sanidad. Al responder de forma tangible a las necesidades de aquellos que responden al llamado a la puerta, la iglesia demuestra con su servicio las buenas nuevas del evangelio. Los beneficiarios de la iglesia como servidora son principalmente los que están más allá de las paredes de la iglesia; son aquellos que "escuchan de la Iglesia una palabra de consuelo o de ánimo, o que obtienen de la Iglesia una escucha respetuosa, o que reciben de ella alguna ayuda material en sus horas de necesidad"[114]. La visitación de la iglesia como servidora implica algo más que un mensaje de memoria para aquellas personas que están al otro lado de la puerta, con matrimonios que se derrumban, familias quebrantadas, carencias económicas o desafíos físicos. Exige servicio, hechos que acompañen a las palabras.

Estos encuentros, a su vez, fortalecen a la iglesia. Mientras pastoreaba una iglesia en el centro de una ciudad durante una época de cambios demográficos en el vecindario en la década de 1960, Richard Armstrong observó el impacto que tuvo en las personas que participaron en un programa de evangelismo de visitación llamado Operación Timbre. En el centro de este programa estaban quienes realizaban la visita, que se conocían como los "Llamadores de Lunes por la Noche". Armstrong notó que el crecimiento espiritual de este grupo se profundizó juntamente con su sentido de responsabilidad social. "Se reflejó en sus ofrendas. Se reflejó en su mayor capacidad para articular su fe. Se reflejó en su sensibilidad ante los desafíos presentados por un vecindario racialmente cambiante. Y como su pastor, podría señalar el hecho de que se podía contar con los 'Llamadores de Lunes por la Noche' como grupo para apoyar cualquier proyecto que valiera la pena, cualquier causa importante que la iglesia emprendiera"[115].

Las personas que participan en el evangelismo de visitación, entonces, son extensiones de la iglesia como heraldo y la iglesia como servidora. Tienen un mensaje de buenas nuevas, del día de salvación. También tienen una sensibilidad hacia las necesidades humanas y una aguda conciencia de lo que la iglesia, la *ekklesia*, puede hacer para acoger a personas con tales necesidades.

FUNDAMENTOS HISTÓRICOS

La práctica del evangelismo por medio de la visitación tiene una larga y amplia historia. Dwight L. Moody (1837-99) incorporó la visitación en la publicidad previa a sus renombradas campañas por toda la ciudad. Durante la campaña de la Feria Mundial de Chicago de 1893, un programa masivo de visitación complementó la predicación de la campaña. Las mujeres del

Instituto Bíblico Moody estuvieron especialmente activas en la visitación, ya que "peinaban los vecindarios de Chicago, tocando puertas [y] repartiendo tratados bíblicos"[116]. Estos evangelistas urbanos a menudo se dedicaban a lo que se llamaba "trabajo de rescate", porque las personas que habitaban estos vecindarios tenían necesidades tanto físicas como espirituales. A medida que las áreas urbanas de fines del siglo XIX crecían exponencialmente en población, delincuencia y congestión, los evangelistas laicos visitaban con regularidad burdeles, tabernas y casas de juego para iniciar contacto con personas marginadas y ayudarles a construir una nueva vida, física y espiritualmente. En resumen, encarnaban los modelos de la iglesia como heraldo y la iglesia como servidora, que Avery Dulles identificó casi un siglo después.

Emma Ray (1859-1930), una evangelista metodista libre, visitaba prostitutas, privados de libertad y adictos a las drogas en el centro de Seattle y a lo largo de sus muelles. Su práctica regular de visitación creó oportunidades para realizar reuniones evangelísticas en los burdeles y, los domingos por la tarde, en la cárcel de Seattle. Emma y otras personas se paraban frente a los barrotes de los reclusos, repartían cancioneros, dirigían los cantos y luego predicaban. Una bañera hacía las veces de altar[117].

Al mismo tiempo y en el otro lado del país, en la ciudad de Nueva York, el evangelismo de visitación llevó a Delia, una joven de veintitrés años con moretones en la cara y mechones perdidos de cabello, a la fe en Cristo. Delia tenía al menos tres apodos en el momento de su conversión: "el Misterio", porque la policía nunca podía encontrarla; "la Tromba de Mulberry", porque frecuentaba el barrio de tugurios a lo largo de la Calle Mulberry; y "la Campana Azul", porque siempre llevaba puesto un vestido azul. Durante una noche de visitación de la fundadora de la misión de rescate, Emma Whittemore (1850-1931), Delia la siguió de puerta en puerta, anunciando: "No le temo al hombre, ni a Dios ni al diablo, y por eso puedo ir a cualquier parte". Antes de que terminara la noche, Whittemore le entregó a Delia una rosa rosada con una invitación para encontrarse la noche siguiente en la misión. Eventualmente, Delia, todavía con su rosa en la mano, llegó a la misión de rescate Puerta de Esperanza de Whittemore, donde fue "tan maravillosamente rescatada por Dios de uno de los peores antros de la Calle Mulberry"[118]. Gracias al evangelismo de visitación de Whittemore, Delia se convirtió en seguidora de Cristo. Delia nunca habría ido primero a una iglesia, a un edificio de torres con agujas, a una comunidad de culto. Sin embargo, conoció a Whittemore, quien la visitó en su propio vecindario.

Durante los siguientes once meses, hasta su muerte en 1892, Delia pasó sus días y sus noches junto a sus antiguas compañeras de la calle Mulberry, contándoles sobre su conversación. Su funeral, el más grande de Nueva York aparte del que tuvo el presidente Ulysses S. Grant, también tuvo un propósito evangelístico. En una carta enviada a Whittemore posteriormente, un puñado de hombres de la calle Mulberry hicieron esta promesa: "Aquí *prometemos* que al menos intentaremos convertirnos en hombres diferentes, y hacer algo por nosotros mismos y por nuestro Dios. No decimos que *todos* cumplirán su promesa, pero *sabemos* que habrá un buen número de personas que cambiarán sus vidas debido al dulce rostro feliz de Delia que vieron [en su ataúd] el martes"[119].

Después de la Primera Guerra Mundial, un número creciente de iglesias urbanas en Estados Unidos invirtió en el evangelismo de visitación como un medio de hacer proselitismo y evangelizar sus vecindarios[120]. A. Earl Kernahan (1888-1944), un ministro metodista en el área de Boston, se convenció de que el evangelismo de visitación era la clave para alcanzar a los Estados Unidos para Cristo. Por esta razón renunció al pastorado y abrió una oficina en Washington, D.C., en 1925, como sede de su operación a tiempo completo. Quería demostrar "lo que los laicos pueden hacer para ganar a los cincuenta millones o más de personas de nuestro país que ahora están fuera de las iglesias católico romana, judía y protestante, para que se hagan amigos de Jesucristo y sean miembros de algún grupo de sus seguidores"[121].

Kernahan desarrolló una encuesta de vecindario que se utilizaba en la visitación para determinar el estado religioso de la población de un vecindario. A partir de la encuesta, se elaboraba una lista de contactos que debían visitarse. Luego, Kernahan y sus asociados llegaban a la ciudad para capacitar al pastor y especialmente a los laicos en evangelismo de visitación. Kernahan afirmaba que, en toda América del Norte, "dos discípulos cristianos pueden ganar un promedio de dieciséis personas en un domingo por la tarde y seis noches durante la semana para el discipulado cristiano y la membresía de la iglesia"[122]. Durante las siguientes décadas, las principales denominaciones protestantes, una tras otra, adoptaron este método como parte oficial de su labor evangelística. La lista ecuménica de denominaciones que se adhirieron incluía a la Iglesia Bautista Estadounidense, la Iglesia Episcopal Metodista Africana, la

Iglesia Metodista, la Iglesia del Nazareno, la Iglesia Presbiteriana (EE. UU.), la Iglesia Luterana-Sínodo de Missouri y la Iglesia Luterana Unida en Estados Unidos. En la década de 1950, incluso el Concilio Federal de Iglesias, precursor del Concilio Nacional de Iglesias, apoyó el evangelismo de visitación[123]. En las décadas siguientes, sin embargo, el interés en el evangelismo de visitación entre estas denominaciones disminuyó y ahora ha desaparecido en gran medida, con una excepción.

En la década de 1960, D. James Kennedy (1930-2007), pastor de la recién fundada Iglesia Presbiteriana de Coral Ridge en Fort Lauderdale, Florida, desarrolló un programa de capacitación en evangelismo de visitación llamado Evangelismo Explosivo (EE). EE es un enfoque altamente estructurado que inicia con dos famosas preguntas de diagnóstico:

• "¿Ha llegado al convencimiento en su vida espiritual de que si muriera hoy iría al cielo?
• Supongamos que esta noche usted muere y tiene que presentarse ante Dios, entonces él le pregunta: ¿por qué cree usted que debo permitirle la entrada al cielo? ¿Usted qué diría?"[124]

A través del EE, la iglesia que Kennedy dirigía creció exponencialmente en una década hasta alcanzar más de diez veces su tamaño original. Durante quince años creció más rápido que cualquier otra iglesia presbiteriana del país[125]. EE también floreció fuera de los Estados Unidos. Para 1994, Kennedy estimó que aproximadamente cien mil iglesias en más de doscientos países usaban el programa para capacitar personas en el evangelismo de visitación. El alcance global actual de EE es asombroso, incluyendo casi dos mil eventos de capacitación de liderazgo anualmente, treinta y ocho mil iglesias que implementan el programa de EE (con más de seis mil agregadas en 2017), y más de medio millón de niños en el Club de Exploradores, la capacitación en discipulado de EE para nuevos creyentes[126].

FUNDAMENTOS PRÁCTICOS

Si los números de Wuthnow siguen siendo verdaderos, en cuanto a que la visitación se sitúa como la actividad menos favorita de los miembros de la iglesia, junto con el trabajo en guardería y el cuidado de niños, este es un modelo de evangelismo difícil de adoptar para los cristianos estadounidenses. Sin embargo, es un modelo extremadamente factible, que requiere la capacidad de acercarse a una puerta, ya sea de una casa, un apartamento, una habitación de hospital o una prisión, saludar a alguien e iniciar una conversación. A continuación, veremos algunas pautas prácticas que pueden extraerse de los escritos de quienes defienden este modelo de evangelismo.

1. Prepare la congregación

Dado el papel central de la iglesia– la *ekklesia*– en el evangelismo de visitación, es imperativo contar con la participación de la congregación desde el principio. Las presentaciones en reuniones públicas– clases de la escuela dominical, el servicio de adoración, un evento vespertino– acompañadas de blogs o artículos en el boletín de la iglesia, son esenciales para impulsar el interés y el compromiso con el evangelismo de visitación. En estas sesiones públicas y en los materiales escritos, la importancia, e incluso la responsabilidad, de que cada cristiano se comprometa con el evangelismo debe estar en primer plano. Esta es una oportunidad para utilizar los fundamentos bíblicos, teológicos e históricos del evangelismo de visitación.

En la fase de preparación, haga saber a la congregación sobre las muchas formas en que pueden participar. Richard Armstrong reflexiona sobre el amplio apoyo que requiere un programa de visitación:

> Necesitamos personas que ayuden en la oficina, preparando las listas de llamadas, informes resumidos y registros de llamadas; necesitamos personas que proporcionen refrigerios a quienes hacen las llamadas y personas que ayuden en la cocina; necesitamos personas que ayuden a reclutar a quienes harán llamadas; necesitamos jóvenes para cuidar a los niños de las parejas que quieran participar y de los padres que quieran asistir a nuestras clases de membresía... Si no puede hacer ninguna de estas cosas, al menos puede apoyar el programa con sus oraciones, lo que más que nada asegurará su éxito[127].

Es importante que quienes que no puedan o prefieran no hacer visitación sepan que pueden contribuir de otras formas. No menos importante, pueden ser alistados como compañeros de oración para un equipo de visitantes; una tarea tan abrumadora exige personas devotas de oración.

2. Capacite a las visitas

Los practicantes del evangelismo de visitación aconsejan que las sesiones de capacitación se enfoquen en dos temas principales: compartir la fe y las mejores prácticas. Durante las sesiones sobre compartir la fe, integre el capítulo 1 de este libro sobre el evangelismo personal. En estas sesiones, deje suficiente tiempo para que las futuras visitas narren su propia experiencia de llegar a la fe. Los testimonios, los estudios de caso y los juegos de roles son herramientas de aprendizaje importantes para usar en esta capacitación[128].

Las sesiones sobre las mejores prácticas deben abarcar una variedad de temas relacionados con la visitación en sí. Estos deben incluir:

- exponer por adelantado y honestamente el motivo de la visita
- escuchar bien las preocupaciones y críticas, sin ponerse a la defensiva
- mostrar cortesía y preocupación incluso en una situación difícil
- anticiparse a las preguntas que se puedan hacer, especialmente las antagónicas sobre el cristianismo o la iglesia
- manejar las distracciones durante la visita[129]

En general, estas sesiones proporcionarán habilidades estratégicas para que las visitas se conviertan en mejores vecinos en su comunidad. Ayudarán a "desarrollar y perfeccionar las habilidades de escucha y cuidado [de las visitas], habilidades que [ellos y ellas] necesitan en todas partes: en [sus] hogares, lugares de trabajo, vecindarios, comunidades y la comunidad de la iglesia... ¿Qué podría ser más importante para los discípulos de Jesucristo?[130]" De igual importancia es que los participantes comenzarán a ver que su fe se fortalece a través de la visitación. Aprenderán más acerca de Dios, particularmente a confiar en Él para cada encuentro. Tendrán la oportunidad de mejorar la vida de quienes viven en su vecindario. Puede que incluso experimenten un despertar de su propia fe, al ver a otras personas descubrir el gozo de la fe cristiana.

3. Ponga en marcha la visitación

La puesta en marcha del programa de visitación debe ser destacada de alguna manera, tal vez a través de un orador invitado o un servicio de culto especial durante el cual son comisionadas las personas que serán visitadoras. Esta puesta en marcha pública le da visibilidad y protagonismo al programa. El período óptimo de un programa de evangelismo de visitación dedicado, sugieren quienes practican este modelo, es de seis a ocho semanas en otoño o primavera. Un enfoque es establecer el programa para la visitación una noche a la semana durante este período de tiempo. Otro enfoque es poner en marcha el programa con una semana especial de visitación, durante un período de cuatro noches, preferiblemente de lunes a jueves. Luego, el programa continúa con una noche de visitación por cada semana del período de tiempo restante. Cada noche de visitación puede seguir este horario:

6:00 cena para quienes harán la visitación
6:45 instrucciones finales

7:00 entrega de las asignaciones de visitación, seguido de oración
7:15 los visitadores parten a hacer la visitación
9:00 finalización de la visitación y regreso a la iglesia para informar

Idealmente, durante las semanas que dure el programa de visitación, todos los grupos de la iglesia deberían orar por las visitas, incluso si no están específicamente involucrados.

Debido a que las asignaciones de la visitación suelen construirse geográficamente alrededor del lugar donde se reúne la iglesia, es esencial trazar el área que se visitará. Esto implica crear un mapa grande de la comunidad circundante. En un área urbana o suburbana, el mapa constará de diez a quince manzanas, con cada calle identificada con su nombre. Asigne a cada pareja de visitadores a un determinado número de manzanas[131]. En una zona rural, el mapa estará etiquetado con las carreteras principales y puntos de referencia, y cada pareja de visitadores tendrá que visitar una zona delimitada en el mapa.

Tal y como lo recomendó Kernahan, a las personas visitadoras les puede resultar beneficioso llevar una breve encuesta como un medio natural para hacer la visitación. La encuesta pregunta, entre otras cosas, sobre la afiliación religiosa y el grado de participación de cada familia o individuo, y sus intereses espirituales. Una vez recopiladas las encuestas, ofrecen datos detallados sobre la comunidad que, si se utilizan bien, pueden ayudar a la congregación a servir a sus vecinos de manera más efectiva. Un pastor describió así la importancia del cuestionario: "Seis meses antes de que comenzara la Misión, las personas de mi parroquia me eran desconocidas. No sabía nada de ellos, el tamaño de la familia, las condiciones en las que vivían, sus afiliaciones eclesiásticas– todo esto era territorio desconocido. Una situación nueva existía al final de la Misión. Tenía un registro de todos los hogares de la parroquia"[132].

4. Involúcrese en las conversaciones

Cuando alguien abre la puerta, haga lo siguiente en su presentación de apertura:

a. *Identifique* quién es usted y a qué iglesia representa.
b. *Explique* por qué está en su puerta.
c. *Reconozca* la intrusión.
d. *Pregunte* si le pueden dejar pasar.
e. *Prometa* ser breve[133].

A partir de este momento, siga las mejores prácticas enumeradas anteriormente, así como las sugerencias bajo el subtítulo "Comparta el Evangelio" en el capítulo 1.

Luego, los visitadores regresan a la iglesia para tomar un refrigerio ligero, preparar un breve informe de cada visita realizada y dar un informe de cada visita, señalando particularmente los aspectos que requieren seguimiento. Esta reunión informativa brinda a los visitadores la oportunidad de aprender de las experiencias de los demás. Algunos proponentes consideran esta reunión como "el corazón de nuestro programa de capacitación continua". Explican: "Aprendimos unos de otros cómo abordar casi cualquier tipo de situación, desde cómo hablar con un televisor a todo volumen y cómo lidiar con un perro callejero demasiado amigable que se cree un perro faldero y no lo es, hasta qué le dices a un físico nuclear que te dice cordialmente que es ateo o a una viuda angustiada cuyo marido acaba de morir de cáncer... Había cientos de dramas humanos que se desarrollaban detrás de las puertas cuyos timbres tocábamos, y nos convertíamos en parte de ellos"[134].

5. Integre a los recién llegados

Para que un programa de evangelismo de visitación tenga éxito, es vital que los recién llegados se integren oportuna y fluidamente en una iglesia preparada para darles la bienvenida a su seno. Todo el trabajo arduo, tiempo, esfuerzo y amabilidad de la persona visitadora se puede deshacer instantáneamente, si la congregación se cierra a los desconocidos que se presentan porque estaban intrigados por la visita que recibieron. (Esto a menudo se hace sin pensar, como cuando los miembros de la iglesia usan el domingo por la mañana solo para ponerse al día con sus amigos. Los recién llegados, entonces, se quedan al margen para observar en silencio mientras las conversaciones fluyen a su alrededor). Una congregación que haya sido capacitada antes del programa de evangelismo de visitación, en cuanto a cómo integrar a los recién llegados, puede ayudar con la hospitalidad, incluido el transporte hacia y desde el servicio de adoración, un tiempo de café para familiarizarse, o una comida casera o en un restaurante al finalizar.

Una asimilación más completa de los recién llegados puede ocurrir en una clase de escuela dominical o, mejor aún, en un nuevo grupo pequeño establecido con el propósito de incorporar a los recién llegados que fueron llamados durante el programa de evangelismo de visitación. Con este grupo pequeño establecido, incluso en su visita inicial, las personas encontrarán un lugar específicamente preparado para ellas. La bienvenida que recibieron durante el programa de evangelismo de visitación continúa, en otras palabras, sin problemas.

Sin una respuesta hospitalaria por parte de la congregación, los recién llegados pueden desaparecer rápidamente y endurecerse hacia el cristianismo; la apertura momentánea que una vez sintieron se convertirá en una cicatriz. Un pastor vio que esto sucedía cuando el programa de evangelismo de visitación trajo nuevas personas a la iglesia, pero nunca encontraron un lugar donde encajaran. A veces, el mensaje se comunicaba a través de algo frívolo, como pedirle a un recién llegado que se cambiara de asiento porque se sentó en un lugar que normalmente ocupaba un miembro de mucho tiempo. A veces, las personas sentadas al lado de las visitas nunca saludaban; simplemente se levantaban después del culto y daban la espalda a los recién llegados. A veces, se dedicaban en revisar el boletín de la iglesia antes del culto, en lugar de saludar al visitante sentado a su lado. El pastor reflexionó: "Trágicamente, tuvimos que ver a muchas de estas personas alejarse, con el paso de los meses, de una iglesia que parecía no tener nada para ellos y que era incapaz de asimilarlos a su vida". Continuó: "Es un hecho evidente que un gran número de los recién llegados simplemente se alejan de la iglesia por la actitud de los antiguos miembros"[135]. La hospitalidad, una y otra vez, está en el corazón de otro modelo más de evangelismo.

6. Sirva al vecindario

Llamar a las puertas ayudará a la congregación a conocer el vecindario de una manera más profunda que antes. Un programa de visitación continuo y bien gestionado proporciona una posibilidad para que la congregación extienda la compasión de Cristo a sus vecinos. La Iglesia Presbiteriana de Oak Lane se convirtió en una de esas congregaciones. El evangelismo de visitación condujo a la compasión hacia el prójimo, ya que la iglesia fue conducida a demostrar el amor de manera tangible. Para atender las necesidades descubiertas al tocar puertas, la iglesia "adquirió camas de hospital, sillas de ruedas y otros equipos, y los puso a disposición de las familias que de otra manera no podrían pagarlos. Ayudaron a encontrar hogares de retiro adecuados para los ancianos y enfermos que no tenían quien los cuidara, visitaron a los enfermos y personas viviendo solas, proporcionaron alimentos y ropa de emergencia para los indigentes, buscaron trabajo para los desempleados"[136].

A su vez, Oak Lane creció orgánicamente hasta convertirse en una iglesia más diversa que reflejaba los cambios demográficos de su vecindario. Mientras visitaban residencias al otro lado de la calle y al final de la cuadra, por ejemplo, se encontraron con refugiados cubanos y la iglesia se convirtió en patrocinadora de su ciudadanía. Ayudaron a varios de los que habían estado encarcelados a recuperarse. Gracias a la intervención de la iglesia, uno de ellos fue a estudiar para el ministerio en el Seminario Teológico de Princeton y otro se convirtió en presidente de una clase de Biblia para hombres[137].

Mientras enseñaba en la Escuela de Teología Perkins, Elaine Heath llevó su clase de evangelismo para reunirse con varias hermanas Misioneras de la Caridad en uno de los vecindarios más pobres de Dallas. Una de las hermanas explicó que visitarían todo el vecindario de dos en dos. Tocaron puertas, se ofrecieron a orar con la gente y se enteraron de las necesidades que tenían. Ella dijo: "A veces no quieren hablar con nosotros o no nos dejan entrar. Siempre es porque piensan que queremos algo. Una donación o dinero. Les decimos que no, que solo estamos ahí para orar por ellos y conocerlos. Así es como hacemos básicamente nuestro ministerio"[138]. Los estudiantes reaccionaron a la visitación con la preocupación de que las hermanas dieran la impresión de ser "coercitivas hacia las personas a quienes ayudan" porque "este es, después de todo, un mundo pluralista"[139]. La hermana respondió que su visitación no era en absoluto coercitiva. Luego contó una historia de un hombre que rechazó su oferta de orar con él porque no era religioso. Su respuesta: "Está bien. Necesito orar por mí misma, para que puedas escuchar mientras oro por los dos"[140].

VALORACIÓN

No es de extrañar que el evangelismo de visitación rara vez se practique en estos días. Los críticos consideran que es demasiado mecánico, que está demasiado guionizado. Esta crítica refleja la imagen de una época anterior de vendedores de puerta en puerta, que tocaban el timbre para vender una aspiradora o una enciclopedia. Esta crítica también refleja la tendencia de Evangelismo Explosivo de James Kennedy a coreografiar las visitas meticulosamente desde el principio (haciendo las dos preguntas de diagnóstico) hasta el final (haciendo el llamado a un compromiso). La visita debe gestionarse de tal manera que obligue a tomar una decisión por Cristo.

Esta crítica, aunque comprensible, no es del todo válida. Regrese por un momento a la palabra *visita*, que sugiere atención y cuidado, evocando la idea de una taza de café y una charla sobre asuntos importantes. En una era de breves frases sonoras, ¿es posible que una visita sea bienvenida? Alguien que escuche. Alguien que se preocupe, aunque sea por unos momentos. Alguien que ofrezca una invitación. Alguien con buenas nuevas genuinas.

Recuerde, también, la historia del evangelismo de visitación, cuando los evangelistas visitaban barrios y apartamentos marginales, burdeles y prisiones, llevando una palabra de buenas nuevas y una dosis de esperanza. No se trata de reclutar conversos; se trata de dar la bienvenida a los extraños.

Piense también en el impacto que este alcance podría tener en las iglesias, que a menudo existen como islas de homogeneidad en mares de diversidad. El vecindario cambia, pero la iglesia no. La visitación es una oportunidad para que la iglesia se involucre con su vecindario y para que sus vecinos se involucren con la iglesia. El evangelismo de visitación puede cambiar las iglesias, y hacer que se parezcan más a sus vecindarios. Al salir a cambiar su mundo, las iglesias mismas pueden cambiar. Quizás, entonces, sea el momento de descartar las caricaturas y considerar el evangelismo de visitación como un medio de integrar la iglesia en su vecindario, para conocer de primera mano cuáles son las necesidades reales de sus vecinos y ofrecerles la oportunidad de participar en una comunidad de fe solidaria, reflexiva y compasiva.

¿Dónde tiene cabida el Espíritu Santo en el evangelismo de visitación?

En este modelo de evangelismo existe un vacío sorprendente que tiene que ver con sus escasas referencias al Espíritu Santo. Quienes lo ponen en práctica, como Kennedy, confían en la capacitación y la estrategia. En su libro, que describe con todo detalle el programa de Evangelismo Explosivo, hay una breve sección sobre el Espíritu Santo en el primer capítulo. Kennedy explica que "nuestro testimonio debe ser siempre un 'triálogo' en lugar de un diálogo... Al testigo hay que enseñarle desde el principio a no depender de su propia capacidad de persuasión, sino del poder del Espíritu Santo, de lo contrario, estará testificando en la carne y no en el Espíritu"[141]. Luego, curiosamente, el Espíritu Santo desaparece en las doscientas páginas restantes. Incluso en el bosquejo de la presentación del evangelio no se menciona al Espíritu Santo; solo Dios y Jesucristo se consideran parte integral de las buenas nuevas. La mayor parte del libro aborda las dificultades tácticas de la selección de contactos, el desarrollo de líderes, hacer preguntas de diagnóstico y el manejo de objeciones.

En el evangelismo, sin importar el modelo o enfoque, la dependencia del Espíritu Santo es esencial. Jesús lo entiende. En su última enseñanza sobre el Espíritu Santo en el Evangelio de Juan, declara a sus discípulos que el Espíritu "les hará recordar todo lo que yo les he dicho" (Juan 14:26). El Espíritu "me glorificará, porque recibirá de lo mío y les hará saber" (16:14). Hablar de Jesús a las personas de nuestros vecindarios requiere la presencia del Espíritu Santo, que nos enseña, a modo de recordatorio, lo que Jesús mismo enseñó, lo que Jesús mismo hizo, cómo murió y que resucitó de entre los muertos. Es importante tener tanto conocimiento como podamos de las Escrituras, pero es el Espíritu Santo quien proporciona el vínculo de conexión entre la vida de Jesús y la vida de las personas que nos rodean. La sensibilidad al Espíritu Santo, sin dejar de recordar lo que hemos aprendido, nos hace flexibles, maleables, receptivos y fieles a las personas por quienes tomamos un aliento más, oramos y llamamos a la puerta del vecino.

Como vimos en el evangelismo personal, es el Espíritu Santo quien guía el encuentro, quien inspira al visitador con lo que debe decir y hacer, y quien convence al interlocutor de su necesidad de transformación. Lo mismo es cierto en el evangelismo de visitación. Este aspecto fundamental del evangelismo no puede pasarse por alto. Es la presencia y el poder del Espíritu Santo lo que se necesita durante la visitación; este debe ser el centro de las oraciones de la congregación mientras los visitadores tocan puertas y entablan conversaciones.

¿Es el evangelismo de visitación relevante para el siglo XXI?

El profesor de evangelismo Jack Jackson señala la dificultad del modelo de evangelismo de visitación: "La visitación se considera a menudo como una reliquia de una época anterior que requiere mucho tiempo y que no tiene relevancia para las comunidades cristianas contemporáneas. Por lo tanto, no es de extrañar que cuando a los candidatos metodistas unidos a la ordenación, como grupo, su obispo les hace la histórica pregunta wesleyana, '¿Visitarán de casa en casa?', la respuesta es a menudo un tímido 'Sí', acompañado de sonrisas y risas entre dientes"[142]. Es posible que usted no haya leído las notas de este capítulo, pero si lo hizo, se habrá dado cuenta de que las fechas de publicación de los libros y artículos sobre el evangelismo de visitación fueron principalmente entre 1920 y 1950, lo que sugiere que el evangelismo de visitación es una reliquia que es mejor dejar en el pasado.

Pues, este no es el caso. Permítanme señalar que muchas personas en la sociedad contemporánea, como yo (y quizá especialmente los habitantes urbanos), no conocen a sus vecinos. Actualmente, en nuestro complejo de doce viviendas adosadas, apenas vemos a nuestros vecinos porque pulsamos el interruptor automático de la puerta de la cochera, estacionamos el auto adentro y cerramos la puerta tras nosotros. Rara vez vemos a alguien fuera de la casa porque tenemos poco espacio común y, ciertamente, no tenemos porches delanteros. Y esta realidad va en aumento, ya que miles de casas adosadas como la nuestra están en construcción en Dallas. Cada vez nos damos menos oportunidades de conocer a nuestros vecinos. Esto, por supuesto, no es nada nuevo. Hace unas décadas, el crucial libro de Robert Putman, *Bowling Alone*, puso de manifiesto el creciente aislamiento de los estadounidenses. Desde su publicación, nos hemos distanciado aún más de quienes nos rodean porque ahora nuestras comunidades son a menudo virtuales; dependemos cada vez más de la conexión a través de dispositivos electrónicos, en lugar de los encuentros cara a cara. La mayoría de nosotros ha tenido la experiencia de acercarnos a alguien que conocemos y justo cuando estamos a punto de saludarle, nos damos cuenta de que está ocupado enviando un mensaje de texto. Nuestra respuesta es ir en otra dirección para no interrumpirle.

No se trata de hacer una crítica generalizada de la sociedad estadounidense, pero sí es un intento de señalar el creciente aislamiento en nuestra sociedad, que es alimentado en parte por las redes sociales y la comunicación virtual. Invertir tiempo y energía en visitar a las personas en persona donde viven, en los espacios físicos que habitan, dice mucho sobre el deseo de una iglesia de salir de sí misma y saludar a sus vecinos de primera mano. Es la diferencia que se siente entre entrar en una tienda grande, donde nadie te ayuda a encontrar un clavo o una llave inglesa en particular, y entrar en una ferretería local, donde alguien te saluda y te pregunta cómo pueden ayudar. Por lo tanto, considere la posibilidad de adaptar el modelo de evangelismo de visitación de una manera que convenga a su iglesia y vecindario. Comience con el verbo *episkeptomai* y la comprensión que evoca de la visitación como una muestra de preocupación por alguien, como cuando Jesús les dice a sus amigos que visiten a los enfermos y a los presos como si lo visitaran a él. O como la gente de la Iglesia Presbiteriana Oak Lane en Filadelfia, que no solo cambió su vecindario, sino que fueron cambiados por él, por los refugiados cubanos, los ancianos y los ex presidiarios que vivían al lado o al otro lado de la calle. O como Emma Ray en la faja costera de Seattle. O como Emma Whittemore, a cinco mil kilómetros de distancia en la ciudad de Nueva York, que estaba dispuesta a encontrar una Delia, confrontarla y regalarle una rosa rosada.

PREGUNTAS DE REFLEXIÓN

• ¿Cómo valoraría usted el modelo de evangelismo de visitación?

• ¿En qué contexto (rural, urbano, pueblo pequeño, complejo de apartamentos) es más aplicable el evangelismo de visitación?

• ¿Cómo elaboraría usted el formato de un programa de evangelismo de visitación en su iglesia?

• ¿Sería usted voluntario/a para ser un visitador? ¿Por qué sí o por qué no?

• ¿Qué otro modelo de evangelismo complementa mejor el evangelismo de visitación? ¿Por qué?

Cuatro
LITÚRGICO

A primera vista, *liturgia* y *evangelismo* parecen no coincidir. *Liturgia* evoca imágenes de catedrales góticas con arcos apuntados, bóvedas de crucería, santos esculpidos en piedra y arbotantes; en el interior, un cáliz dorado descansa sobre un altar ornamentado con incensarios que emanan incienso, mientras una figura con túnica avanza majestuosamente por el pasillo y repican las campanas (de ahí la expresión abreviada "olores y campanas"). *Evangelismo* evoca imágenes de cualquier cosa menos de liturgia. Un charlatán sudoroso con una gran sonrisa, ofreciendo una sórdida y tosca apelación a arrepentirse y creer en el evangelio *ahora*. Una pareja bien vestida llamando a una puerta. Incluso una conversación seria en una cafetería. *Cualquier cosa* menos liturgia.

¿A quién se le ocurriría fusionar liturgia con evangelismo? ¿Pompa con circunstancias cotidianas? ¿Esplendor con lo aparentemente ordinario? ¿Grandeza con la sencillez? Robert Webber lo hizo en la década de 1980, cuando utilizó el término *evangelismo litúrgico* para exaltar la liturgia como un medio para comunicar el evangelio. A través de la participación regular en la vida litúrgica de la iglesia, argumentó Webber, una persona sería evangelizada. El evangelismo litúrgico es, en esencia, "una experiencia de conversión regulada y ordenada por los ritos litúrgicos de la iglesia. Estos servicios ordenan la experiencia interna del arrepentimiento del pecado, la fe en Cristo, la conversión de vida y la entrada a la comunidad cristiana"[143]. En el evangelismo litúrgico, la conversión se produce a lo largo del tiempo en el seno de la liturgia de la iglesia, a medida que avanza a través de la historia de la salvación de Dios.

La ironía–y el genio–del evangelismo litúrgico es que vuelve a una época de hace dos mil años, para descubrir de nuevo cómo comunicar el evangelio en nuestra época. Hace retroceder el reloj hasta el contexto de la iglesia primitiva, donde se enseñaba lo esencial del cristianismo a quienes vivían en una cultura que aún no estaba familiarizada con esta fe. La liturgia era, en esencia, evangelismo. Avancemos hasta el día de hoy. El evangelismo litúrgico reconoce que la familiaridad con los elementos esenciales del cristianismo, ya no se puede suponer para las generaciones actuales, especialmente los *Millenials* y la Generación Z. En este así llamado contexto post-cristiano, la liturgia puede ser un lugar atractivo y acogedor para el evangelismo.

Si usted forma parte de una tradición que evita la pompa y el esplendor, puede sentirse tentado a saltarse este capítulo. ¿Qué podría hacer, se preguntará, con un modelo que incorpora himnos y oraciones escritas? Le pido que no pase al siguiente capítulo porque haya sacado conclusiones precipitadas sobre este. El evangelismo litúrgico tiene sus raíces en las Escrituras, es rico en historia y rebosa de teología. Es posible que se sorprenda al saber que no solo estará descubriendo mucho sobre los orígenes de su fe y de su iglesia, sino que también estará descubriendo cómo la vida litúrgica de la iglesia primitiva, que era inherentemente evangelística, puede revitalizar su propia iglesia y fe mediante una paulatina utilización del antiguo–y siempre contemporáneo–modelo conocido como evangelismo litúrgico.

FUNDAMENTOS BÍBLICOS

Los proponentes del evangelismo litúrgico encuentran un fundamento bíblico para este modelo en la educación de Jesús, ya que Jesús mismo estuvo inmerso en prácticas y lugares litúrgicos judíos. Los padres de Jesús lo llevaron al templo, siendo recién nacido, para cumplir con los ritos judíos de iniciación prescritos, incluida la ofrenda por un hijo primogénito (Lucas 2:22-24). En la dedicación de Jesús, Simeón bendice al bebé (2:25-38). Cuando Jesús cumple doce años, acompaña a sus padres al templo para la fiesta de la Pascua y permanece allí para interactuar con los eruditos judíos (2:41-50).

La vida de Jesús como maestro le lleva a veces a las sinagogas, que eran el centro de la enseñanza, el culto y la comunidad judíos, aparte del templo de Jerusalén. La primera instancia de enseñanza extendida de Jesús tiene lugar en la sinagoga de su ciudad natal, donde proclama el cumplimiento de las buenas nuevas de Dios:

El Espíritu del Señor está sobre mí,
porque me ha ungido para anunciar
buenas nuevas a los pobres;
me ha enviado para proclamar libertad a los cautivos
y vista a los ciegos,
para poner en libertad a los oprimidos
y proclamar el año el año agradable del Señor. (Lucas 4:18-19; cf. Isa. 61:1-2)

En la sinagoga en Nazaret, Jesús proclama por primera vez que Dios lo ungió para anunciar las buenas nuevas. No es de extrañar, entonces, que la sinagoga proporcionara el espacio y el entorno de culto para el mensaje del evangelio sobre la vida, crucifixión, resurrección y ascensión de Jesús. Una y otra vez, los evangelistas de la iglesia primitiva hablaban en las sinagogas. Incluso en Jerusalén, Esteban, uno de los líderes de la iglesia primitiva, discute con hombres que pertenecen a la sinagoga de los Libertos con tanta vehemencia que lo apedrean (Hechos 6:9-7:60). Cuando Pablo y Bernabé comienzan a viajar por la cuenca del Mediterráneo, navegan (con la ayuda de Juan) primero a la isla de Chipre, donde "anunciaban la palabra de Dios en las sinagogas de los judíos" (13:5).

Continúan hacia Antioquía de Pisidia, donde nuevamente van al lugar de culto, aprendizaje y oración: la sinagoga. Chipre es el hogar de Bernabé, por lo que el líder de la sinagoga los invita a hablar, lo cual hacen, relatando los hechos de la vida, muerte y resurrección de Jesús (Hechos 13:14-43). Los celos provocan un conflicto con los líderes judíos de la isla, por lo que Pablo y Bernabé comienzan a predicar a los gentiles–no judíos–que también llegan a creer. Esta es una primera aventura notable para Pablo y Bernabé, cuyo resultado es que "creyó un gran número, tanto de judíos como de griegos" (14:1). También continúan dirigiéndose primero a las sinagogas, donde los judíos se reunían en torno al estudio de la Torá, oraban, adoraban y escuchaban a Pablo y Bernabé (aunque los judíos no siempre estaban de acuerdo con lo que escuchaban). Lucas escribe que Pablo, en un momento dado, entró en Tesalónica, "de acuerdo con su costumbre, y por tres sábados discutió con ellos basándose en las Escrituras" (17:2).

Es importante reconocer que el judaísmo proporcionó a estos evangelistas una tradición viva en la que los primeros seguidores de Jesús aprendieron, vivieron y oraron. En el primer sermón del libro de los Hechos, Pedro incluye poco más que textos del Antiguo Testamento entretejidos para explicar la vida, muerte y resurrección de Jesús, así como el don postrero del Espíritu Santo (Hechos 2:14-36). Terminado el sermón, Pedro ofrece la oportunidad del arrepentimiento—expresado en el lenguaje del Antiguo Testamento como un don para los que están cerca y lejos[144]—y la invitación al bautismo en agua, con la que los oyentes judíos estarían familiarizados (vv.38-39). Aquellos que se convirtieron en seguidores de Jesús entraron entonces en una comunidad viva y practicante (también aquí las prácticas habrían sido conocidas en el judaísmo y adoptadas por los seguidores de Jesús): "perseveraban en la doctrina de los apóstoles, en la comunión, en el partimiento del pan y en las oraciones" (v. 42). Los elementos de la catequesis y la vida comunitaria, que dieron forma a los primeros seguidores de Jesús, tuvieron lugar en el contexto de disciplinas regulares: el estudio, la comida en conjunto (posiblemente la comida sagrada en memoria de Jesús) y la oración.

En este caso, el evangelismo es el primer paso hacia una vida rica en adoración, aprendizaje y oración. Así, al menos, es como los proponentes del evangelismo litúrgico entienden la experiencia de aquel primer Pentecostés. "El primer paso proclama el misterio del evangelio y despierta la fe, compungiendo a los oyentes 'de corazón' y llevándolos a preguntar '¿qué haremos?' Cuando los oyentes llegan a la fe, se les invita a dar el segundo paso: arrepentirse y ser bautizados"[145]. Los frutos de Pentecostés se basan en el aprendizaje de las Escrituras (la enseñanza de los apóstoles a lo largo de los Hechos, al igual que el sermón de Pedro, tiene sus raíces en el Antiguo Testamento), se expresan en actividades corporales como el bautismo y el comer juntos, y se ejercen a través de actividades regulares como la práctica de la oración, y todo ello en el contexto de una comunidad viva y de adoración[146].

Considere también la incipiente iglesia de Antioquía, que pasó todo un año de estudio antes de recibir una palabra del Espíritu Santo instruyéndoles a apartar a Pablo y Bernabé "para la obra a la que [yo, el Espíritu Santo] los he llamado". (Hechos 13:2; véase también 11:25-26; 13:1-3). La iglesia de Antioquía no era una iglesia establecida; creció a medida que aprendía y aprendió a medida que crecía, hasta el punto de que este fue el primer grupo de personas que se identificó explícitamente con el apelativo de "cristiano": "Y sucedió que [Pablo y Bernabé] se reunieron todo un año con la iglesia y enseñaron a mucha gente. Y los discípulos fueron llamados cristianos por primera vez en Antioquía" (11:26). Esta devoción regular durante todo un año por reunirse, aprender y adorar, es lo que, en última instancia, constituye la raíz bíblica del evangelismo litúrgico.

FUNDAMENTOS TEOLÓGICOS

Un fundamento teológico al que apelan los proponentes de este modelo es la cristología, particularmente Jesús como *Christus Victor*. En su ministerio, Jesús como *Christus Victor* desarmó los poderes de las tinieblas mediante sanidades y exorcismos. Como testificó en Mateo 12:28, "Pero si por el Espíritu de Dios yo echo fuera los demonios, ciertamente ha llegado a ustedes el reino de Dios"[147]. Por medio de su crucifixión y resurrección, Jesús conquistó el reino de las tinieblas y estableció de una vez por todas el reino de la luz. Esta dimensión del ministerio de Jesús cobra vida en la liturgia bautismal metodista, cuando el nuevo creyente "renuncia a las fuerzas espirituales de maldad, a los poderes malignos del mundo" (reino de las tinieblas) y confiesa a Jesucristo como Salvador y Señor (reino de luz)[148]. En esencia, la liturgia bautismal es evangelística, es una proclamación de las buenas nuevas de que Jesús ha vencido y vencerá, en última instancia y por completo, los poderes de las tinieblas en este mundo. Sin embargo, corresponde a los seguidores de Jesús continuar la batalla contra el reino de las tinieblas hasta que Jesús regrese como *Christus Victor* en la victoria final. Pablo parece haber entendido esto cuando animó a los cristianos a armarse para esta batalla en curso entre la luz y la oscuridad. "Vístanse de toda la armadura de Dios", les instó, "para que puedan hacer frente a las intrigas del diablo; porque nuestra lucha no es contra sangre ni carne, sino contra principados, contra autoridades, contra los gobernantes de estas tinieblas, contra espíritus de maldad en los lugares celestiales" (Ef. 6:11-12).

Si bien la cristología proporciona un importante fundamento teológico para el evangelismo litúrgico, el corazón y el alma de este modelo descansa en la iglesia, en la eclesiología. El evangelismo litúrgico "no es evangelismo en masa, evangelismo para-eclesiástico, ni siquiera evangelismo de uno a uno. Si bien cada uno de estos modelos puede contribuir al evangelismo litúrgico, el evangelismo litúrgico ocurre en el contexto de la iglesia local, en el contexto de la fe que es experimentada y modelada por la familia espiritual"[149]. La iglesia es la evangelista principal en este modelo, tanto dentro de sus paredes (como la comunidad reunida por medio de su liturgia, catequesis y vida sacramental), como más allá de sus paredes (como la comunidad esparcida cuando proclama el evangelio en el mundo por medio de palabras y acciones).

En el evangelismo litúrgico, la iglesia, en el mejor de los casos, proporciona su conocimiento experto y experiencia catequética, junto con apoyo comunitario, en el contexto del culto público y la liturgia. En su sentido más amplio, el evangelismo litúrgico se extiende desde la pre-catequesis hasta la plena participación. Para enfatizar el papel de la iglesia en cuanto a su colaboración para engendrar la fe en los buscadores y proporcionarles un alimento enriquecedor del alma, de manera que eventualmente lleguen a la plena madurez en el cuerpo de Cristo, algunos proponentes del evangelismo litúrgico identifican a la iglesia como Madre, como una metáfora central. Esta metáfora se inspira en algunos escritores de la iglesia primitiva que describieron a la iglesia como "el vientre en el que los hijos de Dios nacen", se nutren y se mantienen unidos[150]. La liturgia es como un vientre, en el que los buscadores, junto con los creyentes nuevos y antiguos, reciben los nutrientes de la fe; absorben nueva vida, aliento y todos aquellos elementos que les harán nacer y, eventualmente, madurar.

Si recurrimos a los modelos eclesiológicos de Avery Dulles, vemos que dos modelos están bien representados en el evangelismo litúrgico: la iglesia como sacramento y la iglesia como heraldo. Como sacramento, el funcionamiento externo de la iglesia revela una gracia interna disponible para aquellos que

participan en su vida de culto: "A medida que los creyentes logran encontrar formas externas apropiadas
para expresar su compromiso con Dios en Cristo, se
convierten en símbolos vivientes del amor divino y en
faros de esperanza en el mundo"[151]. Esta concepción
de la iglesia como sacramento se extiende a la iglesia
como heraldo. Ya nos hemos encontrado con la iglesia como heraldo antes (en el evangelismo personal, el
evangelismo de grupos pequeños y el evangelismo de
visitación), pero la concepción en el evangelismo litúrgico es ligeramente diferente. Aquí es el estilo de
vida de la iglesia el que da testimonio, más que el de
un individuo, ya que el énfasis en el evangelismo litúrgico descansa en la integridad y el testimonio de la
comunidad. La iglesia presenta a Jesucristo al mundo
mediante su continua vida litúrgica de culto, por su
integridad y por la justicia que promulga. La iglesia es
una evangelista, sea o no consciente de ello. La gente
observa lo que hace la iglesia y escucha lo que dice
desde lejos, especialmente con la cobertura generalizada de los medios de comunicación de hoy en día. La
iglesia como heraldo, por lo tanto, debe estar atenta al
mensaje que comunica, tanto de palabra como de hecho.

No es difícil volverse escépticos, dada esta visión
tan elogiosa de las iglesias que, en realidad, suelen estar plagadas de disensiones, divisiones e injusticias.
Sin embargo, esta es la realidad que las iglesias deben
afrontar con honestidad; si no la afrontan ellas mismas, los que no creen ciertamente lo señalarán. El
renombrado teólogo Henri Nouwen, al dar consejos a
su sobrino adolescente, plantea el asunto de manera
simple pero profunda. "En primer lugar, escucha a la
iglesia", aconseja Nouwen. Y continúa:

Sé que no es un consejo popular en un momento y en un país donde la iglesia se ve a menudo más como un obstáculo en el camino que como el camino hacia Jesús. Sin embargo, estoy profundamente convencido de que el mayor peligro espiritual de nuestro tiempo es separar a Jesús de la iglesia. La iglesia es el cuerpo del Señor. Sin Jesús no puede haber iglesia; y sin la iglesia no podemos permanecer unidos a Jesús. Todavía no he conocido a nadie que se haya acercado a Jesús abandonando la iglesia[152].

FUNDAMENTOS HISTÓRICOS

Aparte de la Biblia, la fuente principal del evangelismo litúrgico es un documento de principios del siglo III llamado *Tradición Apostólica*. Se trata de un texto clave, una especie de manual, para las prácticas de culto cristiano de aquel momento[153]. Hipólito (170-235), generalmente considerado como el autor de la *Tradición Apostólica*, fue un presbítero, tal vez incluso obispo, en Roma. Con el tiempo, se convirtió en un mártir que murió en las minas de sal de Cerdeña. Se dice que Hipólito escribió el documento antes de que el cristianismo se convirtiera en religión legal, cuando los cristianos eran perseguidos, como incluso él mismo lo sería. Su objetivo era proporcionar instrucciones extensas para enseñar o catequizar a los conversos del paganismo al cristianismo, e integrarlos en la tradición litúrgica que practicaban los cristianos.

Estos conversos eran paganos; no eran judíos, como en los primeros años de la naciente iglesia, cuando la sinagoga judía era el lugar principal de predicación y evangelismo. El catecismo para los pueblos paganos tenía como objetivo "deconstruir su viejo mundo y reconstruir uno nuevo, para que emergieran como pueblo cristiano"[154]. En ese contexto, la combinación de evangelismo y catequesis tomó tiempo; fue un proceso largo–de uno a tres años–durante el cual los paganos sin conocimiento previo del evangelio fueron iniciados en el redil cristiano[155]. La *Tradición Apostólica* expone con detalles esclarecedores las distintas etapas del proceso catequético y litúrgico, desde las primeras etapas del evangelismo (pre-catecismo) hasta la plena membresía en la comunidad, marcada por el bautismo y la comunión.

Este largo proceso evangelístico, catequético y litúrgico se desintegró lentamente y casi desapareció, debido en gran medida a la creciente legitimación del cristianismo como religión oficial del Imperio Romano, durante el reinado de Constantino (272-337) del siglo IV. La iglesia, a su vez, perfeccionó cada vez más el proceso de formación[156]. Aún así, los proponentes del evangelismo litúrgico señalan que ha habido tiempos y movimientos, a lo largo de los siglos, en los que resurgió, sin desaparecer nunca por completo, hasta que volvió a cobrar vida a raíz del Concilio Vaticano II (Vaticano II) de la Iglesia Católica Romana (1962-65). Vaticano II puso en marcha profundos cambios en la Iglesia Católica, incluida una vasta renovación litúrgica que incorporó, nuevamente, un vínculo inquebrantable entre catequesis, formación y evangelismo[157]. En 1972, inspirándose en la *Tradición Apostólica*, así como en los debates y decretos del Vaticano II, la Iglesia Católica publicó el Ritual de la Iniciación Cristiana de Adultos (RICA) para evangelizar, catequizar, cuidar y dar la bienvenida a la membresía plena a personas más allá de la edad para el bautismo infantil. RICA reconoce cuatro etapas de evangelismo e iniciación; tres ritos marcan la transición de una etapa a la siguiente.

1. Precatecumenado: "Un tiempo para la evangelización, la indagación y la introducción al evangelio, un tiempo para los inicios de la fe"
Rito de Entrada
2. Catecumenado: "Un tiempo para la catequesis y la formación"
Rito de Elección
3. Purificación e Iluminación: "Un tiempo intenso de crecimiento espiritual, una clase de retiro en preparación para la celebración de los sacramentos"
Rito de Iniciación
4. Catequesis posbautismal o mistagogia: "Un tiempo para la profundización de la experiencia cristiana y entrar más plenamente a la vida de los fieles"[158]

Esto se concibe como un proceso continuo en el que el evangelismo es un primer paso esencial que conduce eventualmente a la participación plena en la vida de la iglesia. En este proceso, destaca el papel de la iglesia–prioridad de la eclesiología–como locus de todas las fases de la vida de fe de una persona.

En su primer libro sobre evangelismo litúrgico, publicado en 1986, Robert Webber (1933-2007), profesor de teología histórica en Wheaton College por mucho tiempo, adoptó estas cuatro etapas y tres ritos al pie de la letra y los presentó como modelo para el evangelismo litúrgico de la iglesia local. Quince años después, presentó las cuatro etapas en términos más sencillos, aunque todavía antiguos: *buscador, oyente, arrodillado* y *fiel.* Entre cada etapa ocurre un rito público de iniciación en la iglesia: un rito de bienvenida después de la primera etapa, la inscripción de nombres después de la segunda etapa y el bautismo después de la tercera etapa.

1. Un tiempo para la indagación cristiana, conocido como el periodo del *buscador*
Rito de bienvenida
2. Un tiempo de instrucción, cuando la persona que se convierte se conoce como *oyente*
Inscripción de nombres
3. Una preparación espiritual intensa para el bautismo, cuando el candidato es conocido como *arrodillado.*
Rito del bautismo
4. Un tiempo después del bautismo para incorporar al nuevo cristiano a la vida plena de la iglesia, cuando la persona recién bautizada es conocida como *fiel*[59].

Epiclesis, una iglesia sin denominación en Sacramento, California, afirma ser la primera iglesia fundada sobre esta base antigua-futura. Epiclesis integra a los miembros de la iglesia a través de las cuatro etapas de buscador, oyente, arrodillado y fiel. En su declaración de visión se vislumbra la iglesia como sacramento y la iglesia como heraldo, los dos modelos eclesiológicos mencionados anteriormente: "De acuerdo con las Escrituras, el credo y la tradición, es nuestro deseo más profundo encarnar los propósitos de Dios en la misión de la Iglesia a través de nuestra reflexión teológica, nuestra adoración [la iglesia como sacramento], nuestra espiritualidad y nuestra vida en el mundo, todo ello mientras proclamamos que Jesús es el Señor sobre toda la creación [la iglesia como heraldo]"[160].

FUNDAMENTOS PRÁCTICOS

Este modelo tiene una rica coherencia que surge de sus fundamentos históricos. Arraigados en las Escrituras, delineados en la *Tradición Apostólica* de Hipólito, refinados en RICA y adaptados para los protestantes por Robert Webber, los fundamentos del evangelismo litúrgico son claros y precisos y, por lo tanto, se pueden aplicar fácilmente, con diversas modificaciones de lenguaje y práctica, a la vida de una iglesia local.

1. Dinamice el culto público

El culto es la fuente, el elemento vital de la iglesia, la *ekklesia*, la comunidad reunida. El culto es una actividad pública que ocurre cuando los creyentes se reúnen por cualquier motivo: para ofrecer alabanza a Dios; para celebrar los poderosos actos de Dios pasados, presentes y futuros; para confesar las formas en que la comunidad no ha cumplido con los deseos de Dios; para escuchar la palabra de Dios en las Escrituras y en el sermón; y para recibir alimento para la jornada en el mundo como testigos vitales de la persona de Jesucristo. "A través de la participación en el culto–en la palabra leída y proclamada, en intercesión, en alabanza, acción de gracias y comunión–los miembros de la iglesia se ofrecen de nuevo y se empoderan de nuevo para lo que Henri Nouwen ha llamado 'servicio y oración en memoria de Jesucristo'"[161]. La celebración de un servicio de adoración semanal que "cuente la historia de Dios" con estos elementos es esencial para el evangelismo litúrgico[162].

Junto con estos elementos, la dinamización del culto público requiere prestar especial atención a dar la bienvenida a los visitantes de todas las formas posibles. Esto implica explicar el lenguaje y las acciones internas del culto—e incluso eliminar lo innecesario—que impiden a los visitantes participar plenamente en el culto. Hay mucho en el culto cristiano—acciones y palabras que los miembros conocen, pero que los visitantes no—que de hecho pueden mitigar el impulso evangelístico de la liturgia. Recuerdo haber escuchado a alguien decir que estaba absolutamente alarmado cuando escuchó a alguien parado frente a un altar cubierto con lienzos y declarar: "Este es mi cuerpo". En realidad, pensó que había un cadáver debajo de los lienzos en lugar de vasos de jugo de uva y panes.

Las acciones y el lenguaje internos no representan un desafío insuperable; crean una oportunidad evangelística. Considere la posibilidad de crear, como iglesia, un glosario de bienvenida con términos y acciones en el que se aclare a los visitantes, en primer lugar, que son bienvenidos y, en segundo lugar, que desean que se sientan como en casa a pesar de algunos términos y actividades extrañas. En el glosario, incluya definiciones de términos como *himno*, *nártex*, *doxología* y *credo*, y explique acciones que puedan parecer extrañas. También incluya una sección de preguntas frecuentes (PF, o FAQ por sus siglas en inglés) como: ¿Por qué los cristianos inclinan la cabeza en oración? ¿Por qué recogen dinero en pequeñas cestas o platos metálicos?

¿Por qué se "pasan la paz"? ¿Por qué un sacerdote o pastor se viste con túnicas? ¿Por qué tantas iglesias tienen bancas en lugar de sillas? Si lo hace bien, hará que los visitantes se sientan bienvenidos y les comunicará ingredientes esenciales del evangelio. Esto dinamiza el culto público para todos.

Integre la predicación evangelística

Un medio efectivo de intensificar el evangelismo antes y durante la etapa de indagación (la fase inicial del evangelismo litúrgico) es predicar una serie de sermones evangelísticos. Si bien este tipo de predicación se dirige principalmente a los buscadores y a quienes no tienen iglesia, también sirve para recordarles a los creyentes quiénes son a la luz de las buenas nuevas del evangelio. Sermones como estos "les recuerdan su ciudadanía. Les ayudan a recordar quiénes son y a qué han sido llamados y comisionados... Los sermones evangelísticos reavivan el mandato del evangelio en los creyentes"[163].

Los sermones evangelísticos no son obra de un vendedor sórdido o hábil. Son el producto de un esfuerzo reflexivo por reducir el mensaje cristiano a lo más básico; son intentos de profundizar en los cimientos de lo que es esencial para la fe cristiana. Están pensados para enfrentarse con la mirada escrutadora de los indagadores, que pueden estar poco familiarizados con la tradición cristiana, pero que también pueden tener una mayor cuota de interés e intelecto.

Los sermones evangelísticos mantienen la cristología, particularmente la muerte de Jesús en la cruz, en el centro. El evangelista Billy Graham apeló repetida y eficazmente a las palabras de Pablo en 1 Corintios 2:2: "Porque me propuse no saber nada entre ustedes, sino a Jesucristo, y a él crucificado". Difícilmente podríamos mejorar la reproducción del bosquejo cuádruple de este mensaje de Graham en el contexto de un sermón evangelístico:

• todos han pecado y están destituidos de la gloria de Dios (Rom. 3:23);
• la salvación mediante la muerte de Cristo en la cruz es accesible para todos;
• todos deben responder en arrepentimiento con un cambio de vida y prioridades;
• hay un costo por venir a Cristo: el costo del discipulado[164].

Ciertamente, estos puntos pueden adaptarse. Yo, por ejemplo, incluiría en esta lista un mayor énfasis en la resurrección corporal de Jesús y el don del Espíritu Santo. Sin embargo, el bosquejo de Graham proporciona un punto de partida adecuado para una serie corta de sermones, que tengan la intención de ser especialmente atractivos para las personas que aún no afirman la fe cristiana como propia.

Si bien estos sermones están dirigidos a los indagadores, también ofrecen a toda la comunidad reunida en el culto un tiempo para responder en arrepentimiento, en un cambio de perspectiva y prioridades. El arrepentimiento viene con la simple admisión de que se camina en la dirección equivocada, de no dar en el blanco (que es el significado esencial del verbo *hamartano* que se traduce típicamente como "pecar"). Como dice Pedro en Hechos 2:38: "Cambien su manera de pensar y de vivir" (PDT). Tal cambio, de muerte a vida, del quebrantamiento a la sanidad, de una vida sin Dios a una vida con Dios por la eternidad, se produce mediante el poder del sencillo pero sorprendente mensaje de la cruz (1 Cor. 1:18). Esto puede ocurrir a través de una declaración pública de confesión de pecado o tal vez en un momento en que las personas puedan considerar sus pecados en silencio. De cualquier manera que ocurra, el arrepentimiento implica un reconocimiento del pecado y el compromiso de proceder de manera diferente, con la mirada puesta en la cruz de Jesucristo, su resurrección y su eventual victoria sobre las tinieblas y la muerte.

Use la liturgia del año eclesiástico para la conversión y la iniciación

El evangelismo litúrgico "lleva a la persona que se convierte a Cristo y a la iglesia a través de períodos de creciente intensidad y compromiso"[165]. La liturgia de la iglesia, a lo largo del año eclesiástico, conduce a las personas desde la indagación inicial hasta la conversión y la participación plena a lo largo de estas etapas: indagación, rito de entrada, catecumenado, rito de elección, purificación e iluminación, rito de iniciación y mistagogia[166].

Indagación. En esta etapa, toda la iglesia (clérigos y laicos) debe participar en conversaciones y obras del evangelio con vecinos, amigos, familiares y conocidos, para fomentar el interés inicial y la indagación sobre la fe cristiana. Este es precisamente el punto donde otros modelos de evangelismo pueden acompañar el evangelismo litúrgico. Ore por oportunidades para tener conversaciones en evangelismo personal. Establezca grupos pequeños para evangelismo. Envíe personas al vecindario para el evangelismo de visitación. Estos y otros modelos–presentados en capítulos posteriores–pueden funcionar en armonía durante esta fase de evangelismo. Este no se trata tanto de un tiempo de convencimiento como de un tiempo de indagación, no tanto un período de conversión como un período de invitación.

Rito de entrada. El primer rito de iniciación marca públicamente la decisión del indagador de profundizar en la fe cristiana, de entrar en una relación más formal con la congregación. Esto se puede realizar física, y litúrgicamente, comenzando el rito en el nártex o lugar de reunión. Luego, los indagadores entran al santuario y se sientan entre los feligreses. Si no resulta demasiado incómodo, este rito ofrece la oportunidad para que los interesados digan su nombre, la razón por la que toman esta decisión y su renuncia a la antigua vida, para vivir una nueva vida en Cristo. Este es un rito que también puede fortalecer a quienes han estado celebrando la liturgia semana tras semana; la perspicacia y el entusiasmo de los recién llegados a la fe suele tener ese impacto.

El catecumenado. Este es el período de instrucción fundamental sobre los misterios de la fe cristiana. Su profundidad es tal que no se puede cubrir en una hora un domingo después de la iglesia, con el almuerzo incluido, como suele ocurrir antes de admitir a alguien como miembro en pleno derecho. ¿Qué se puede abarcar en profundidad en sesenta minutos, más allá de pedir a las personas que se presenten y hagan una lectura rápida de los votos de membresía? Una o dos horas un domingo por la tarde está muy lejos del uno a tres años que la iglesia primitiva esperaba de los convertidos.

Estudios y encuestas recientes han señalado que el analfabetismo bíblico va en aumento y, con él, existe una creciente falta de familiaridad con la fe cristiana. En este sentido, la cultura moderna no dista mucho de la cultura pre-constantiniana, en la que la gente no sabía casi nada sobre el cristianismo. En nuestro mundo, donde muchos tienen poca o ninguna memoria cristiana, el catecumenado proporciona el momento perfecto para profundizar y ampliar la instrucción para la fe y la vida cristianas. Sin este período intencional de aprendizaje, es demasiado fácil que un nuevo convertido se aleje de su compromiso inicial o entre en un mundo de alternativas peligrosas.

Esto le sucedió a un granjero irlandés a quien el teólogo Billy Abraham llevó a Cristo: "Era una conversión ideal. La persona en cuestión había estado buscando a Dios durante semanas y estaba maduro para llegar al arrepentimiento y la fe en Jesucristo. Fue una experiencia conmovedora verle encontrar la libertad y el gozo en el Espíritu Santo". Cuando Billy regresó a visitar la zona varios años después, preguntó cómo le había ido al granjero. A Billy se le dijo que, poco después de la conversión, "un grupo de cristianos intolerantes, políticos y anticatólicos lo tomó bajo su protección, procediendo a iniciarle en una forma de cristianismo que era profundamente inadecuada y hostil a las dimensiones vitales del reino de Dios"[167].

Una propuesta sencilla para organizar el catecumenado es profundizar en el Credo de los Apóstoles o el Credo Niceno, tomando una sección por cada sesión de enseñanza. Un credo tiene una larga tradición en la iglesia como documento catequético o de enseñanza. Ofrece "un mapa que establece el contorno fundamental de cómo el cristiano piensa en Dios, en Cristo y en el Espíritu Santo. Como tal, es particularmente adecuado para satisfacer las necesidades del principiante que busca captar los elementos teológicos esenciales de la comunidad a la que está llamado a unirse en el bautismo"[168]. Si bien un credo proporciona la subestructura intelectual de la fe, también es esencial para introducir a los nuevos creyentes e indagadores en las disciplinas de la fe, que pueden incluir adoración regular, ayuno, oración, métodos de estudio bíblico y generosidad al dar.

Otro enfoque es hacer un estudio a profundidad del Sermón del Monte de Jesús (Mat. 5-7), que goza de una larga y rica historia catequética que incluye a líderes de la iglesia como Agustín, Juan Wesley y Dietrich Bonheffer, todos los cuales lo adoptaron como base para su instrucción[169]. El sermón del Monte contiene la enseñanza maravillosa–y extraordinariamente desafiante–de Jesús acerca de cómo es un seguidor de Jesús (en las Bienaventuranzas), qué significa cumplir con las demandas de la enseñanza de Dios o la Torá en la vida diaria, cómo orar, cómo perdonar, cómo evitar la hipocresía, cómo construir una vida sobre una base sólida como una roca en lugar de hacerlo sobre arena, y otros temas que son esenciales para la vida de fe[170].

El rito de elección. En este rito de iniciación, que generalmente tiene lugar el primer domingo de Cuaresma, los catecúmenos se presentan ante la congregación para ser examinados. El padrino o madrina del catecúmeno, elegido mentor o mentora espiritual para caminar a su lado, da fe del aprendizaje, transformación y conducta personal del catecúmeno. Si todo resulta como debería ser, entonces se le aparta para la siguiente etapa de purificación e iluminación. La congregación, que ha sido testigo de esta valoración pública de la fe del catecúmeno, promete orar por él o ella.

Purificación e iluminación. Durante las próximas seis semanas, la intensidad y el compromiso aumentan. Los catecúmenos y sus padrinos se reúnen con mayor frecuencia en las proximidades del rito de iniciación, cuando los catecúmenos renunciarán a los principados y potestades del reino de las tinieblas y entrarán en el reino de la luz. Este es el momento, entonces, de discernir el pecado que reside en el interior y de desarrollar una armadura para la lucha continua contra su manifestación[171]. Este período ofrece "un tiempo de reflexión, un tiempo para adentrarse en el desierto y estar a solas ... La imagen del desierto siempre ha representado ir al corazón de un conflicto"[172]. Esto fue cierto para Jesús. Tras la belleza y la gracia de su bautismo, cuando escuchó la voz reconfortante de Dios y vio a la paloma descender entre de las nubes, Jesús fue impulsado (el verbo es severo, *ekballo*) al desierto por cuarenta días, durante los cuales fue tentado por Satanás (Marcos 1:12-13)[173]. Jack Levison escribe: "Tan pronto como tiene este momento de claridad, se le es quitado, porque la medida más verdadera de claridad surge para Jesús, no en los confines singulares de un momento de revelación—por idílico que sea—sino en los tenaces días de prueba en el desierto. Jesús no tiene derecho a un suministro vitalicio de primaveras perfectas; también está destinado a soportar el final del verano. Esas son las canículas, los días del desierto, que ponen a prueba su temple"[174]. De la misma manera, siguiendo el modelo de Jesús, este tiempo de purificación e iluminación pone a prueba la determinación del catecúmeno de seguir el camino de Jesús hacia la muerte y, después de la muerte, hacia la nueva vida.

El rito de iniciación. Este rito tiene lugar durante una vigilia de dos a tres horas en la noche del sábado que precede al amanecer de la Pascua. El momento litúrgico subraya a Jesús como *Christus Victor*, que conquistó el reino de las tinieblas e instauró el reino eterno de la luz. Aquí, mientras recordamos la crucifixión de Cristo y celebramos su resurrección, los catecúmenos son bautizados con agua en medio de la congregación, quienes se unen a los catecúmenos en la renovación de sus propios votos bautismales. Juntos celebran la Cena del Señor.

En la víspera de la Pascua, los nuevos creyentes comienzan a participar plenamente en la comunidad de fe; a su vez, la comunidad se refresca con la presencia de nuevos y fervientes creyentes en su seno. Este es el genio del evangelismo litúrgico. Dos palabras, dos mundos, dos realidades que, al comienzo de este capítulo, parecían no poder estar más alejadas, son ahora inseparables. La liturgia sustenta las buenas nuevas del evangelismo, mientras que el evangelismo revitaliza a la comunidad de adoración, año tras año.

Mystagogia. Esta etapa más profunda de aprendizaje ofrece la oportunidad de nutrir e instruir continuamente a los recién iniciados. También prepara el escenario para que se vuelvan hacia el mundo y sean sal y luz, recordando las palabras de Jesús en el Sermón del Monte (Mat. 5:13-16). Durante esta fase, los evangelizados se convierten en evangelizadores. Es un momento especialmente apropiado, por lo tanto, para incorporar a los recién iniciados, mientras están en medio del entusiasmo por su fe y su nueva vida, a la práctica del evangelismo. Los proponentes del evangelismo litúrgico no son los primeros en adoptar esta estrategia práctica. El Ejército de Salvación hacía que los conversos se subieran inmediatamente sobre un barril volcado para narrar su salvación a la multitud reunida, muchos de los cuales habían sido recientemente sus compañeros de botella o de mesa de juego. Los evangelistas Emma y L. P. Ray recordaron cómo, mientras aún disfrutaban de su conversión durante un servicio religioso un domingo por la mañana en 1890, se dirigieron directamente a la taberna en el centro de Seattle que habían frecuentado, para localizar a conocidos con quienes "habían bailado, bebido cerveza y jugado tarjetas, y cantaron, oraron y compartieron su experiencia"[175]. Los recién iniciados, con el fuego de la fe ardiendo con intensidad, pueden ser evangelistas valiosos y convincentes para reclutar nuevos buscadores para la etapa de indagación. El evangelismo litúrgico no es un evento único; es un evento circular, una fuente perenne de proyección y renovación. Así como el calendario de la iglesia puede repetirse año tras año, la iglesia puede descubrir nuevos recursos de renovación año tras año a través del evangelismo litúrgico.

Valoración

El evangelismo litúrgico proporciona a las iglesias, especialmente a aquellas que observan el año eclesiástico, que adoptan un servicio semanal altamente estructurado y que adoptan las antiguas tradiciones cristianas, una forma de fusionar el culto con el evangelismo. A menudo, estas iglesias se inclinan por rehuir del evangelismo porque su sabor estereotipado de avivamiento entra en conflicto con su patrón de culto más formal y su perspectiva teológica. Al igual que el aceite y el agua, la liturgia y el evangelismo simplemente no se mezclan.

Espero que este capítulo haya desmentido esa afirmación superficial de incompatibilidad. El poder de la liturgia abre posibilidades únicas para el evangelismo semana tras semana y año tras año, posibilidades arraigadas en el culto público y en sintonía con la estación de la iglesia. Este modelo integra el evangelismo en la longeva tradición de la predicación, el culto y la catequesis de la iglesia. Este modelo toma muy en serio la fortaleza de la mentoría, ya que une a los indagadores con los creyentes maduros, y ambos se benefician de esta relación. En este evento semanal confluyen todos los elementos: culto, catequesis, evangelismo, compañerismo, para que las personas que participan habitualmente sean llevadas a la conversión, catequizadas e integradas en el cuerpo de Cristo en toda su plenitud.

La incorporación de la dimensión evangelística de la fe puede llevar a los no creyentes a la fe, por supuesto, pero también puede vigorizar a los creyentes, que redescubren, a través de la comunión con los nuevos creyentes, las buenas nuevas de Jesucristo. Las buenas nuevas siempre se proclaman en la liturgia, pero se dan fácilmente por sentadas sin la afluencia continua de nuevos creyentes, que reciben estas nuevas como buenas, que acogen este mensaje con vigor y que están (especialmente en sus días incipientes de fe) necesitados de la gracia y la sabiduría de la comunidad de fe.

¿Cuán evangelístico es el evangelismo litúrgico?

La integración del evangelismo en un servicio litúrgico semanal y en el ciclo del año eclesiástico puede parecer que disminuye la importancia del evangelismo por derecho propio; el evangelismo puede perderse fácilmente en tal combinación. El evangelismo también podría verse reducido por su limitación a un período particular cada año; el único momento específico de evangelismo en este modelo tiene lugar en el período de indagación, típicamente durante los meses de verano, cuando se anima a los miembros de la iglesia a entablar conversaciones relacionadas con el evangelio con amigos, vecinos, familiares y conocidos. Aún así, para muchas iglesias, enfocarse en el evangelismo en cualquier momento del año constituiría un esfuerzo mayor respecto a su práctica actual.

Para asegurarse de que el evangelismo litúrgico siga siendo evangelístico, considere varias formas de amplificar el evangelismo. Una forma sencilla es predicar sermones evangelísticos con mayor regularidad, quizás el primer o último domingo del mes, en lugar de hacerlo solo durante el período de indagación. Este patrón le recuerda a la iglesia local su responsabilidad continua de compartir el evangelio en cada estación del año, y tiene el impacto práctico de permitir que los miembros de la iglesia sepan en cuáles domingos es mejor invitar a quienes expresan interés en la fe. Otras formas de impulsar el evangelismo a lo largo del año incluyen la integración de los otros modelos de evangelismo vistos en este libro, como sesiones regulares de capacitación en evangelismo personal, la creación de grupos pequeños para personas cuyo interés ocurre fuera de la fase de indagación y el mantenimiento de una relación con el vecindario a través de evangelismo de visitación. Complementar el evangelismo litúrgico con los modelos de evangelismo personal, de grupos pequeños y de visitación—así como otros que estudiaremos en los capítulos siguientes–fortalecerá cada modelo y creará un ciclo robusto de crecimiento en la iglesia.

¿Consume el evangelismo litúrgico demasiado tiempo?

El evangelismo litúrgico no tiene la intención de generar conversiones instantáneas. Tampoco es una solución rápida para frenar la disminución de la membresía de la iglesia. Por lo tanto, puede parecer que consume demasiado tiempo, que es engorroso, que se enfoca demasiado en perfeccionar a los santos, en lugar de convertir al buscador para que sea de mayor utilidad. Dedicar un año entero a pasar de la conversión a la iniciación y a la participación plena, puede parecer poco práctico y excesivo.

Esta objeción puede rebatirse con la constatación de que vivimos en una era en la que la cristiandad ya no domina la cultura. Vivimos en una cultura mucho más cercana a las culturas que rodeaban a la iglesia primitiva, en las que abundaba el paganismo. Esto nos da más razón y necesidad, por lo tanto, de abordar el evangelismo como un esfuerzo más profundo, más reflexivo y que requiere más tiempo, que va de la mano con el aprendizaje y la adoración. Con tan poca familiaridad con la fe, es importante dar a los indagadores una comprensión honesta del mundo en el que están entrando. Sin sorpresas. Sin agendas ocultas. En la medida de lo posible, los misterios cristianos quedan al descubierto en este modelo evangelístico.

Esta prolongada devoción por el aprendizaje, también debemos señalar, no es mecánica. Este no es un curso en línea, sino una relación, con la comunidad en su conjunto, pero también con un mentor en la fe. Invertir en la formación continua disminuye la posibilidad de que los nuevos conversos se alejen una vez que su entusiasmo inicial disminuya. Eugene Peterson, traductor de *The Message*, expone el asunto de manera conmovedora en su libro *Una obediencia larga en la misma dirección*:

> En un mundo semejante no es difícil lograr que una persona se interese en el mensaje del evangelio; lo que es terriblemente difícil es mantener su interés. Millones de personas de nuestra cultura toman la decisión de entregar su vida a Cristo, pero existe un espantoso índice de abatimiento. Muchos afirman que han vuelto a nacer, pero la evidencia de un discipulado cristiano maduro es poca. En nuestra clase de cultura todo se puede vender, incluso las nuevas sobre Dios, siempre y cuando tenga un envase fresco y novedoso; pero cuando éste pierde su frescura, va a parar a la basura. Existe un enorme mercado para la experiencia religiosa en nuestro mundo; sin embargo, hay poco entusiasmo por la adquisición paciente de virtud, y muy poco interés en inscribirse para el extenso aprendizaje de aquello que las generaciones anteriores de cristianos llamaban santidad[176].

Una adquisición paciente de virtud. Un extenso aprendizaje. Una obediencia larga en la misma dirección. Esto es lo que ofrece el evangelismo litúrgico al situar la buenas nuevas de Jesucristo en la vida en curso de la iglesia mientras adora y sirve (tanto la *adoración* como el *servicio*, por cierto, pueden ser una traducción de la misma palabra griega, *leitourgia*).

¿Dónde encaja el reino de Dios en el evangelismo litúrgico?

La literatura sobre el evangelismo litúrgico casi no menciona el reino de Dios. La iglesia evangeliza. La iglesia cuenta la historia del evangelio. La iglesia recibe a los indagadores. La iglesia catequiza. La iglesia proporciona los ritos y sacramentos para iniciar a los conversos. La iglesia lo es todo en el evangelismo litúrgico. Punto.

Sin embargo, aunque la iglesia y el reino de Dios están estrechamente alineados, no son lo mismo. La iglesia sigue siendo el principal testigo del reino de Dios. La iglesia señala el camino hacia el reino, invita a todos a entrar en él y enseña a las personas cómo alinear sus prioridades con el reino, pero la iglesia no es, en última instancia, la encarnación plena del reino. Más allá de sí misma, la iglesia siempre debe señalar, como Juan el Bautista, el reino de Dios. El papel de la iglesia en el evangelismo es, de hecho, similar al de Juan el Bautista, quien dijo la famosa frase: "Es necesario que él crezca, pero que yo mengüe" (Juan 3:30). Esta es una realidad que la iglesia nunca debe perder de vista. El reino de Dios, iniciado por la vida, muerte, resurrección y ascensión de Jesús, y que culmina con su venida de nuevo en la victoria final, debe ser el fin de todo y ser todo en el evangelismo litúrgico. En el evangelismo, punto.

PREGUNTAS DE REFLEXIÓN

• ¿Cómo valoraría usted el modelo de evangelismo litúrgico?

• ¿Ve usted cooperación entre liturgia y evangelismo?

• ¿Cómo podría su iglesia integrar el evangelismo litúrgico? Si no en su totalidad, ¿qué aspectos pueden ser más aplicables?

• ¿Cómo pueden los laicos participar en el evangelismo litúrgico cuando éste tiende a enfatizar tareas del clero, como la liturgia, el culto y la predicación?

• ¿Qué otro modelo de evangelismo complementa mejor el evangelismo litúrgico? ¿Por qué?

Cinco
IGLECRECIMIENTO

El fundador del movimiento de iglecrecimiento, Donald McGavran, contó una vez la historia de su encuentro con un ministro de una pequeña ciudad en los campos de maíz de Ohio. La historia ilustra el objetivo del iglecrecimiento, que es establecer "una iglesia viva de Jesucristo en cada segmento de la sociedad"[177]. También ilustra el rechazo que suele suscitar el iglecrecimiento. McGavran escribe,

> Hace algunos años, cuando hablaba en un seminario de iglecrecimiento celebrado en una ciudad de Ohio, uno de los ministros influyentes de la ciudad me dijo: "Asistiré al seminario, pero no estoy realmente convencido de que sea necesario. Ciertamente tenemos muchas iglesias en esta ciudad, y todas son muy cordiales con las personas que vienen. En la mayoría de las iglesias, los visitantes son llamados por el ministro o por los miembros del comité de evangelismo. No necesitamos aumentar el número de congregaciones en esta ciudad. Ya hay demasiadas".
>
> En preparación para la sesión de apertura, pasé los siguientes dos días reuniendo algunos datos: la población de la ciudad, el número de iglesias, el aforo de cada una. En la primera sesión del seminario, sin referirme para nada a este ministro, dije: "En esta ciudad hay treinta mil habitantes. Hay sesenta y una iglesias. Menos de seis mil hombres y mujeres pueden encontrarse en estas iglesias el domingo; veinticuatro mil no estarán en la iglesia. Aunque los miembros de la iglesia suman algo más de seis mil, sin embargo, parece perfectamente claro que al menos la

mitad y posiblemente dos tercios de las personas de esta ciudad aún no se han convertido en auténticos seguidores de Cristo. Ésta es la razón por la que deben enfatizar el iglecrecimiento"[178].

Analicemos esta historia. Notemos primero la resistencia del ministro, quien expresa la renuencia que sienten muchos líderes cristianos a la hora de adoptar estrategias de iglecrecimiento. En segundo lugar, notemos que las estrategias de iglecrecimiento incorporan datos reales y análisis exhaustivo, algo que muchos líderes de la iglesia desconocen o perciben con aprensión. Estos datos a menudo pueden ser decepcionantes, incluso desagradables, porque muestran si las iglesias están creciendo numéricamente o no. En tercer lugar, notemos que McGavran no habla sobre el discipulado, la intensidad del compromiso o la profundidad del conocimiento teológico. Habla principalmente de quienes *no* asisten a la iglesia un domingo determinado. Este tercer elemento le da al modelo de iglecrecimiento su pulso rápido. Los defensores del iglecrecimiento creen que la iglesia crece más rápidamente cuando el enfoque del evangelismo es el crecimiento en las conversiones, o "ganar a los perdidos", en contraposición al crecimiento biológico o por transferencia, es decir, tener bebés y bautizarlos, u ofrecer algo nuevo y diferente para atraer gente a tu iglesia desde unas calles más abajo[179].

Entonces, ¿cuál es el motor que impulsa el modelo de evangelismo de iglecrecimiento? Ciertamente, no es la infraestructura—los edificios impresionantes con cafés y la última tecnología. Definitivamente no son los comités ni los estatutos. Lo que impulsa a una iglesia en crecimiento se recoge en la palabra griega para iglesia: *ekklesia*. Como vimos en los capítulos 3 y 4, esta es una palabra dinámica que se refiere a una asamblea de personas convocadas y reunidas por el mensaje del evangelio para llamar a otros a su *ekklesia* local.

FUNDAMENTOS BÍBLICOS

La inspiración bíblica para el modelo de iglecrecimiento se puede resumir en dos textos: Mateo 28:18-20 y Hechos 1:8. Las palabras de Jesús al final del evangelio de Mateo son esenciales para este modelo:

> Jesús se acercó a ellos y les habló diciendo: "Toda autoridad me ha sido dada en el cielo y en la tierra. Por tanto, vayan y hagan discípulos a todas las naciones, bautizándoles en el nombre del Padre, del Hijo y del Espíritu Santo, y enseñándoles que guarden todas las cosas que les he mandado. Y he aquí, yo estoy con ustedes todos los días, hasta el fin del mundo".

La gran comisión de Jesús, la conclusión magistral al evangelio de Mateo, contiene las semillas de dos tareas distintas pero relacionadas. El discipulado, la primera etapa del evangelismo para McGavran, aparece en el versículo 19: "Por tanto, vayan y hagan discípulos a todas las naciones …". El discipulado incluye llevar las buenas nuevas del evangelio a los no creyentes con la intención de "ganar a los perdidos" para Cristo. "La fidelidad a Dios implica hacer nuestra parte, empoderados por el Espíritu Santo, para persuadir a todos los hombres y mujeres para que se conviertan en discípulos de Jesucristo y miembros responsables de su iglesia"[180]. Esta definición es diferente de lo que muchos cristianos quieren decir por discipular; cuando, más bien, lo entienden como una segunda etapa de la fe después de la conversión, con un crecimiento en las disciplinas y prácticas espirituales. Evoca la imagen de una relación mentor-pupilo, en la que una persona guía a otra en la profundización de las disciplinas de la fe. Sin embargo, no para McGavran. Discipular es evangelismo.

El discipulado más efectivo tiene lugar dentro de un movimiento de pueblos, cuando todo un pueblo se convierte al cristianismo. McGavran traduce la siguiente frase de la Gran Comisión ("todas las naciones [*ethnē*"] como "todo *pueblo* o *pueblos*". Por "pueblo", se refiere a un grupo estrechamente interrelacionado, que funciona en conjunto como una unidad, es decir, como algo más unificado que la simple sumatoria de personas individuales. El ideal, por lo tanto, es discipular a un pueblo en su conjunto, no persona por persona, como en el evangelismo personal, y lanzar un movimiento de pueblo para que se conviertan masivamente al cristianismo.

McGavran observa evidencia de tales movimientos de pueblo en el libro de Hechos: tres mil judíos en Pentecostés (2:41), muchos samaritanos (8:5-12) y las aldeas enteras de Lida y Sarón (9:35). McGavran aplaude estas conversiones grupales porque dejan intactas las estructuras sociales existentes y el entorno que les resulta familiar. Continuando aún más, McGavran advierte que no se debe bautizar a uno o dos conversos inmediatamente y sugiere que los evangelistas esperen hasta que haya más personas dispuestas a tomar una decisión por Cristo. Luego proceden al bautismo juntos. "El ostracismo es muy efectivo contra una sola persona", argumenta. "Pero el ostracismo es realmente débil cuando se ejerce contra un grupo de una docena. Y cuando se ejerce contra doscientas personas, prácticamente no tiene fuerza en absoluto"[181].

Si hacer discípulos es la primera etapa en el iglecrecimiento, el perfeccionamiento es la segunda. Esta etapa, que sigue al discipulado, surge de las palabras de Jesús en el versículo final del evangelio de Mateo: "... y enseñándoles que guarden todas las cosas que les he mandado" (28:20). El *perfeccionamiento* se enfoca en enseñar a los conversos acerca de la vida cristiana, ayudándoles a cultivar sus prácticas espirituales en adhesión a una vida santa y equipándoles para desarrollar convicciones éticas apropiadas. En esta etapa, el nuevo cristiano se convierte en lo que McGavran llama un "miembro responsable" de la iglesia[182].

El perfeccionamiento, si bien es indispensable para la formación cristiana, pasa a un segundo plano con respecto al discipulado. McGavran incluso asigna una secuencia a cada etapa: primero, discipular lo más ampliamente posible cuando las personas son especialmente receptivas al mensaje del evangelio y, solo entonces, a medida que el entusiasmo mengua, dedicar tiempo a fomentar una vida de fe más perfecta en los nuevos creyentes. La receptividad al mensaje del evangelio siempre tiene prioridad sobre el refinamiento de la conducta y la práctica cristianas. En la tensión entre discipular y perfeccionar, la prioridad es discipular.

El mandato de Jesús en el segundo texto indispensable, Hechos 1:8, es estratégico para esta visión de iglecrecimiento: "Pero recibirán poder cuando el Espíritu Santo haya venido sobre ustedes; y me serán testigos en Jerusalén, en toda Judea, en Samaria, y hasta lo último de la tierra". Estas palabras, pronunciadas a los discípulos reunidos en Jerusalén cuarenta días después de la resurrección de Jesús y justo antes de su ascensión, proporcionan a los proponentes del iglecrecimiento una estrategia concreta para extender el evangelio desde territorios conocidos (Jerusalén) hasta territorios desconocidos (toda Judea y Samaria, y hasta lo último de la tierra). El misiólogo Ralph Winter etiqueta estos círculos concéntricos en Hechos 1: 8 como evangelismo E-1, E-2 y E-3[183]. En E-1, o "evangelismo de vecinos cercanos", no se cruza ninguna barrera cultural o lingüística, aunque el evangelista todavía tiene la ardua tarea de cruzar la frontera entre la fe y la no fe, lo que McGavran denomina, siguiendo el ejemplo de la carta de Pablo a los Corintios, "el escándalo de la cruz"[184]. El evangelismo E-1 para los discípulos de Jesús habría tenido lugar primero en Jerusalén y sus alrededores, entre aquellos que compartían un idioma y costumbres comunes. De manera similar, en nuestros días, el evangelismo E-1 nos llama a buscar conocidos, amigos y familiares, y compartir con ellos las buenas nuevas del evangelio. Como vimos en el evangelismo personal, "el evangelio se difunde con mayor efectividad a través de una red existente de relaciones de confianza"[185].

El siguiente círculo concéntrico, E-2, es más difícil de alcanzar con el evangelio. El evangelismo E-2 involucra a personas cuya clase cultural y social, idioma y ubicación geográfica, o alguna combinación de estos factores, son diferentes a los del evangelista. Consideremos a los seguidores de Jesús en Hechos, que tuvieron que huir de Jerusalén; esta fase E-2 del evangelismo no les fue algo natural, ni siquiera para los miembros de la primera iglesia. Después de la persecución que expulsó a los seguidores de Jesús de Jerusalén, Lucas recuerda: "Mientras tanto, los que se habían dispersados por la persecución que se desató por causa de Esteban, llegaron hasta Fenicia, Chipre y Antioquía, y hablaban de las buenas noticias solamente a los judíos. Pero había allí unos varones de Chipre y de Cirene que, al entrar en Antioquía, habían hablado también a los griegos acerca de las buenas noticias del Señor Jesús" (Hechos 11:19-20). Solo *algunos* de los seguidores se atrevieron a hablar con las personas de idioma griego[186].

Winter diferencia entre los dos primeros círculos de esta manera: compara el evangelismo E-1 con la obra del apóstol Pablo entre los judíos, su propio pueblo. Después de todo, su pedigrí judío es innegable—"circuncidado al octavo día, del linaje de Israel, de la tribu de Benjamín, hebreo de hebreos; en cuanto a la ley, fariseo; en cuanto al celo, perseguidor de la iglesia; en cuanto a la justicia de la ley, irreprensible" (Fil. 3:5-6). El evangelismo E-2, entonces, se compara con el trabajo de Pablo entre los griegos, un grupo de personas diferente tanto cultural como teológicamente. Esta distinción hace eco de la frase en las cartas de Pablo que dice: "al judío primero y también al griego" (Rom. 1:16). En muchos vecindarios cosmopolitas de todo el mundo hoy en día, en los que conviven diferentes culturas, clases sociales y grupos lingüísticos, el evangelismo E-2 no requiere un desplazamiento de larga distancia; puede suceder cuando las personas—y las iglesias—cruzan la calle o el patio trasero para entablar conversaciones sobre el evangelio.

La tercera fase, E-3, amplía estas diferencias exponencialmente—"hasta lo último de la tierra"—a personas que "viven, trabajan, hablan y piensan en idiomas y patrones culturales completamente diferentes a los propios del evangelista"[187]. Estas personas son consideradas como "no alcanzadas" porque no hay una iglesia en su entorno que pueda dedicarse al evangelismo E-1 o E-2. El evangelismo E-3 requiere un compromiso masivo de tiempo y recursos para invertir en el aprendizaje del idioma, la cultura y las costumbres de un contexto muy diferente, con el objetivo final de poder participar en el evangelismo E-2, y luego eventualmente en el evangelismo E-1. El evangelismo E-1 y E-2 mantendrá a muchos de los que leemos este libro completamente ocupados. Al mismo tiempo, podemos apoyar financieramente y con nuestras oraciones a las personas y los ministerios que se ocupan del evangelismo E-3.

FUNDAMENTOS TEOLÓGICOS

El iglecrecimiento se basa en lo que McGavran llama "teología de la cosecha"[188]. Pensemos por un momento en una cosecha real en un jardín o en el campo de un agricultor. *Cosecha,* como sustantivo, se refiere al momento en que los cultivos están listos; también es un verbo que se refiere al proceso de recolección de los cultivos. Estos son los dos usos que los practicantes de este modelo le dan a la palabra *cosecha.*

En el centro de la teología de la cosecha hay un Dios que siempre se ha acercado, ha encontrado personas y las ha acogido. Dios encuentra a Israel en Egipto, por ejemplo, y lo establece como pueblo de Dios a través de un pacto—un acuerdo—en el Sinaí. Este Dios, rápido para buscar y aún más rápido para encontrar, envía a Jesucristo, Señor de la cosecha, al mundo para preparar la cosecha. Jesús mismo reconoce la necesidad de cosechadores y segadores para recoger a los perdidos. Jesús instruye a sus discípulos a orar para que Dios envíe a la mies a personas dispuestas a trabajar, obreros (Mateo 9:38-38; Lucas 10:2). Jesús enseñó en parábolas sobre cómo encontrar lo que se había perdido: la oveja perdida (Mateo 18:12-14; Lucas 15:3-7), la moneda perdida (Lucas 15:8-10), el hijo perdido (15:11-32). Jesús también contó la historia del señor de una casa que no paraba de enviar invitaciones a más y más personas hasta que se encontraran suficientes para asistir al banquete y llenar todos los lugares (14:15-24).

De esta parábola también aprendemos que el señor de la casa no volvió una y otra vez para invitar a quienes se mostraron desinteresados o resistentes. Aquel hombre adoptó otra estrategia y amplió la invitación hasta completar todos los lugares en el banquete. De manera similar, Jesús anima a sus discípulos a no quedarse demasiado tiempo con aquellos que se niegan a responder al evangelio. Los discípulos, los cosechadores, deberían, en cambio "sacudir el polvo" de sus pies y dirigirse a personas más receptivas (Mat. 10:14). La adopción por parte de Pablo y Bernabé de esta práctica simbólica en Hechos sugiere una familiaridad con el dicho de Jesús. Los líderes religiosos de Antioquía "... instigaron a unas mujeres piadosas y distinguidas y a los principales de la ciudad, y provocaron una persecución contra Pablo y Bernabé, y los echaron de sus territorios. Entonces sacudieron el polvo de sus pies contra ellos, y se fueron a Iconio" (Hechos 13:50-51).

La visión de la iglesia—la eclesiología—en el corazón de este modelo de evangelismo, si nos remitimos

nuevamente a los modelos de Dulles, es la iglesia como heraldo por su énfasis en la proclamación del
evangelio. "La misión de la iglesia [como heraldo]",
explica Dulles, "es proclamar lo que ha escuchado,
creído y se le ha encomendado proclamar... . [La
Iglesia] recibe un mensaje oficial con la comisión para
transmitirlo"[189]. Una iglesia centrada en la teología de
la cosecha será misional en su perspectiva, con una
pasión por la Gran Comisión (Mat. 28:16-20) como
su cimiento. En asociación con el Dios de la cosecha,
esta iglesia se moverá continua y constantemente más
allá de sí misma, trascendiendo las fronteras conocidas (Hechos 1:8) para encontrar pueblos receptivos y
establecer nuevas iglesias locales entre cada grupo de
pueblo. McGavran cree que "el 'Dios que encuentra'
está ahora y siempre estará a cargo de su misión" hasta que todas las personas en la tierra hayan escuchado
el evangelio de alguien que hable su propio idioma y
"cuya palabra no esté obstruida por barreras culturales... Por consiguiente [esta persona] expresa una teología de la cosecha"[190].

Fundamentos históricos

El movimiento de iglecrecimiento cultivó un enfoque
táctico basado en la investigación para hacer crecer las
iglesias, enfoque que evolucionó a partir del prototipo
de McGavran, que desarrolló mientras trabajaba con
iglesias en la India. Hijo de padres misioneros en la India, McGavran (1897-1990) pasó, en la década de 1930,
a servir como superintendente de la obra de los Discípulos de Cristo en la India Central, donde perfeccionó
sus habilidades analíticas. Al analizar los informes

anuales de membresía de 145 congregaciones, descubrió que 134 iglesias se habían estancado o habían declinado, mientras que solo 11 iglesias crecían a una tasa del 20 por ciento anual o más. Mientras visitaba varias iglesias, hizo la pregunta obvia: "¿Por qué su iglesia está creciendo o no está creciendo?" Recibió respuestas poco concluyentes y, a veces, la misma respuesta, tanto para la razón por la que la iglesia estaba decreciendo, como para la razón por la que la iglesia estaba creciendo. En cuanto al crecimiento de una iglesia, los líderes respondieron: "Porque predicamos la pura Palabra de Dios". En cuanto al decrecimiento de otra iglesia, respondieron: "¡Porque predicamos la pura Palabra de Dios!" Claramente, algo tenía que cambiar, así que, sobre la base de estos encuentros, McGavran hizo una investigación sustancial sobre por qué las iglesias crecen o decrecen. Según George Hunter, quien relata esta historia, McGavran también desarrolló "principios reproducibles" para el crecimiento que serían aplicables en otros contextos[191].

El trabajo de McGavran fue pionero, aunque no sin precedentes. Construyó su propio trabajo sobre el clásico de investigación de campo de J. Waskom Pickett, *Christian Mass Movements in India*. Pickett (1890-1981), un misionero metodista que trabajó en la India durante cuarenta y seis años, utilizó la investigación de campo—cuestionarios, entrevistas, observaciones y análisis cultural—para comprender cómo y por qué crecen las iglesias. McGavran afirmó que "'encendió [su] vela en el fuego de Pickett', dominó los métodos de investigación [de Pickett], agregó [los suyos] propios y retomó donde Pickett se detuvo"[192].

Luego, en 1961, McGavran estableció el Instituto de Crecimiento de la Iglesia en América del Norte en el Seminario Teológico Fuller en Pasadena, California. Originalmente, se refirió a las ideas misionológicas que había descubierto como "evangelismo", pero la palabra *evangelismo*, incluso en los años sesenta, resultó difícil de aceptar para muchos, por lo que adoptó el apelativo de *iglecrecimiento* en su lugar. "Para McGavran, iglecrecimiento o evangelismo significaba simplemente el proceso de ganar personas para Cristo e incorporarlas a una iglesia local para que crecieran en su nueva fe. Hacia el final de su vida, comenzó a usar un nuevo término—evangelismo efectivo—para referirse a lo que estaba propugnando"[193]. Tituló su autobiografía, publicada en sus noventa y un años, *Effective Evangelism: A Theological Mandate* [Evangelismo efectivo: un mandato teológico].

El Seminario Teológico Fuller ya no alberga el Instituto de Crecimiento de la Iglesia; sin embargo, varios programas teológicos de posgrado continúan ofreciendo cursos y títulos relacionados con el iglecrecimiento, incluido el Seminario Teológico de Asbury, la Escuela de Teología de Talbot, el Wheaton College y varios seminarios asociados con la Iglesia Bautista del Sur. El legado de McGavran también incluye *Church Growth Network*, fundada en 1987 y dirigida por Gary McIntosh[194]. Esta red ofrece entrenamiento, consultoría, talleres y seminarios basados en la metodología de iglecrecimiento.

Fundamentos prácticos

El modelo de evangelismo de iglecrecimiento ofrece un enfoque coherente basado en principios claros. Estos principios, a su vez, se basan en observaciones.

El resultado de este modelo es una secuencia bien organizada de estrategias, que incluye lo siguiente:

- identificación de personas puente
- encontrar personas receptivas
- multiplicar unidades homogéneas
- desarrollar nuevos puertos de entrada
- plantar nuevas iglesias

En conjunto, estos elementos conforman el modelo de evangelismo de iglecrecimiento.

1. Identifique las personas puente

En una encuesta realizada a miembros de iglesia en los Estados Unidos, cuando se les preguntó: "¿Quién fue la persona que los llevó a la fe en Cristo?", identificaron abrumadoramente a una persona puente, un conector dentro de una red social definida. Para el 43,2 por ciento de los encuestados, un miembro de la familia actuó como persona puente; para el 15,7 por ciento, un amigo; para el 2.9 por ciento, un vecino; y para el 1,8 por ciento, un compañero de trabajo. Si se suman estas cifras, casi el 64 por ciento de las personas identifican a una persona puente como aquella que les presentó el evangelio.[195] Estas estadísticas ponen de manifiesto una estrategia clave para el iglecrecimiento: que las personas puente se encuentran entre los comunicadores más valiosos de las buenas nuevas. McGavran ilustra la importancia de las personas puente al llamar la atención sobre lo que hay en cada extremo de un puente que atraviesa un río. Las personas son atraídas hacia estos lugares, se establecen y construyen pueblos y ciudades. Aquellos que viven más cerca del puente cruzan el agua fácilmente porque todo, desde ideas hasta comestibles, pasa más convenientemente por allí. Se requiere mucha más energía e ingenio para cruzar un río donde no existe un puente. Las personas puente en una red social facilitan la comunicación y la conectividad[196]. En este modelo de evangelismo, la tarea inicial es identificar a las personas puente, cultivar en ellas un entusiasmo por el evangelismo y equiparlas para que lo lleven a cabo. Esto se puede hacer a través de su compromiso con cualquiera de los modelos de evangelismo que se encuentran en este libro.

2. Encuentre personas receptivas

Los defensores del crecimiento de la iglesia sostienen que, en todo momento, en cada estación, de acuerdo con las imágenes de la cosecha, algunas personas, algunos grupos, algunas culturas están particularmente abiertas a escuchar y responder al mensaje del evangelio. Identificar a las personas receptivas implica más que una corazonada. Los estrategas del iglecrecimiento han desarrollado una escala para indicar en qué punto del *continuo de receptividad* se encuentran los individuos y los grupos de personas (ver figura 5.1)[197]. Las personas que se encuentran en el extremo derecho de esta escala tienen más probabilidades de ser receptivas al mensaje del evangelio; la personas hacia la izquierda lo son menos.

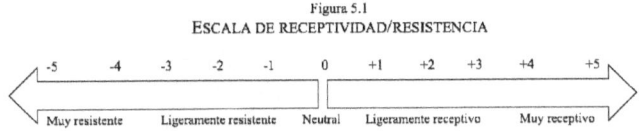

Figura 5.1
ESCALA DE RECEPTIVIDAD/RESISTENCIA

Particularmente durante las experiencias de transición, las personas se vuelven más receptivas a las buenas nuevas de Jesucristo. Las personas receptivas suelen encontrarse en los nuevos desarrollos habitacionales, entre los inmigrantes de primera generación, entre quienes visitan la iglesia por primera vez y entre quienes se encuentran en medio de cambios importantes en su vida, como una mudanza, un nuevo trabajo, un divorcio, una enfermedad o la muerte de un ser querido. Éstas son "la mayor oportunidad apostólica de la iglesia"; por esta razón, la segunda clave del evangelismo, junto con la identificación de las personas puente, es "identificar y alcanzar a las personas receptivas mientras son receptivas"[198].

¿Las consecuencias de esta observación? El empleo de recursos, desde las personas hasta las finanzas, debe asignarse a los que se encuentran en el lado derecho de la escala, porque el máximo crecimiento de la iglesia se produce cuando la receptividad es alta. Esta estrategia, que da prioridad a hacer discípulos, tiene también consecuencias para la segunda etapa, la fase de perfeccionamiento de los creyentes. "Una cosa está clara: la receptividad disminuye con tanta frecuencia como aumenta. Al igual que la marea, sube y baja. A diferencia de la marea, nadie puede garantizar que, cuando baja, volverá pronto"[199]. En otras palabras, desde un punto de vista estratégico, llegará un momento más adelante en el que los discípulos puedan ser perfeccionados, pero eso sucede otro día, cuando la receptividad haya disminuido.

También se expone la estrategia para las personas que inicialmente se resisten al evangelio. No hay que desatenderlos del todo; en otras palabras, a diferencia de los fundamentos bíblicos citados anteriormente, no debemos "sacudirnos el polvo" y nunca regresar. Más bien, se debe orar por los que se resisten inicialmente y brindarles una presencia semejante a la de Jesús hasta que su receptividad crezca. Entonces, una vez que se hayan vuelto más receptivos, se les deberían asignar recursos.

3. Multiplique las unidades homogéneas

Un principio básico del iglecrecimiento—otro más que se confirma por la observación—es que las personas se conectan naturalmente con otras que son similares a ellas. Las redes sociales son, en su mayoría, homogéneas. De ahí el adagio: "Los pájaros del mismo plumaje se juntan". Esta realidad se aplica, en términos de iglecrecimiento, en el *principio de unidades homogéneas*, que dice que "a las personas les gusta hacerse cristianas sin cruzar barreras raciales, lingüísticas y de clase"[200]. Vemos esto, señalan los proponentes de este principio, en los capítulos iniciales del libro de los Hechos, en los que la iglesia primitiva creció exponencialmente entre los judíos que se quedaron en Jerusalén, que permanecieron dentro del judaísmo y que mantuvieron las costumbres judías. Los defensores del iglecrecimiento argumentan que este crecimiento se desaceleró dramáticamente cuando otras culturas, especialmente gentiles o griegos, ingresaron a la iglesia en grandes cantidades.

Sobre la base de este principio, la multiplicación de unidades homogéneas sigue siendo la forma más eficiente y efectiva de discipular todas las variedades de grupos de personas, que en conjunto componen el mosaico humano. Este método no pretende excluir a nadie. Por el contrario, el objetivo final del movimiento de iglecrecimiento es alcanzar a toda la humanidad con el evangelio. El medio más eficaz de llegar a todas las personas, de acuerdo con la observación y el análisis del iglecrecimiento, es mediante el establecimiento de unidades homogéneas en todo el mundo. McGavran describe esto como "un grupo de congregaciones autóctonas en crecimiento, en las que cada miembro permanece en estrecho contacto con sus semejantes". Observa que "esta agrupación crece mejor si está en un pueblo, una casta, una tribu, un segmento de la sociedad"[201].

Este principio no socava la creación de congregaciones heterogéneas y diversas. Tampoco sugiere que las iglesias homogéneas tengan de alguna manera más valor que las heterogéneas. Más bien, este principio surge a través de la observación y el análisis, lo que lleva a McGavran a concluir que, con el propósito de un rápido evangelismo y expansión de la iglesia con el objetivo de llegar a toda la raza humana lo más rápido posible, las unidades homogéneas son altamente efectivas[202].

4. Desarrolle nuevos puertos de entrada

Otra estrategia clave es multiplicar nuevos grupos. ¿Por qué? Porque los nuevos grupos, que carecen del bagaje de los grupos establecidos, crecen más rápidamente que los existentes. Estos nuevos grupos ofrecen espacios libres donde los visitantes pueden ingresar a la iglesia más fácilmente. Cuando la estructura del grupo y las relaciones dentro de él todavía están en proceso de formación, cuando todo con respecto al grupo permanece indeterminado, las personas tienden a sentirse más seguras para unirse; pueden entrar cómodamente y encontrar la manera de integrarse entre otros que son igualmente nuevos en el grupo. El grupo está libre del lenguaje de los ya iniciados, de las prácticas de los ya iniciados y de las personas ya iniciadas que se comunican entre sí más profundamente que con los recién llegados. Esta estrategia tiene sus raíces, como muchas otras cosas en el modelo de iglecrecimiento, en la observación de que una vez que un período de novedad y expansión disminuye, también lo hacen los recién llegados.

Los puertos de entrada deben surgir del conocimiento que tenga la iglesia de su vecindario y las necesidades y oportunidades que presenta, que pueden ser identificadas a través del evangelismo de visitación. El ministerio de compasión y extensión de una iglesia puede desempeñar un papel importante a la hora de reconocer a un grupo de personas en una situación similar y desarrollar un puerto de entrada apropiado para ellas. Una iglesia encontró un grupo de este tipo cuando comenzó a organizar mensualmente un evento de entretenimiento para niños con necesidades especiales. Ochenta niños y sus padres vinieron la primera noche. Durante estos eventos, los miembros de la iglesia comenzaron a darse cuenta de que los padres también necesitaban un grupo, por lo que la iglesia puso en marcha un programa dirigido específicamente a los padres de niños con necesidades especiales, que se reunía durante el evento de los niños. Este programa dio lugar a que muchas familias fueran discipuladas[203].

Estos niños–y también sus padres–necesitaban un puerto de entrada orientado a ellos, que esta iglesia les proporcionó. Mediante una aplicación reflexiva del principio de unidades homogéneas y el conocimiento de las necesidades de una comunidad, una iglesia puede considerar cómo proporcionar nuevos puertos de entrada (como estos grupos para niños con necesidades especiales y sus padres), que son esenciales para llegar a tantas personas en tantas circunstancias diferentes como sea posible.

5. Plante nuevas iglesias

Una observación final: "Las iglesias después de 15 años suelen estancarse. Después de 35 años, normalmente ni siquiera pueden reemplazar a los [miembros] que pierden. Las nuevas congregaciones llegan a muchas más personas precristianas"[204]. Teniendo en cuenta esta estadística, el esfuerzo por desarrollar nuevos puertos de entrada se extiende a la plantación de nuevas iglesias. El modelo de evangelismo de igle-crecimiento promueve no solo nuevos puertos de entrada en las iglesias establecidas, sino también nuevas iglesias.

Existe una gran cantidad de literatura sobre la plantación de iglesias; aquí presentaré brevemente sólo algunos enfoques para su consideración. Uno de estos enfoques ocurre cuando una iglesia establecida planta dentro de sí misma, por así decirlo, una o más congregaciones, cada una compuesta por un grupo diferente de personas. Esto sucede cuando las personas puente cruzan intencionalmente barreras raciales, étnicas, lingüísticas o de clase para establecer congregaciones nuevas y homogéneas dentro de estas poblaciones, que luego se incorporan como iglesias separadas dentro de la iglesia establecida. Abundan los ejemplos de este modelo. La Primera Iglesia Bautista de Flushing, Nueva York, por ejemplo, se describe a sí misma como "una familia multiétnica, multicultural, multilingüe e intergeneracional con tres congregaciones (americana, hispana y china), todas sirviendo bajo una iglesia"[205].

Otro enfoque de plantación de iglesias, al que a menudo se hace referencia en términos de madre-hija, tiene lugar cuando una iglesia establecida envía un equipo de entre sus miembros para comenzar una nueva iglesia. Desde el punto de vista logístico, lo ideal es que la iglesia madre ponga en marcha la iglesia hija en las proximidades para facilitar la transferencia de personal y recursos. Eventualmente, la iglesia hija puede convertirse en una iglesia completamente independiente y luego reproducirse estableciendo su propia iglesia y así sucesivamente. Esto también puede suceder, sin tener en cuenta la geografía, a través de los medios en línea[206]. En 2006, Life.Church, una iglesia física con treinta y cuatro sedes repartidas en diez estados, puso en marcha una iglesia hija en línea llamada Church Online. Se "reúne" en todos los países del mundo, con más de noventa servicios en línea cada semana[207]. En esta versión de plantación de iglesias, la iglesia madre plantó una iglesia hija en línea.

Otro enfoque más se produce cuando una iglesia establecida adopta una iglesia existente que está lista para cerrar sus puertas. La iglesia adoptiva aporta recursos financieros y personas para poner en marcha lo que, en esencia, se convierte en una nueva iglesia. Esto sucedió en la Iglesia Metodista Munger Place, fundada en 1913 en el este de Dallas. Casi un siglo después, en 2009, cuando la congregación se volvió demasiado pequeña para continuar, una iglesia de membresía grande, a tres millas de distancia, la Iglesia Metodista Unida de Highland Park (IMUHP), asumió la responsabilidad del local de Munger Place, renovó el edificio y plantó una nueva iglesia. La Iglesia Munger Place, resucitada en 2010 como un campus de extensión de IMUHP, ahora cuenta con una considerable congregación propia[208].

La plantación de iglesias está tan extendida actualmente que ha surgido una red global amorfa, llamada Movimiento de Plantación de Iglesias (MPI o CPM por sus siglas en inglés). Las iglesias del MPI surgen con relativa espontaneidad; se multiplican rápidamente extendiéndose a través de un grupo étnico[209]. En la red del MPI, hay informes de mil setecientas iglesias y más de cuarenta y dos mil nuevos creyentes dentro de un grupo étnico solo en la India, así como informes de una nueva iglesia plantada casi todos los días en otro grupo étnico en la India[210]. La estrategia clave de estas iglesias es fomentar la multiplicación de nuevas iglesias rápida y regularmente. Una vez que se ha plantado una iglesia, la meta apremiante es plantar otra iglesia. En este sentido, el MPI está comprometido en gran medida solo con la primera etapa del modelo de McGavran: hacer discípulos. La siguiente etapa, perfeccionar a esos discípulos, tiende a ser desplazada en las iglesias del MPI por un esfuerzo total para seguir plantando nuevas iglesias.

VALORACIÓN

El modelo de evangelismo de iglecrecimiento es un paradigma de practicidad. Con su inclinación por el análisis estadístico, quita capas de justificaciones y excusas con el fin de calcular si una iglesia está creciendo, y luego analiza por qué o por qué no. Sus principios reproducibles para la estimulación del crecimiento–crear nuevos puertos de entrada, desarrollar unidades homogéneas, participar en el evangelismo E-1, cultivar personas puente para gestionar el evangelismo E-2 y E-3 y discipular pueblos receptivos–han sido bien investigados y probados durante décadas en contextos alrededor del mundo. Lo vital de estos números, estadísticas y estrategias es que sirven a una visión única de llevar el evangelio a todos los pueblos no alcanzados mediante el establecimiento de una "iglesia viva de Jesucristo en cada segmento de la sociedad"[211].

Lo que fácilmente se puede pasar por alto en la preocupación por los números es el tipo de crecimiento que se produce. El pastor británico Ian Stackhouse hace una crítica mordaz en este sentido: "Lo que está ausente en la literatura sobre la plantación de iglesias y, de manera más general, en toda la gama de métodos desplegados por las iglesias en su deseo de lograr el crecimiento, es una apreciación de la necesidad de la formación cristiana continua–formación que es la base sobre la cual las así llamadas congregaciones misioneras pueden sostenerse a largo plazo"[212]. Esta afirmación puede enmarcarse en términos de varias preguntas de sondeo: ¿Se entiende el iglecrecimiento cuantitativamente en términos del aumento de las estadísticas de conversión, del incremento de los presupuestos y de la acumulación de iglesias filiales? ¿Son estos los únicos indicadores de crecimiento que hay que medir? ¿Cuándo entra en la ecuación el perfeccionamiento, la segunda etapa del iglecrecimiento (la medida cualitativa)? Ciertamente, el énfasis en hacer discípulos y plantar iglesias puede abrumar a los líderes eclesiásticos y hacer que pasen por alto la necesidad de perfeccionar a los discípulos, al profundizar en las riquezas de las Escrituras y la tradición.

¿Es válido separar el discipulado y el perfeccionamiento?

El impacto de separar el discipulado y el perfeccionamiento, según los críticos, es el siguiente: sin un énfasis en el componente ético y transformador de las buenas nuevas, que McGavran relega a una fase posterior de perfeccionamiento, el evangelismo inspira una fe superficial, irreflexiva y empobrecida. Los críticos sostienen que el evangelismo es más que ganar a los perdidos o salvar alguna persona; debe inculcar, desde el principio, la convicción de que el estilo de vida y las acciones de cada uno son importantes. Cualquier cosa menos, para usar la frase de Dietriech Bonhoeffer, es "gracia barata": "La gracia barata es la predicación del perdón sin el arrepentimiento, el bautismo sin disciplina eclesiástica, la comunión sin la confesión … . La gracia barata es gracia sin discipulado, la gracia sin cruz, la gracia sin Jesucristo vivo y encarnado"[213]. El perfeccionamiento, si se deja en una fase posterior indeterminada, puede verse como accesorio u opcional, si es que ocurre.

Stackhouse nuevamente insiste en la dicotomía que McGavran defendió, cuando escribe: "Cuando el cre-

cimiento reemplaza la formación cristiana cualitativa
como la razón fundamental de la iglesia, las nociones
tradicionales de iniciación en el evangelio se sacrifican
en el altar de la conveniencia y el cuidado pastoral de
los santos, en las cosas un tanto ambiguas y desorde-
nadas de la vida real, es puesto en oposición, innece-
saria y anti-bíblicamente, al llamado a evangelizar"[214].

Igualmente desafiante para esta dicotomía es la
cuestión de si McGavran la ha interpretado dentro y
no fuera de la Gran Comisión en Mateo 28:18-20. En
otras palabras, ¿es bíblica? Desde el punto de vista de
la sintaxis griega, no lo es. El mandato a "hacer discípulos" está acompañado por tres participios griegos:
ir, bautizar y enseñar. Aunque la sintaxis nunca es tan
sencilla, podríamos expresar Mateo 28:18-20 de esta
manera: Hacer discípulos es el mandamiento general.
¿Cómo deben cumplir este mandamiento los seguidores de Jesús? Yendo, bautizando y enseñando. Estos
son los tres elementos de hacer discípulos. Desde este
punto de vista, hacer discípulos no precede a perfec-
cionarlos. Implica acudir a ellos, bautizarlos cuando
creen y enseñarles acerca de lo que han creído. Ir,
bautizar y enseñar son parte integral de hacer discípulos. La sintaxis de la Gran Comisión, entonces, no se
puede subdividir claramente en hacer discípulos y perfeccionar discípulos.

Agregue a esto que Jesús resucitado les dice a sus
seguidores que deben enseñar a la gente "a obedecer
todo lo que les he mandado" (Mateo 28:20, NVI).
Esto no es una ocurrencia de última hora. No, al menos, en el evangelio de Mateo, que contiene el Sermón de la Monte, en el que Jesús exige una mejor justicia de sus seguidores, en el que Jesús exige completa
integridad, en el que Jesús afirma que "hasta que pa-

sen el cielo y la tierra, ni una jota, ni una tilde pasará de la ley, hasta que todo se haya cumplido" (5:18). Difícilmente puede ser que ahora, resucitado y investido de toda la autoridad en el cielo y en la tierra, Jesús relegue la enseñanza meticulosa a un segundo plano. Preferible a una secuencia de dos pasos, discipular primero y luego perfeccionar en un momento posterior, es equilibrar los dos, el crecimiento espiritual y el crecimiento de la iglesia avanzando conjuntamente, hasta incluyendo cierta cantidad de perfeccionamiento desde el principio.

¿Cuáles son las implicaciones del principio de las unidades homogéneos?

Los defensores del iglecrecimiento y sus críticos discuten con vehemencia sobre el principio de las unidades homogéneas. Los defensores de este principio son prontos por señalar que no fabricaron el principio; sino que *lo observan*. Estadística tras estadística, observaron que las iglesias crecían más rápidamente cuando las personas encontraban a otras personas con quienes se sentían a gusto. Esta observación sobre una rápida tasa de crecimiento–y el impulso de llegar a las personas no alcanzadas lo más rápido posible–coincide con la teología de la cosecha. El llamado para entrar en la cosecha es urgente; la obligación de difundir las buenas nuevas es inmediata. Una vez que el crecimiento se desacelera, afirman los defensores, habrá muchas oportunidades para la etapa de perfeccionamiento. En ese momento, cuando las unidades homogéneas pueblan e incluso saturan a un grupo de pueblo, las iglesias podrán llegar más allá de las divisiones raciales y étnicas, e incorporar las implicaciones éticas del evangelio, que derriba "la barrera de división, es decir, la hostilidad" entre grupos separados. (Efesios 2:14).

Los críticos del iglecrecimiento encuentran censurable el principio de unidades homogéneas; sostienen que refuerza un status quo que rechaza, inadvertida o intencionalmente, la diversidad. Pensemos en la tristemente célebre frase de que las once en punto del domingo por la mañana es el bloque de tiempo más segregado en los Estados Unidos. ¿Es un mérito del cristianismo que las personas estén dispuestas, incluso deseosas, a reunirse en grupos separados, divididos por estatus social, raza y perspectiva teológica? ¿No es éste el mismo status quo que las buenas nuevas de Jesucristo pretenden derribar?

Al igual que los defensores del modelo de iglecrecimiento, los críticos también apelan al libro de los Hechos, donde descubren no solo unidades homogéneas sino iglesias como la de Antioquía, cuyos líderes provienen de diferentes clases, etnias y regiones. Considere esta descripción del heterogéneo equipo de liderazgo en Antioquía: "Había entonces en la iglesia que estaba en Antioquía, unos profetas y maestros: Bernabé, Simón llamado Níger, Lucio de Cirene, Manaén, que había sido criado con el tetrarca Herodes, y Saulo. Mientras ellos ministraban al Señor y ayunaban, el Espíritu Santo dijo: 'Apartadme a Bernabé y a Saulo para la obra a la que los he llamado'. Entonces, habiendo ayunado y orado, les impusieron las manos y los despidieron" (13:1-3).

Hay mucho que decir sobre esta iglesia. Son étnica y económicamente diversos. Bernabé ya no era dueño de lo que alguna vez tuvo, ya que vendió su propiedad y puso las ganancias a los pies de los apóstoles en Jerusalén (Hechos 4:36-37). Hechos 13:1 describe a los profetas y maestros de la iglesia en Antioquía: Simeón era probablemente del norte de África. Lucio era de Cirene, en la costa norte de África. Manaén era—o había sido en algún momento—rico y amigo de Herodes Antipas desde la juventud. Saulo, de Tarso, una ciudad costera de Asia Menor, era un fariseo educado. Jack Levison escribe sobre este grupo: "Esta no es una unidad homogénea, unida por la uniformidad étnica, social o económica. Esta no es una iglesia con un objetivo demográfico, como los veinteañeros o los habitantes de los suburbios o áreas urbanas, o los hombres de entre dieciocho y cuarenta años, el grupo demográfico objetivo de muchas megaiglesias. Tenemos muchas iglesias como esta hoy en día"[215]. La iglesia de Antioquía no era una unidad homogénea, sin embargo, es la misma iglesia donde los creyentes fueron llamados cristianos por primera vez (11:26), y es esta iglesia la que lanzó la primera misión cristiana (13:3).

El impasse entre los defensores y los críticos del iglecrecimiento puede, al menos en algunas situaciones, haber comenzado a disiparse. Skip Bell, director fundador del Centro de Liderazgo Cristiano en la Universidad Andrews, ofrece varios estudios de casos que combinan la diversidad con un énfasis en iglecrecimiento. La Iglesia Sunrise, una iglesia bautista caucásica fundada hace casi sesenta años en Rialto, California, se estancó durante años. En lugar de continuar estancada como iglesia homogénea, Sunrise optó por reflejar más de cerca a su comunidad, que era 50 por ciento hispana. Como resultado, comenzaron a crecer. La diversidad racial y étnica es ahora una parte clave del ADN de Sunrise. Bell, un defensor de iglesias como Sunrise, señala: "El testimonio de las comunidades eclesiásticas que observamos es que la heterogeneidad emergente de algunas iglesias es la nueva 'homogeneidad'. Buscamos lugares donde la diversidad es el elemento común que nos une. Como vivimos y trabajamos en entornos multiculturales, deseamos experimentar la adoración en el mismo contexto"[216].

¿Dónde encaja el Reino de Dios en el iglecrecimiento?

Un énfasis indebido en los números en el modelo de iglecrecimiento da crédito a la preocupación de que los fundamentos sociológicos son más fuertes que los teológicos. El debate sobre la teología de la cosecha, por ejemplo, sigue siendo superficial y desconectado de otros temas teológicos, como la cristología (Jesucristo) y la pneumatología (el Espíritu Santo). Se podría argumentar que lo que este modelo carece en teología lo compensa con estrategias prácticas y principios fundamentados estadísticamente. Pero en cualquier modelo de evangelismo, debería haber una conexión entre la teología y la práctica, entre las Escrituras y las estrategias.

Por ejemplo, con un compromiso tan fuerte con el *crecimiento* de la iglesia, ¿dónde encaja el reino de Dios? En la mayoría de los debates sobre iglecrecimiento se habla poco del reino de Dios, lo cual es desconcertante porque Jesús mismo habló del reino de Dios en términos de *crecimiento*: una semilla de mostaza, la más pequeña de todas las semillas, se convierte en un gran arbusto (Marcos 4:31-32). Incluso el lenguaje de la cosecha en este texto está vinculado al reino de Dios.

Teniendo en cuenta las críticas formuladas contra el movimiento de iglecrecimiento, entre las que destaca que produce una fe superficial arraigada en la gracia barata, sería prudente que sus defensores establecieran una asociación más clara y estrecha entre el iglecrecimiento y el crecimiento del reino de Dios.

Algunos de los críticos más acérrimos del iglecrecimiento son teólogos de la liberación latinoamericanos, que sostienen que en su contexto de opresión rampante y palpable, el evangelismo debe consistir en algo más que una invitación a un puerto de entrada junto a otros del mismo grupo étnico; exige un compromiso en nombre del reino de Dios. Proclamar la salvación en Jesucristo es, entonces, anunciar la llegada del reino de Dios, que desafía—incluso revierte—el orden mundial actual. Las buenas nuevas del reino de Dios, arraigadas en las enseñanzas y acciones de un Mesías crucificado, no son buenas noticias para aquellos que no quieren tener nada que ver con una vida crucificada aquí y ahora. Mortimer Arias escribe: "Parte de la tarea del mensajero cristiano es criticar a los falsos dioses y a los falsos profetas, desenmascarar los poderes y principados, confrontarlos y denunciar todo lo que esté en contra del sueño de Dios, en contra del propósito de Dios"[217]. Para estos teólogos, es imperativo considerar el iglecrecimiento como un aspecto del objetivo más amplio, que es trabajar hacia el cumplimiento de la oración de Jesús:

Venga tu reino,
hágase tu voluntad,
como en el cielo, así también en la tierra. (Mateo 6:10)

PREGUNTAS DE REFLEXIÓN

• ¿Cómo valoraría usted el modelo de evangelismo de iglecrecimiento?

• ¿Está experimentando su iglesia algún tipo de crecimiento? Si es así, ¿por qué? Si no es así, ¿por qué?

• ¿Cuál estrategia de iglecrecimiento es más necesaria en su iglesia? ¿Cómo implementaría usted esa estrategia? Presente varias propuestas concretas.

• Utilice las rúbricas E-1, E-2 y E-3 para evaluar las maneras en que su iglesia está o no está involucrada en evangelismo.

• ¿Cuál otro modelo de evangelismo complementa mejor el iglecrecimiento? ¿Por qué?

Seis
PROFÉTICO

La reflexión de Spencer Perkins sobre el evangelio tal como lo presentó y vivió su padre, John Perkins, captura la esencia de este próximo modelo de evangelismo – el evangelismo profético:

> Escuché como papá reconocía que no había estado predicando todo el evangelio, pero que ahora estaba más decidido que nunca a vivir el resto de su vida predicando y viviendo un evangelio que quemara todos los muros raciales, sociales y económicos erigidos para mantener a las personas separadas, algunos incluso en el nombre de Dios. Continuó diciendo que un evangelio que solo reconcilia a las personas con Dios y no entre sí, no puede ser el verdadero evangelio de Jesucristo... Sería un eufemismo decir que los acontecimientos de aquella noche en Brandon [cuando John Perkins fue golpeado casi hasta la muerte en la cárcel por agentes de policía blancos] habían cambiado nuestras vidas. Fue más que eso. Habían cambiado nuestro cristianismo. Para mi padre, ya no habría un evangelio de salvación y un evangelio social. Habría un solo evangelio: un evangelio que reconciliara a las personas con Dios, pero al mismo tiempo reconciliara a las personas entre sí. Separar los dos podría permitir a los policías estatales golpear a papá casi hasta la muerte y seguir siendo cristianos. Un evangelio que no enseñe responsabilidad alguna por el prójimo no podría aceptarse como el verdadero evangelio[218].

Esto es evangelismo profético en pocas palabras. Es más fácil decirlo que hacerlo, por supuesto, pero la historia de Perkins resume este tipo de evangelismo.

Antes de seguir adelante, hagamos un breve desvío para considerar el dilema de la terminología con respecto a este modelo de evangelismo. Para capturar la naturaleza holística de este modelo, los proponentes a menudo combinan la palabra *evangelismo* con una frase corta que incluye la palabra *social*, como "evangelismo y responsabilidad social", "evangelismo y servicio social" o "evangelismo y reforma social"[219]. El objetivo de esta combinación de *social* y *evangelismo* es enfatizar que el evangelismo implica más que salvar almas individuales, "como si las almas existieran aisladas de todo lo que hace humana a una persona: relaciones, herencia, contexto social, cuerpos, mentes, emociones y voluntades"[220]. Otros defensores de este modelo lo llaman evangelismo de *servicio*, evangelismo *holístico*, evangelismo *compasivo* o evangelismo de *liberación*[221].

Aún otros, como hago yo en este capítulo, llaman a este modelo de evangelismo *profético* porque su fundamento en los profetas bíblicos subraya la integración de palabra y obra, acción y proclamación[222]. Los profetas denuncian la hipocresía de las palabras y las prácticas piadosas sin las acciones justas: un ayuno de comida sin ayunar de la injusticia (Isaías 58:3-9) o prácticas sabáticas que no hacen nada para evitar que la gente se apresure a volver al negocio de explotar a los pobres (Isaías 58:13-14; Amós 8:5-6). A esto hay que añadir la destreza con la que los profetas de Israel fusionaron las dimensiones política, económica y religiosa de la vida en un poderoso mensaje. Estos profetas se anticiparon a lo que Spencer Perkins nos dice: cuán dañino podría ser un evangelio que permite que "los policías estatales golpeen a papá casi hasta la muerte y sigan siendo cristianos".

FUNDAMENTOS BÍBLICOS

En lo que debe ser uno de los casos más monumentales de una persona sentándose, Jesús "después de enrollar el libro y devolverlo al ayudante, se sentó" (Lucas 4:20). Con los ojos de su audiencia fijos en él, Jesús habló en términos sin precedentes del cumplimiento real de la visión profética de la justicia. Durante su primer sermón, en una sinagoga de Nazaret, Jesús leyó las palabras de Isaías 61:1-2 y luego, con una floritura, anunció que su presencia las cumplía: "Hoy se ha cumplido esta Escritura que acabáis de oír" (Lucas 4:21). El texto profético del que lee ofrece una visión deslumbrante y espléndida de la justicia:

> El Espíritu del Señor Dios está sobre mí,
>   porque me ha ungido el Señor.
> Me ha enviado para anunciar buenas nuevas a los pobres,
>   para vendar a los quebrantados de corazón,
> para proclamar libertad a los cautivos,
>   y a los prisioneros apertura de la cárcel;
> para proclamar el año de la buena voluntad del Señor. (Isa. 61:1-2)

Esta es una plataforma asombrosa que culmina con un ferviente compromiso con un año de justicia, muy probablemente el Año del Jubileo descrito en Levítico 25, cuando se condonaban todas las deudas y se restablecía la justicia a los oprimidos. Lo que Jesús proclama en Lucas incluye una línea que en realidad no aparece en Isaías 61. La frase "para poner en libertad a los oprimidos" la importa Jesús de Isaías 58:6 (una magnífica visión del ayuno, no de la comida sino de la injusticia), sin duda para acentuar lo liberador que será el Año del Jubileo para los pobres, los oprimidos y los presos endeudados.

Lo más sorprendente de todo, quizás, es que esta proclamación de liberación para los oprimidos, para los cautivos, para los prisioneros, se llama buenas nuevas:

El Espíritu del Señor está sobre mí,
  porque me ha ungido para anunciar
    buenas nuevas a los pobres. (Lucas 4:18)

Las buenas nuevas que Jesús proclama a los pobres en su sermón programático inicial es la esencia del evangelismo profético.

Jesús también enseña que el reino de Dios es una mesa de banquete festiva, llena de aquellos sacados inesperadamente de las calles: "los pobres, los mancos, los cojos y los ciegos" (Lucas 14:13), que se convertirían para Jesús en el símbolo por excelencia del reino de Dios. Estas eran las personas del reino, los destinatarios de las buenas nuevas, los beneficiarios del evangelismo profético.

Lo que unifica las palabras y acciones de Jesús es un esfuerzo sostenido por liberar a los que sufren, a los oprimidos, a los marginados. Esta resulta ser la esencia del reino de Dios, que es lo que Jesús proclama desde el principio. Sus primeras palabras, registradas en el primer evangelio, hacen esta afirmación: "el reino de Dios se ha acercado" (Marcos 1:15). La oración modelo de Jesús, que enseña a sus discípulos, establece sus parámetros:

Venga tu reino,
sea hecha tu voluntad
  ... *en la tierra* (Mateo 6:10)

A través de los milagros de Jesús, Dios acude concretamente en ayuda de aquellos a quienes nadie más puede ayudar. Cada sanidad es una liberación concreta de algún tipo de opresión: levantar el ostracismo social de un leproso (Mateo 8:1-4; Marcos 1:40-45; Lucas 5:12-15), aliviar las limitaciones económicas de un ciego mendigo (Marcos 10:46-53; Lucas 18:35-43), o eliminar los tabúes religiosos que excluían a una mujer con hemorragia (Mateo 9:20-22; Marcos 5:25-34; Lucas 8:43-48)[223].

Jesús se sitúa en una corriente profético-liberadora que comienza con el éxodo, cuando Dios rescata a los esclavos hebreos del poderoso imperio egipcio. Esta corriente impregna el Antiguo Testamento: en la demanda de justicia que hacen los profetas a los reyes (por ejemplo, Amós 8:6-8; Miq. 6:8); en la preocupación de la literatura sapiencial por los pobres (por ejemplo, Prov. 19:17; 23:10-11); y en la literatura del exilio, en la que los profetas prometen un nuevo éxodo, cuando Dios rescatará a los israelitas exiliados del cautiverio babilónico (por ejemplo, Isa. 43:15-17, 19-20; 48:20-21; 51:9-11; Jer. 16:14-15; Eze. 20:33-39)[224].

Todo esto son buenas nuevas, especialmente para aquellos que no tienen nada que perder, pero no son buenas nuevas para aquellos que tienen mucho que perder. Jesús no renuncia a este compromiso, el cual lo lleva a una crítica y censura apasionadas de los que tienen poder y autoridad. Al igual que los profetas antes que él, Jesús desafía el mal uso de la autoridad. Desafía la autoridad de los sacerdotes volcando las mesas del templo (Marcos 11:15-17). Desafía la autoridad de los fariseos al impugnar lo que él considera un mal uso de su tradición oral (Mat. 5:17-48) y la imposición de cargas pesadas sobre los demás (23:4). Incluso desafía la autoridad del César argumentando que los impuestos se pagan al César, pero que todo el ser se entrega a Dios (Marcos 12:13-17).

Al movilizar simultáneamente a los pobres y confrontar a los ricos, al defender a los oprimidos y censurar a los poderosos, Jesús amenaza con alterar el delicado status quo entre las autoridades religiosas y políticas de la Palestina del primer siglo. Al elevar la dignidad de los pobres y, al mismo tiempo, socavar la autoridad de los líderes, Jesús saca a la luz la injusticia que está arraigada estructuralmente en su sociedad. Su proclamación aparentemente *religiosa* del reino de Dios, por tanto, adquiere un tono *político* alarmante.

Jesús sabía que permanecer en esta corriente profética y adoptar su crítica a los poderosos conduciría al martirio, pues ese había sido el destino de muchos profetas antes que él (Mat. 5:11-12). La visión de los profetas de un Dios que exige justicia como la verdadera forma de adoración, que requiere "misericordia, no sacrificio" (Mat. 9:13; cf. Oseas 6: 6), que llama a los gobernantes a rendir cuentas por su injusticia, ha sido recibida con rechazo. Después de desafiar la autoridad de la élite y ponerse del lado de los impotentes, a Jesús no le queda más que ponerse de su lado en su muerte en la cruz. En consonancia con su vida y ministerio en favor de aquellos que están en la periferia y los márgenes de la sociedad, su crucifixión fuera de los muros de la ciudad no sorprende en absoluto; murió en consonancia con su forma de vivir[225]. La muerte de Jesús fue la culminación de una vida de compromiso, que comenzó en los primeros y infructuosos días de Nazaret, donde afirmó de sí mismo:

El Espíritu del Señor está sobre mí,
porque me ha ungido para anunciar

buenas nuevas a los pobres;
me ha enviado para proclamar libertad a los cautivos
  y vista a los ciegos,
    para poner en libertad a los oprimidos
y para proclamar el año agradable del Señor. (Lucas 4:18-19)

FUNDAMENTOS TEOLÓGICOS

La cristología es un fundamento teológico central para el evangelismo profético, que se centra particularmente en la interpretación de Jesús como Liberador. Este rasgo, como acabamos de ver, tiene sus raíces en la vida del Jesús histórico, tal y como lo retratan los evangelios sinópticos, en los que el advenimiento del reino de Dios cobra protagonismo. Los teólogos que enfatizan a Jesús como Liberador no se limitan a poner como prueba los versículos sobre los pobres, aunque hay muchos entre los cuales elegir. En cambio, reconocen la estructura subyacente de la vida, muerte y resurrección liberadoras de Jesús, a lo que muchos se refieren como una "opción preferencial por los pobres"[226], una opción que se recoge en Filipenses 2:5-7, según la cual Jesús renuncia a la gloria celestial que le corresponde y gasta su energía terrenal como siervo. "Haya en ustedes esta manera de pensar que hubo también en Cristo Jesús", insta Pablo, porque Jesús:

existiendo en forma de Dios,
  él no consideró el ser igual a Dios
  como algo a que aferrarse;
sino que se despojó a sí mismo,

tomando forma de siervo,
haciéndose semejante a los hombres.

Pablo también hizo esta misma afirmación en 2 Corintios 8:9, según la cual Jesús "siendo rico, por amor de ustedes se hizo pobre, para que ustedes con su pobreza fueran enriquecidos".

Otro fundamento teológico para el evangelismo profético es la soteriología, término basado en la palabra griega *soteria*, que típicamente se traduce como "salvación". La palabra *salvación*, entendida la mayoría de las veces en términos de la salvación de una persona en sentido espiritual, es un pobre sustituto del significado bíblico, que abarca bienestar, sanidad y restauración. *Soteria* no se diferencia de la palabra hebrea *shalom*, que denota plenitud y paz. Incluso la palabra en español *salvación* comunica este significado más amplio, ya que incluye el concepto de 'salve' (bálsamo)*. Cuando hice la introducción a la soteriología, la doctrina de la salvación, en mi clase de Introducción a la teología en una universidad cristiana donde enseñaba, bromeé con mis estudiantes preguntándoles: "¿Han sido 'salved' (ungidos con bálsamo)?" en lugar de la pregunta que han escuchado con más frecuencia: "¿Han sido *salvos*?" La inclusión de 'salve' (bálsamo) en la salvación sugiere una gama completa de salud, sanidad, paz y plenitud[227].

La riqueza de la salvación (entendida como algo más que espiritual e individualista) surge en Isaías 52:7. En la Septuaginta, la forma verbal de *evangelismo* (*euangelizo*) aparece dos veces (en cursiva):

estoy presente como floridez sobre los montes;
como plantas del que *anuncia* oída de paz;

152

como el que *anuncia* bienes;
pues oíble haré tu salud [*soterian*],
diciendo a Sión: "Reinará tu Dios"[228].

El evangelista anuncia paz (*Shalom*), una visión de "bienestar social, productividad, creatividad y relaciones armoniosas con el prójimo y el medio ambiente. Esto es posible gracias a un ordenamiento justo de la vida"[229]. El evangelista anuncia la salvación, que en el contexto de Isaías 40-52 incluye la liberación de los exiliados del cautiverio babilónico. El evangelista proclama la restauración de lo que fue destruido y la reconciliación de un pueblo exiliado con Dios, el prójimo y la tierra.

Todo esto es posible, al menos en el futuro, porque Dios reina. Todavía no era una realidad para los exiliados babilónicos, y todavía no es una realidad para nosotros. Puede que el reino de Dios se haya inaugurado en la vida de Jesús, pero todavía está por cumplirse. Esto nos lleva a otra piedra angular teológica del evangelismo profético: la escatología, el estudio del final de la historia humana y la realización plena del reino de Dios.

La escatología es un principio fundamental del evangelismo profético porque en su esencia hay una esperanza inquebrantable en el reino de Dios. El reino de Dios llegó con el nacimiento, vida, muerte y resurrección de Jesús, lo que llevó a los primeros cristianos a experimentar el reino de Dios de manera concreta en medio de ellos. "Dios había actuado con decisión para establecer su reino", escribe el teólogo Billy Abraham. "Los acontecimientos de la nueva era ya estaban en marcha; el reino ya había llegado en Jesucristo; ahora experimentaban la plenitud del Espíritu Santo en sus vidas personales, en su culto corporativo y en su servicio al mundo; y esperaban ansiosamente la llegada completa de la consumación del acto final de Dios, cuando por fin se cumplirían sus propósitos para el cosmos"[230].

En el centro del reino de Dios yace la esperanza. Las buenas nuevas son buenas porque infunden esperanza. El día en que venga el reino de Dios, triunfará decisivamente sobre el orden actual. Derrocará el status quo. Será un reino de justicia, comunidad y salvación: salvación económica, política y espiritual. Traerá "un mundo en el que el propósito creador de Dios finalmente se ha cumplido; donde el hambre, la pobreza, la injusticia, la opresión, el engaño, y finalmente la enfermedad y la muerte misma han sido definitivamente desterradas ... donde el amor de Dios es 'todo y en todos'"[231].

No se trata solamente de la esperanza de una vida eterna, aunque lo es. No es solo la esperanza de una feliz vida después de la muerte, aunque también lo es. La esperanza en el advenimiento del reino de Dios es la esperanza del crecimiento de la misión de Dios en este mundo. Es la esperanza de que se cumpla lo que Jesús comenzó cuando enrolló el pergamino, se lo entregó al ayudante, se sentó y dijo: "Hoy se ha cumplido esta Escritura en los oídos de ustedes". De modo que Dios labora y *co-labora* —colabora— todavía dentro de la historia humana a través de aquellos que se comprometen con una vida alineada con los valores del reino de Dios.

El evangelismo profético tiene lugar, por lo tanto, cuando los seguidores de Jesús continúan haciendo lo que Jesús hizo. Cuando esto sucede, cuando los cristianos "anuncian buenas nuevas a los pobres", "proclaman libertad a los cautivos y vista a los ciegos", "ponen en libertad a los oprimidos" y "proclaman el año agradable del Señor", entonces las buenas nuevas son un recordatorio vívido y auténtico de Jesús, así como un presagio del reino que inauguró.

FUNDAMENTOS HISTÓRICOS

Podríamos "poblar" los siguientes párrafos con una letanía de mujeres y hombres que han defendido un modelo profético de evangelismo. En lugar de ello, nos centraremos en sólo tres, que abrazaron y encarnaron las buenas nuevas del evangelio al combinar la proclamación y la acción en favor de los oprimidos. Son, a la luz de la vida de Jesús, dos caras de la misma moneda: no una moneda guardada en un bolsillo, sino una moneda entregada generosamente a los necesitados.

Durante el Segundo Gran Despertar, un avivamiento religioso en los Estados Unidos que se extendió desde 1790 hasta 1830, Charles Finney (1792-1875) fusionó el avivamiento y la reforma social. En su exitoso libro, *Conferencias sobre avivamientos de religión*, explicó que los avivamientos implican mucho más que aumentar las conversiones; más bien, en obediencia a las enseñanzas de Jesús, los avivamientos deben extenderse hacia la reforma social, especialmente para los más vulnerables. Hace dos siglos, Finney insistió en que la resistencia a la reforma niega el avivamiento: "Los avivamientos se ven obstaculizados cuando los ministerios y las iglesias toman una posición equivocada con respecto a cualquier cuestión relacionada con los derechos humanos"[232]. El tema de los derechos humanos que abordó con vehemencia fue la esclavitud, y achacó la disminución de los avivamientos y "el bajo estado de la religión en la actualidad" a la incapacidad de la iglesia estadounidense para condenar la esclavitud[233]. El impacto de los avivamientos de Finney en la reforma social es evidente en la manera en que las comunidades votaban después del avivamiento de Finney; las comunidades típicamente aumentaban su apoyo a los partidos políticos antiesclavistas[234].

Finney aportó una fusión de avivamiento y reforma social al *Oberlin College*, comenzando en 1835, cuando aceptó un puesto de enseñanza como el primer profesor de teología de la universidad; más tarde se desempeñó como presidente de 1851 a 1866. Finney y otros defensores de ideas afines crearon un insólito centro de reforma social en la zona rural del norte de Ohio. Oberlin fue la primera universidad mixta del mundo, y una de sus alumnas, Antoinette Brown (1825-1921), fue la primera mujer ordenada en los Estados Unidos. Los estudiantes afroamericanos se integraron en el cuerpo estudiantil, y la universidad fue una de las principales estaciones del Ferrocarril Subterráneo, por el cual los esclavos fugitivos escapaban hacia la libertad en Canadá. El historiador Mark Noll afirma de Finney que "más que cualquier otra persona de su época, logró unir la religión evangélica y la reforma social"[235].

Avancemos más de un siglo hasta llegar a John Perkins (1930-), cuya obra de toda una vida une el evangelismo y la justicia social. Nacido en una familia de parceleros de Misisipi, Perkins experimentó una infancia de desventajas económicas y educativas. Como resultado, dejó la escuela antes de terminar el ter-

cer grado. Después de que un alguacil blanco dispara-
ra y matara a su hermano, un veterano condecorado
de la Segunda Guerra Mundial, Perkins abandonó Misisipi y juró no volver nunca al sur. Pero su conversión religiosa cambió todo esto: "Me fui de Misisipi
con odio en mi corazón. Dios me trajo de regreso con
un corazón rebosante de su amor. Me había reconci-
liado con Cristo y él me preparó para regresar a Misisipi a reconciliarme con mis hermanos y hermanas
blancos"[236]. De regreso en Misisipi, predicó el evangelio y trabajó por la justicia social abogando por el registro de votantes, la eliminación de la segregación
escolar y los boicots económicos a las tiendas propiedad de blancos. Luego, el 7 de febrero de 1970, policías blancos arrestaron a Perkins y lo torturaron casi
hasta la muerte. Sorprendentemente, salió de esa horrible experiencia con un compromiso aún más profundo con todo el evangelio, un compromiso del que
su hijo dio un amplio testimonio en el párrafo inicial
de este capítulo. Este legado continúa en la Fundación John & Vera Mae Perkins, cuya misión "es difundir el evangelio integral de Jesucristo que transforma vidas y comunidades"[237].

Perkins fue uno de los dos afroamericanos que
participó en una conferencia de fin de semana de Acción de Gracias en 1973, en la que los participantes
trataron de fortalecer la preocupación social de los
evangélicos estadounidenses. El resultado de la conferencia fue un documento innovador, *"The Chicago Declaration of Evangelical Concern"* (La Declaración de
Chicago sobre las Preocupaciones Sociales Evangéli-
cas), que anunciaba la necesidad de que los cristianos
se arrepientan de su capitulación ante las injusticias,
incluidos el racismo, el sexismo, el materialismo y el

militarismo. Estas preocupaciones no emanan de un *nuevo* evangelio, afirmaban los autores de este documento, sino del "evangelio de nuestro Señor Jesucristo que, mediante el poder del Espíritu Santo, libera a las personas del pecado para que puedan alabar a Dios mediante obras de justicia"[238]. *Evangelicals for Social Action* (Evangélicos para la acción social), una organización fundada por Ron Sider, también surgió de la conferencia y continúa hoy promoviendo "una expresión holística de la fe cristiana, motivada por el deseo de vivir plenamente en la esperanza de reconciliación, plenitud y restauración prometidos por todo el evangelio"[239].

Si bien muchas otras personas podrían incluirse en una larga lista de aquellos que discernieron un vínculo indispensable, en lugar de una disonancia, entre el evangelismo y la justicia social, otra persona notable que instó a la iglesia estadounidense a adoptar el modelo de evangelismo profético fue Orlando Costas (1942-1987). Nacido en Puerto Rico, Costas emigró a los Estados Unidos con su familia a la edad de doce años. Afirmaría que tres conversiones posteriores proporcionaron el marco para su adopción del evangelismo profético. Durante la Cruzada de Billy Graham en Nueva York en 1957, Costas experimentó una conversión religiosa a través de la cual encontró estabilidad durante una época turbulenta de su adolescencia, cuando vivía en un vecindario empobrecido. Más tarde regresó a Puerto Rico para pastorear una iglesia local, y allí experimentó una segunda conversión al descubrir sus raíces culturales latinoamericanas. "En Puerto Rico pude entender que el hijo de Dios no solo tenía una identidad judía (Jesús de Nazaret) sino una puertorriqueña y latinoamericana (el

Cristo de la América Morena). A partir de este momento, mi experiencia cultural me dio una nueva comprensión cristológica"[240].

Su tercera conversión, una "conversión al mundo", sucedió a través de su activismo social y político con una congregación de habla hispana que pastoreaba en Milwaukee[241]. A partir de estas tres conversiones —a Cristo, a Cristo en sus raíces y a Cristo en el mundo— y hasta su prematura muerte en sus años cuarenta, Costas alzó una voz implacablemente profética, llamando a las iglesias norteamericanas a acoger el evangelismo profético: "Estoy sinceramente convencido de que ... una vez que sus iglesias comiencen a seguir los pasos de las iglesias minoritarias y apliquen su modelo de evangelización a la situación concreta de la sociedad en general, habrá una transformación en la vida personal y colectiva de mujeres, hombres y niños como nunca se ha conocido en los Estados Unidos"[242].

FUNDAMENTOS PRÁCTICOS

Aunque todos los modelos de este libro tienen fundamentos prácticos, ninguno es más exigente y menos indulgente que el evangelismo profético, arraigado como está en las palabras y hechos de Jesús que anuncian y hacen visible el reino de Dios.

1. Conoce el contexto

El evangelismo profético empieza por conocer el contexto. El evangelismo de cualquier tipo, en cualquier modelo, implica relacionarse con personas reales, personas de carne y hueso que viven en un contexto particular. No son objetivos sin rostro en un vacío universal o abstracto; son personas que tienen un nombre, una historia, que viven en un contexto que las moldea indeleblemente. Los evangelistas evangelizan mejor cuando conocen el contexto, sus sistemas de valores, las ideologías predominantes, la cultura, los problemas y cuestiones prevalecientes y las realidades políticas y económicas.

Para el evangelismo profético, el contexto con el que debemos familiarizarnos es específico: los márgenes y quienes viven allí. Jesús predicó buenas nuevas a los pobres, a los cautivos, a los presos. Lo mismo hacen los evangelistas proféticos. ¿Y quiénes son los pobres, los cautivos y los prisioneros de hoy? Las minorías raciales. Los pueblos indígenas. Los desempleados. Los refugiados. Los solicitantes de asilo. Las personas LGBTQ +. Los inmigrantes indocumentados. Los presos. Aquí, en la periferia, el mensaje del reino de Dios como paz, justicia y liberación significa algo concreto, algo literal, algo ineludiblemente social, económico y político. No es por ello menos espiritual; es espiritualidad incrustada en contextos de la vida real, en estructuras opresivas reales, en ciclos de pobreza aparentemente ineludibles. Como escribe Costas, "cuando el evangelio hace 'alguien' de quienes son 'nadie' en la sociedad, cuando restaura la autoestima de los marginados, cuando permite a los oprimidos tener una razón para la esperanza, cuando capacita a los pobres para luchar y sufrir por la liberación y la paz, es cuando verdaderamente es una buena nueva de un nuevo orden de vida: el poder salvador de Dios (Rom. 1:16)"[243].

John Perkins es incluso más concreto cuando llama a los cristianos a evangelizar este contexto al trasladarse allí, entre personas pobres o marginadas. Perkins defiende la reubicación, que implica precisamente lo que parece: convertirse en prójimo de los pobres viviendo en medio de ellos. Perkins apunta a la encarnación de Jesús, quien consideró la igualdad con Dios como nada con el fin de hacerse esclavo (Fil. 2:7), como el paradigma de esta reubicación. Perkins dice: "Reubicamos nuestros cuerpos y nuestros corazones con aquellos que no gozan de derechos humanos, porque eso es lo que hizo Jesús"[244]. Qué mejor manera de conocer el contexto que viviendo en él.

2. Anuncie las buenas nuevas

Las buenas nuevas es que la salvación de Dios, puesta a disposición de todos a través de la vida, muerte y resurrección de Jesucristo, tiene un alcance holístico, incluso cósmico. Jesús reconcilió con Dios "todas las cosas ... . las que están en los cielos como las que están en la tierra" (Efesios 1:10). *Todas las cosas* incluyen personas, poderes y estructuras, e incluso la naturaleza. Según la visión de los profetas de Israel, una visión adoptada por Jesús, nada queda fuera del ámbito del reino de Dios. Nada. Ni siquiera el mundo tal como es, con su pobreza y desesperanza, sus exclusiones e injusticias. *Todas las cosas* incluyen también estas, que pueden, en el ámbito de las buenas nuevas, ser reconciliadas.

Además, las buenas nuevas dan a conocer que el poder salvador de Dios por medio de Jesucristo es para siempre, aquí y ahora, y en la era de Dios por venir. Es un anuncio lleno de esperanza para hoy, para mañana y para el futuro que el reino de Dios establecerá plenamente. Para los desesperanzados, este anuncio imagina la inevitabilidad de una reversión venidera del presente orden maligno. Proclama la sustitución de la injusticia actual por la justicia, la opresión actual por la liberación, la pobreza actual por la abundancia, la alienación actual por la comunidad y la muerte actual por la vida. Acoge la visión bíblica de una encarnación completa, rica y real de las buenas nuevas.

Estas son las buenas nuevas de Jesucristo: la seguridad de que un día no habrá ni judío ni griego, ni esclavo ni libre, ni varón ni mujer (Gálatas 3:28); cuando "el lobo habitará con el cordero", "el leopardo se recostará con el cabrito", "el león comerá paja como el buey", y "la tierra estará llena del conocimiento del Señor, como las aguas cubren el mar" (Isaías 11:6-9); cuando todos conocerán a Dios, "desde el más pequeño … hasta el más grande" (Jer. 31:34); cuando el derecho "corra como agua, y la justicia como arroyo permanente" (Amós 5:24); cuando no haya más sonido de llanto, ni clamor de angustia; cuando todos los niños vivan más allá de la infancia y todas las personas mayores vivan hasta el final sus días; cuando los que construyen casas habitarán en ellas, y no las poseerán otros; cuando los que plantan viñas coman de ellas, y no se las quiten otros (Isaías 65:19-25)[245].

3. Denuncie las malas nuevas

Este elemento del evangelismo profético es extremadamente difícil, ya que el evangelista denuncia el pecado como la raíz de toda injusticia, tanto en el individuo como en las estructuras sociales inequitativas.

El enfoque tradicional de la denuncia del pecado como parte del mensaje del evangelio se ha restringido a la participación de una persona en actividades consideradas ilícitas, como la bebida, el fumado, los juegos de azar, las relaciones sexuales extramatrimoniales, etc. Los evangelistas proféticos no evitan denunciar los pecados individuales, aunque esos pecados constituyan una lista diferente a la anterior. También subrayan que el evangelio integral exige una denuncia del pecado estructural, como el racismo, el sexismo, la explotación económica y la capitulación ante las estructuras que sirven al status quo. A medida que los evangelistas se involucran más en los márgenes, aprenden de primera mano qué instituciones y agentes de poder se benefician de mantener a las personas en condiciones injustas, y los denuncian. Noel Castellanos escribe: "Es entonces cuando hay que identificar y enfrentar la injusticia. Podríamos descubrir esta injusticia en nuestro gobierno, o en las escuelas, o en las fuerzas policiales, o incluso en las iglesias; ninguna institución es inmune a la injusticia"[246].

¿Cómo podría ser de otra manera cuando Jesús predicó las buenas nuevas a los pobres, a los cautivos, a los oprimidos, a los prisioneros, y exigió que quienes lo siguieran entregaran todas sus posesiones a los pobres? Reconoció que el afán de prestigio y la atracción por el poder y la riqueza eran pecados que hacían imposible — o casi imposible— seguirlo. Jesús predicó las buenas nuevas a los ricos al denunciar las riquezas que les impedían ser discípulos. Considere las muchas veces que Jesús llamó a sus seguidores a deprenderse, regalar, prestar sin esperar nada y, a cambio, vivir sin un lugar donde recostar la cabeza. Anunciación y denuncia se acompañan en la proclamación de un evangelio holístico.

4. Llame a la conversión

Como muchas otras cosas en este modelo de evangelismo, la conversión es completa; incluye la transformación individual en el sentido de alejarse de uno
mismo y dirigirse hacia Dios, y volverse hacia el prójimo. La conversión es bidireccional: cambia tanto la
relación vertical (con Dios) como la relación horizontal (con el prójimo). En el evangelismo profético, este
doble movimiento ocurre cuando un nuevo creyente
se vuelve simultáneamente hacia Dios y al prójimo.
Cuando una persona recibe el amor de Dios y, a su
vez, actúa para hacer del prójimo un hermano o hermana, esto se denomina como el "don de filiación".
Cuanto más ejerce una persona el "don de filiación",
más recibe el amor de Dios; cuanto más una persona
recibe el amor de Dios, más ama a su prójimo[247].

La ilustración bíblica por excelencia de esta doble
conversión es Zaqueo, cuya historia señala el final del
largo viaje de Jesús por Samaria hasta Jerusalén (Lucas
19:1-10). En este viaje, Lucas incluye muchas historias
de pobreza y riqueza que ocurren solo en su evangelio, incluida la inquietante parábola del hombre rico y
Lázaro, en la que el hombre pobre, Lázaro, murió y
fue a estar en el seno de Abraham por ninguna otra
razón que la de haber sido pobre, oprimido e ignora-
do durante su vida terrenal (16:19-31). Zaqueo modificó toda su vida y cambió todas sus prioridades, incluidas las económicas, porque se encontró con Jesús.
Su conversión fue total: personal, social, económica y
religiosa. Implicó, también, un giro simultáneo hacia
Dios y hacia el prójimo: se encontró con Jesús e inmediatamente ofreció dar la mitad de su dinero y re-
embolsar a los que había engañado. No es de extrañar

que Jesús respondiera tan magnánimamente como lo hizo cuando proclamó: "Hoy ha venido la salvación [*soteria*] a esta casa, por cuanto [Zaqueo] también es hijo de Abraham" (19:9). La corrección de las relaciones económicas y sociales de Zaqueo con sus prójimos, su cambio de prioridades y su integración en el pueblo de Dios, fue lo que Jesús llamó salvación.

Regreso a John Perkins para concluir esta sección sobre el tipo de conversión que proclama un evangelista profético. Además de la reubicación, Perkins también defiende la reconciliación con Dios y el prójimo, pero con un giro. Este tipo de reconciliación no es solo algo que un evangelista proclama a los inconversos. Este tipo de reconciliación debe comenzar en el cuerpo de Cristo entre creyentes que son diferentes entre sí, particularmente en lo que respecta a la raza: "Para hacer la obra de reconciliación, entonces, debemos comenzar por ser una comunidad reconciliada … Debemos modelar el tipo de relación a la que queremos invitar a otros. Nuestro amor mutuo da credibilidad y poder a nuestro testimonio"[248].

En contraste con la estrategia del principio de unidades homogéneas del evangelismo de iglecrecimiento, Perkins anima a plantar una iglesia *multirracial*. Adopta la estrategia de plantación de iglesias madrehija discutida en el capítulo anterior; sin embargo, en su escenario, la iglesia madre encarga a un equipo ministerial heterogéneo que se traslade a un vecindario pobre y comience una iglesia allí. La iglesia hija, multirracial desde el principio, invita a los buscadores a reconciliarse con Dios y el prójimo en medio de una comunión reconciliada. La esperanza es que, junto con los nuevos creyentes que comprenden la plenitud de la reconciliación, la iglesia madre aprenda de su vástago y siga su ejemplo, incluso mientras le brinda su sostén.

5. Practique las buenas nuevas

Es esencial actuar para que las buenas nuevas sean una realidad para quienes necesitan verlas y recibirlas. Las acciones efectivas concretan el anuncio. Estas acciones, incluso las que se presentan en este capítulo, cubren una amplia gama de preocupaciones. Un evangelista profético puede defender los derechos humanos (Finney), denunciar el racismo (Perkins), trabajar por oportunidades económicas y educativas para los pobres (Perkins) y organizarse políticamente (Costas), por nombrar solo los énfasis de los tres evangelistas proféticos destacados en este capítulo. Las acciones efectivas también pueden incluir la construcción de un pozo, enseñar a alfabetizar adultos o la plantación de árboles[249]. Las acciones efectivas pueden incluir la eliminación de la discriminación mediante el trabajo y la adoración junto a personas de otras razas, compartiendo generosamente los recursos y actuando con compasión hacia quienes sufren.

Algunos podrían interpretar este paso en el evangelismo profético como una confirmación de la famosa frase de San Francisco (que muchos eruditos creen que nunca pronunció): "Predica el evangelio en todo momento; cuando sea necesario, usa palabras"[250]. Este adagio es citado a menudo por quienes se resisten al evangelismo verbal. Sin embargo, aunque no es difícil comprender por qué la gente se eriza ante la idea de la proclamación verbal, ni las palabras atribuidas a San Francisco ni los proponentes del evangelismo profético sugieren el uso de hechos en lugar de palabras. Se trata de una falsa dicotomía. "Las palabras son mucho más necesarias de lo que esta cita [atribuida a San Francisco] nos hace creer. La fe cristiana no existiría —no puede existir— sin palabras. Son la forma en que la religión produce su progenie"[251]. La proclamación pronuncia las buenas nuevas, mientras que la obra hace que las buenas nuevas se conviertan en realidad de manera tangible. Piense en un padre que le dice "te amo" a un hijo mientras le da un abrazo, un beso o algún gesto cariñoso que acompaña a sus palabras; los dos en concierto, palabra y gesto, magnifican el poder del otro[252]. Es, de hecho, esta rica simbiosis entre palabra y obra lo que hace que el evangelismo profético sea tan convincente y tan desafiante.

VALORACIÓN

La fuerza impulsora del evangelismo profético es un esfuerzo total por ser holístico en su alcance. Si bien es fácil introducir dicotomías engañosas en nuestra perspectiva —espiritual versus material, religioso versus político, personal versus social, obra versus palabra— los evangelistas proféticos las repudian. Un acercamiento horizontal hacia el prójimo se une con un acercamiento vertical hacia Dios. La decisión espiritual de seguir a Jesús, el Mesías, el Liberador, el inaugurador del reino de Dios, también es una decisión política. Además, el compromiso individual está autenticado por el esfuerzo de ese cristiano por erradicar el pecado estructural —pecado que trasciende y atrapa a los individuos— y por crear un mundo que refleje la autoridad y equidad del reino de Dios.

"Venga tu reino, hágase tu voluntad" se eleva por encima de todas las dicotomías.

Los evangelistas proféticos no ofrecen ninguna panacea, ninguna esperanza para el cielo que pase por alto el arduo trabajo del reino de Dios en la tierra. No permiten una entrada fácil en la fe, dejando de lado las demandas del discipulado hasta algún momento posterior en aras de atraer ahora al mayor número de personas como sea posible. El mensaje que proclaman —e intentan promulgar y encarnar— es horizontal, político y estructural desde el principio, porque las personas a las que proclaman las buenas nuevas, y los mismos evangelistas, están inmersos en relaciones sociales quebrantadas, en estructuras políticas que sirven al statu quo, y en estructuras que, invariablemente, sin la presión que ejerce el reino de Dios, se inclinan a favor de los ricos y poderosos.

Los críticos del evangelismo profético a menudo expresan la preocupación de que el evangelismo vuelva a la acción social, que las palabras cedan a los hechos, que el llamamiento a las personas sea suplantado por una apelación al cambio de estructuras. Les preocupa, en resumen, que el evangelismo profético no sea más que un regreso al evangelio social de principios del siglo XX y que el simple mensaje de fe en Jesucristo se vea colmado por demasiada carga accesoria, incluso perjudicial, para este llamamiento directo[253].

¿Es el evangelismo profético demasiado abrumador y multifacético?

Proclamar el evangelio integral y actuar para hacerlo realidad puede parecer imposible, a menos que uno sea Richard Stearns, quien dirigió durante veinte años Visión Mundial, una organización internacional de ayuda cristiana. Stearns, aunque conoce la dura realidad de la ayuda cristiana, todavía puede hablar y actuar prestando atención al evangelio integral. "Proclamar el evangelio integral", sostiene Stearns, "significa mucho más que evangelizar con la esperanza de que la gente escuche y responda a las buenas nuevas de salvación por la fe en Cristo. También incluye la compasión tangible por los enfermos y los pobres, así como la justicia bíblica, los esfuerzos para corregir los errores que tanto abundan en nuestro mundo. Dios se preocupa por las dimensiones espirituales, físicas y sociales de nuestro ser. Este evangelio integral es realmente una buena nueva para los pobres y es la base de una revolución social que tiene el poder de cambiar el mundo"[251]. Stearns, junto con Finney, Costas y Perkins, cuenta la historia del evangelio con palabras que amplifican hechos y hechos que autentican palabras.

La mayoría de nosotros, sin embargo, no estamos entre este grupo de héroes del evangelismo profético. Para nosotros es esencial priorizar; con trabajos y familias e incluso iglesias que nos preocupan, sólo podemos enfocarnos en una o dos cosas a la vez. El evangelismo profético es un desafío enorme, y es fácil responder a la dificultad adoptando un modelo dualista de evangelismo: ya sea proclamando el evangelio o trabajando por la justicia. Incluso con el deseo de equilibrar ambos, es extremadamente difícil concebir cómo luce en la práctica.

Quizás el mejor consejo que se puede dar aquí es no hacerlo solos. Una mejor alternativa es buscar otras personas en una iglesia o grupo pequeño que

estén comprometidas a abordar a otros con el evangelio integral. También existen redes nacionales e internacionales de las que se puede aprender y con las que
es posible involucrarse, como *Evangelicals for Social Action* (ESA)[255]. La visión de ESA comienza aquí: "Vi-
sualizamos una nueva generación de la iglesia comprometida con una expresión holística de la fe cristiana, motivada por el deseo de vivir plenamente en la
esperanza de reconciliación, plenitud y restauración
prometida por el evangelio integral"[256]. Una nueva
generación de líderes de iglesia ha acogido esta visión,
personas como Shane Claiborne, quien identifica a
John Perkins como el catalizador de su propia visión.
Claiborne, fundador de la comunidad intencional *Simple Way* (ubicada en Filadelfia), escribe: "Papa John ha
engendrado una familia espiritual heterogénea y dis-
funcional tan diversa como el reino de Dios"[257].

Es importante darse cuenta, también, que este
modelo puede combinarse fácilmente con otros modelos de evangelización mencionados en este libro,
especialmente aquellos que se enfocan más en la palabra hablada —personal, de visitación y de grupos pequeños, por ejemplo— para que las palabras no se
pierdan en los hechos. Esto se podría hacer con una
encuesta de vecindario, que muchos defensores del
evangelismo de visitación han desarrollado. Harvie
Conn pregunta simplemente: "¿Qué tal una encuesta
evangelística para nuestros vecindarios que comience
preguntando: '¿Qué cree usted que debería hacer la
iglesia en esta comunidad para ayudar a la gente?'?"[258]
No se trata exactamente de construir un centro comunitario, pero es un comienzo.

¿Cómo discernimos el reino de Dios en el mundo?

Dado que el reino de Dios es fundamental para el evangelismo profético, es esencial preguntarse cómo discernir las señales del reino en el mundo. De entrada, este es un mandato difícil, ya que es fácil alinear la actividad de Dios en el mundo con la propia agenda política, económica, social o incluso religiosa. Algunas personas en los Estados Unidos consideran señales del reino de Dios a la atención de los inmigrantes indocumentados y los subsidios para los marginados, como en la plataforma del Partido Demócrata. Otros consideran señales del reino de Dios a las prohibiciones contra el aborto o el firme compromiso con el matrimonio entre un hombre y una mujer, elementos básicos de la plataforma del Partido Republicano. Como escribe Abraham: "La iglesia moderna en Occidente tiene una buena cantidad de ideólogos tanto de izquierda como de derecha que anuncian sus convicciones políticas en nombre del gobierno de Dios"[259]. ¿Cómo puede el evangelismo profético no verse completamente abrumado por agendas políticas o de otro tipo? Este mandato es una tarea difícil, que sólo puede cumplirse mediante el ejercicio de extrema humildad y precaución. Aquellos que se dedican a la evangelización profética deben "ejercer el tipo de modestia intelectual y espiritual que corresponde a quienes aún ven a través de un cristal oscuro"[260].

Una forma de cultivar la humildad es reunirse en una comunidad cristiana con personas que no se alinean natural o completamente con su perspectiva sobre cómo y dónde está Dios obrando en el mundo. Juan Wesley recomendaba tal enfoque. Instaba a sus seguidores a que leyeran la Biblia en conferencia con otros; en otras palabras, promovía un enfoque comunitario del estudio bíblico para complementar el propio estudio personal. Además, aconsejaba que la lectura de la Biblia en conferencia con otras personas se caracterizara por "un espíritu de apertura al diálogo". El propio Wesley invitó a cualquiera que "creyera que él presentaba lecturas erróneas de la Biblia en sus *Sermones* [la colección escrita de sus sermones predicados] a ponerse en contacto con él, para que pudieran conversar juntos sobre las Escrituras"[261]. Imagínese lo que este enfoque abierto al diálogo para el estudio de la Biblia podría iniciar en las congregaciones — también en denominaciones enteras— actualmente divididas sobre una serie de temas, desde la homosexualidad hasta el aborto, desde la inmigración hasta el control de armas. Estudiar la Biblia juntos proporciona una plataforma para discernir la obra de Dios en el mundo y trabajar juntos por encima de las diferencias.

¿Cuál es el papel del Espíritu Santo en el evangelismo profético?

El evangelismo profético es totalmente cristológico. Como hemos visto, las enseñanzas y acciones de Jesús en favor del reino de Dios, sus preferencias por los pobres y su condena de las autoridades e instituciones corruptas están profundamente arraigadas en este modelo. Sin embargo, se ha argumentado que este énfasis en la cristología ha eclipsado el interés por el Espíritu Santo. Orlando Costas planteó esta preocupación ya en la década de 1970; lamentó que el evangelismo sufre cuando se pasa por alto al Espíritu Santo. En cambio, insistió en que el Espíritu

Santo debe entenderse como activo en el evangelismo, desde el primer atisbo de fe en una persona, hasta el empoderamiento de la obra de transformación en el mundo. Señaló cuatro áreas donde la presencia del Espíritu puede efectivamente empoderar el evangelismo profético:

• El Espíritu es el testigo fundamental de la importancia de Jesús.
• El Espíritu convence a las personas de su pecado e injusticia y de su necesidad de reconciliación en el reino de Dios.
• El Espíritu anticipa el futuro de la nueva vida en el reino de Dios.
• El Espíritu convierte la vida nueva en signos de esperanza para el mundo[262].

Los evangelistas proféticos están involucrados en un trabajo abrumador que exige una reorientación de las personas y una transformación de las estructuras de una manera liberadora y que se alinee con el reino de Dios. Esta labor, sin duda, encontrará resistencia no sólo por parte de las personas, sino también por la intransigencia de los principados y potestades de este mundo, que no renuncian fácilmente a su dominio. Para mantener la postura profética necesaria para esta obra, los evangelistas deben confiar constantemente, a diario, en el poder, la seguridad, la creatividad y los dones del Espíritu Santo. Necesitarán que el Espíritu Santo dirija, guíe y empodere sus palabras y acciones, tanto como aquellos que reciben el mensaje necesitan el impulso y la llenura del Espíritu Santo.

PREGUNTAS DE REFLEXIÓN

• ¿Cómo valoraría usted el evangelismo profético?
• ¿Qué significa para usted la frase "evangelio integral"?
• He citado varios ejemplos de evangelistas proféticos. ¿A quién añadiría usted a la lista?
• "Predica el evangelio en todo momento; cuando sea necesario, use palabras". ¿Cuál es su reacción ante esta cita tan frecuente?
• ¿Qué otro modelo complementa mejor el evangelismo profético? ¿Por qué?

Siete
AVIVAMIENTO O CAMPAÑA

"¡Ustedes son parte de la historia evangelística de los Estados Unidos!" —exclamó el joven con la boca bien abierta y los dientes blancos relucientes. Vestido de negro —chaqueta de cuero y *jeans* ajustados, con la insinuación de un tatuaje saliendo de su camiseta— dio la bienvenida a las cien mil personas reunidas en el *AT&T Stadium* en las afueras de Dallas, a los participantes de la transmisión en vivo reunidos en seis mil sitios anfitriones en los cincuenta estados, a una audiencia de televisión y a una audiencia de radio que escuchaba en seiscientas estaciones en todo el país. En una calurosa noche de agosto en Texas, el escenario central del estadio no contó con los *Dallas Cowboys*. Esa noche se celebraba una animada concentración de otro tipo: una campaña. *Harvest America*, el nombre de la campaña para esa noche, presentó un artista cristiano de primer nivel tras otro: Chris Tomlin, Mercy Me, Lecrae, Switchfoot y el predicador evangelista Greg Laurie. *Harvest America* fue una respuesta a las oraciones de 750 iglesias del área metropolitana de Dallas-Ft. Worth, cuyos fieles asistentes ofrecieron suficiente dinero, oración y apoyo voluntario para llevar a cabo este espectacular ejemplo del modelo de evangelismo de avivamiento o campaña. Y el legado de noches como esta continuaría mucho más allá de este evento. Gracias a la internet , las campañas de *Harvest America* siguen siendo accesibles en YouTube, donde continúan impulsando la conversión de las personas que las ven en línea[263].

Se cree que el gran autor de obras estadounidenses, Mark Twain, dijo: "Los informes sobre mi muerte son

muy exagerados". Lo mismo puede decirse de los avivamientos o campañas. Después de la muerte del predicador evangelista Dwight L. Moody en 1899 en vís-
peras del milenio, un ministro bromeó: "Los avivamientos o campañas a la antigua son cosa del pasado.
La gente de este país que todavía es joven no tendrá
nada de eso"[264]. Varias décadas más tarde, William
Warren Sweet (conocido como "el decano de los his-
toriadores de la iglesia"), profesor de la Universidad
Wesleyana de Ohio, la Universidad DePauw y la Universidad de Chicago, escribió en el prefacio de su libro sobre el avivamiento: "De una cosa podemos estar razonablemente seguros, y es que el viejo tipo de
campaña nunca más volverá a satisfacer las necesidades religiosas de Estados Unidos, como lo hizo una
vez"[265]. *Harvest America* (Cosecha Estados Unidos)
desmiente esta predicción. Puede que lleven camisetas
y *jeans* ajustados, pero las campañas no han muerto. Sin
embargo, William Warren Sweet sí lo está; murió el 3
de enero de 1959 en Dallas, donde *Harvest America*
(Cosecha Estados Unidos), casi sesenta años después,
reuniría a cientos de miles de personas física y virtualmente para una campaña de proporciones épicas.

Los avivamientos o campañas han confundido a
sus críticos y continúan con fuerza hasta el día de hoy
como un fenómeno especialmente de la religión
estadounidense, no solo porque han sido
reempaquetadas (aunque no reajustadas), sino
también porque son las beneficiarias de un icono del
avivamiento. Durante más de una generación, Billy
Graham, el predicador evangelista por excelencia,
dominó, expresando su integridad con una moral
privada impecable y una intachable rendición de cuentas financiera, mientras que al mismo tiempo ejercía

su considerable influencia en las esferas pública y religiosa. Si bien los avivamientos o campañas todavía tienen sus defensores y detractores, nadie puede dudar que perduran como modelo de evangelismo.

FUNDAMENTOS BÍBLICOS

El verbo hebreo *jayah* se traduce fácilmente al español como "revivir" y aparece en el Salmo 85:6 en el clamor quejumbroso para que Dios reavive a su pueblo. "¿No volverás a darnos vida de modo que tu pueblo se alegre en ti?", suplica el poeta[266]. En los versículos anteriores, el salmista comienza recordando el favor de Dios hacia su pueblo, que de repente se convierte en furor, ira y disgusto (vv. 3-5). El salmista luego le pregunta a Dios: "¿No volverás a darnos vida de modo que tu pueblo se alegre en ti?" Dios es el sujeto del verbo *revivir* (dar vida), que puede significar "revigorizar con vida fresca"[267]. Los beneficiarios, si Dios decide revivirlos, son colectivamente el pueblo de Israel. Israel, sabe el salmista, necesita una nueva vida, una revitalización.

Los proponentes del modelo de evangelismo de avivamiento o campaña a menudo recurren al libro de los Hechos en busca de precedentes. En esta narrativa de la iglesia primitiva, el derramamiento del Espíritu Santo coincide con la predicación evangelística y un gran número de conversiones. Durante la fiesta judía de Pentecostés, el derramamiento del Espíritu se presenta con teofanías —manifestaciones divinas— de sonido y vista (Hch. 2:1-4). Una fluidez milagrosa impulsada por el Espíritu inspira a los primeros seguidores de Jesús a comunicar los hechos loables de Dios a una multitud de diferentes grupos étnicos. Quienes escuchan y entienden el mensaje son "partos, medos, elamitas; habitantes de Mesopotamia, de Judea y de Capadocia, del Ponto y de Asia, de Frigia y de Panfilia, de Egipto y las regiones de Libia más allá de Cirene, y forasteros romanos ... cretenses y árabes" (vv. 9-11). Se asombraron: "¿no son galileos todos estos que hablan? ¿Cómo, pues, oímos nosotros cada uno en nuestro idioma en que nacimos?" (vv. 7-8). Para los proponentes de este modelo, este es el nacimiento de los avivamientos o campañas: un espectáculo de proporciones descomunales impulsado por el Espíritu, coreografiado para predicar las buenas nuevas de Jesucristo a una colectividad de oyentes —multiculturales, multiétnicos, multilingües— que se maravillan tanto de lo que escuchan como de la manera en que lo escuchan. Entonces Pedro se pone de pie y predica a esta multitud (vv. 14-36) y cita Joel 2:28-29, un texto profético que anuncia que Dios "derramará [su] espíritu sobre toda carne": hijos e hijas, ancianos y jóvenes, siervos y siervas. Aquí, el Espíritu Santo asegura que el mensaje de las obras poderosas de Dios esté disponible para todos.

Este patrón continúa a lo largo de la primera mitad del libro de los Hechos. Más tarde en Jerusalén, Pedro, estando en juicio, es "lleno del Espíritu Santo" y guiado a predicar un discurso convincente, que incluye una cita del Salmo 118 y la conclusión prominente: "en ningún otro hay salvación, porque no hay otro nombre debajo el cielo, dado a los hombres, en que podamos ser salvos" (Hechos 4:12). Esto provoca una respuesta de asombro: "Y viendo la valentía de Pedro y de Juan, y teniendo en cuenta que eran hombres sin letras e indoctos, se asombraban y reconocían que habían estado con Jesús" (4:12). Pedro no está solo en esa valentía. Más tarde, pero todavía en Jerusalén, toda la comunidad de los seguidores de Jesús es "llena del Espíritu Santo y hablaban la palabra de Dios con valentía" (v. 31).

Otra gran cosecha ocurre, no en Jerusalén, sino a unas setenta millas de distancia, en una ciudad costera llamada Cesarea, en la casa de un gentil que simpatiza con el judaísmo. Invitado a la casa de Cornelio después de recibir una visión y ser instruido para no distinguir entre alimentos limpios e inmundos, Pedro viaja a Cesarea. Mientras todavía hablaba con los amigos y la familia de Cornelio, "el Espíritu Santo [cae] sobre todos los que oían la palabra" (Hechos 10:44). La palabra *todos* en esta oración es significativa, ya que incluye, por primera vez, a los gentiles que no comparten los tabúes y prácticas de los judíos.

Este evento lo cambia todo para la iglesia primitiva. Cuando llega el momento de que la iglesia en Jerusalén debe decidir si circuncidar o no a los varones gentiles seguidores de Jesús, Pedro apela a esta experiencia para decir que la iglesia no debería exigir la circuncisión. Pedro se pone de pie en el concilio y recuerda: "Y Dios, que conoce los corazones, dio testimonio a favor de ellos al darles el Espíritu Santo igual que a nosotros, y no hizo ninguna diferencia entre nosotros y ellos, ya que purificó por la fe sus corazones. Ahora pues, ¿por qué ponen a prueba a Dios, colocando sobre el cuello de los discípulos un yugo que ni nuestros padres ni nosotros hemos podido llevar? Más bien, nosotros creemos que somos salvos por la gracia del Señor Jesús, del mismo modo que ellos" (Hechos 15:8-11). La frase "igual que a nosotros" es reveladora porque conecta el derramamiento

179

del Espíritu sobre los gentiles con el derramamiento inicial del Espíritu en Pentecostés. Incluso se podría llamar a esto la segunda gran cosecha en el libro de los Hechos; incluso el lenguaje de Pedro parece abiertamente de predicador evangelista, con frases como "purificó por la fe sus corazones" y "salvos por la gracia del Señor Jesús".

FUNDAMENTOS TEOLÓGICOS

La atribución bíblica del avivamiento o las campañas al Espíritu Santo le da a este modelo su principal fundamento teológico en la Pneumatología. Se cree que el Espíritu Santo rompe la resistencia de aquellos con corazones endurecidos y el escepticismo de los que no están convencidos. El Espíritu Santo hace llegar el mensaje al oyente de tal forma que lo permea y convence (Juan 16:7-11). El Espíritu Santo comunica el mensaje a través de vasos humanos y es, en la opinión de Billy Graham, "el gran Comunicador". Graham señala que "es esta Tercera Persona de la Trinidad la que lleva el mensaje y lo comunica con poder a los corazones y mentes de hombres y mujeres". Graham continúa explicando que el Espíritu Santo derriba barreras, convence de pecado y aplica la verdad del evangelio que proclaman los predicadores evangelistas[268].

En este punto de nuestro estudio conjunto, es posible que usted discierna similitudes entre varios modelos. Esta perspectiva sobre el Espíritu Santo, por ejemplo, refleja el punto de vista que descubrimos en nuestra discusión sobre el evangelismo personal. Aunque el evangelismo de campaña se dirige a una gran multitud, sigue siendo la persona, bajo la influencia invisible pero inevitable del Espíritu, quien da su propia respuesta al mensaje.

Otro fundamento teológico es mucho más controvertido. Desde mediados del siglo XIX, los predicadores evangelistas de Norteamérica han debatido esta pregunta: ¿Cuál es el papel de Dios en una campaña (o avivamiento) y cuál es el papel del predicador? Para formular la pregunta de otra manera, ¿es la campaña (o avivamiento) totalmente dependiente de la acción soberana de Dios, o es generada, incluso orquestada, por el predicador evangelista?

Los predicadores evangelistas tienden a caer en un extremo u otro del espectro, ya sea enfatizando la soberanía de Dios (en aceptación del calvinismo) o elevando la actividad humana (en una adhesión al arminianismo)[269]. Por otro lado, Solomon Stoddard (1643-1729), un pastor congregacional en Northampton, Massachusetts, durante cuarenta y siete años, articuló su fe inquebrantable en la creación soberana por parte de Dios de las temporadas de avivamiento. "Hay algunas temporadas especiales en las que Dios reaviva de manera notable la religión entre su pueblo", declaró Stoddard. "Dios no siempre lleva a cabo su obra en la Iglesia en la misma proporción. Como ocurre en la naturaleza, hay grandes vicisitudes … , así que hay momentos en los que hay una abundante efusión del Espíritu de Dios, y la religión está en una condición más floreciente". Stoddard reforzó su argumento a favor de la soberanía de Dios con dos textos bíblicos: Habacuc 3:2 (¡Oh, Jehová, he oído tu palabra, y estoy atemorizado! En medio de los tiempos, oh, Jehová, revive tu obra, en medio de los tiempos hazla conocer, y en medio de la ira, ¡acuérdate de tener misericordia!) y Salmo 85:6, del que hablamos anteriormente[270].

Jonathan Edwards (1703-58) retomó —literalmente, en el mismo púlpito— donde había llegado Stoddard, su abuelo, y continuó con el mismo sentimiento. Edwards vio el Gran Despertar como "una obra sorprendente de Dios"[271]. Esta comprensión teológica de la soberanía de Dios en los avivamientos o campañas continúa hoy. El predicador evangelista Greg Laurie, presentado anteriormente, afirma que Dios hace que se produzca el avivamiento. "El avivamiento es obra del Espíritu Santo; no es algo que podamos hacer que suceda. El avivamiento es responsabilidad de Dios. Es lo que Dios hace por nosotros"[272].

Por otro lado, Charles Finney (1792-1875), abogado convertido en predicador evangelista, defendió sin ningún reparo la convicción de que los avivamientos surgen como resultado de la "obra del hombre". Finney afirmó en un encabezado de sección en sus famosas *Conferencias sobre avivamientos de religión*: "Un avivamiento de religión no es un milagro". Un avivamiento, más bien, procede del "uso correcto de los medios apropiados". Dios estableció estos medios precisamente porque "tienen una tendencia natural para producir un avivamiento. De otro modo, Dios no los hubiera prescrito"[273]. Si estos medios y estrategias divinamente ordenados fueran utilizados apropiadamente por el avivador, escribió Finney, entonces necesariamente sucedería el avivamiento.

Este debate teológico no es una reliquia de épocas pasadas; no languidece en un estante polvoriento en un rincón olvidado de la historia estadounidense. El debate continúa influyendo en nuestra comprensión de los avivamientos en la actualidad. En su libro, *Global Awakening: How 20th-Century Revivals Triggered a Christian Revolution*, Mark Shaw resume este debate entre la perspectiva calvinista y la arminiana en un conjunto de preguntas que plantea: "¿Son los avivamientos globales actos de Dios o invenciones de los seres humanos? ¿Puedo planificar un avivamiento global y llevarlo a cabo a través de una combinación de preparación cuidadosa y artistas talentosos? ¿O son los avivamientos propuestas que no requieren la intervención humana? ¿Son los avivamientos tanto un acto de Dios, como la creación, que sugerir un papel humano es casi herético?"[274] El propio Shaw ocupa un punto intermedio al caracterizar los avivamientos como "eventos teándricos (divino-humanos)"[275]. Razona que, bajo la cobertura de la soberanía de Dios, Dios puede reclutar la actividad humana en los avivamientos, lo que él denomina "causas secundarias"[276].

De manera similar, Michael McClymond, un historiador del avivamiento, advierte contra el énfasis excesivo en la disyuntiva entre la espontaneidad generada por la soberanía divina (como en el calvinismo) y la afirmación de que el avivamiento es producto de la planificación humana (arraigada en el arminianismo). Las conclusiones de McClymond no son completamente teológicas; sino que también se basan en lo pragmático. "Sin embargo, mi análisis sugiere", señala, "que la distinción teológica rígida entre las dos posiciones se rompe en un nivel práctico. En *teoría*, los calvinistas no hacen nada más que esperar en Dios por avivamientos y los arminianos se esfuerzan por causar avivamientos. En *realidad*, los calvinistas se esfuerzan por los avivamientos mientras esperan y los arminianos esperan avivamientos mientras se esfuerzan"[277].

Este debate podría ser discutible si tomamos en consideración seriamente un fenómeno como *Harvest America* (Cosecha Estados Unidos). Greg Laurie, y una gran cantidad de cristianos desde Dallas hasta Ft. Worth y más allá, seguramente oraron para que Dios trajera una temporada de avivamiento, pero es difícil concebir que un evento en un estadio de fútbol profesional ocurra sin una visión enorme, una preparación meticulosa, la invitación de cantantes y oradores destacados, y coordinación entre las iglesias locales. Es decir, el avivamiento, al menos este avivamiento, es difícilmente posible sin una planificación minuciosa junto con la creencia en la soberanía de Dios para engendrar una temporada de avivamiento.

FUNDAMENTOS HISTÓRICOS

La historia del avivamiento o de la campaña no es otra cosa más que fascinante, y no es más que la quintaesencia de lo que es ser estadounidense: es emprendedora, con un predicador o artista carismático al mando, apelando a todas y cada una de los personas para que tomen una decisión personal por Jesucristo. El notable papel que ha jugado el avivamiento en el cristianismo estadounidense puede ilustrarse con una lista de predicadores evangelistas:

• Solomon Stoddard (1643-1729), en el siglo anterior a la Guerra de Independencia, fue pionero en una estrategia homilética que se convirtió en el modelo de predicación de avivamiento o campaña, adoptando técnicas tan novedosas como hablar sin notas, usar un lenguaje sencillo e ilustraciones familiares, integrar imágenes gráficas (con vívidas descripciones del infierno y sus horrores), presentando la posibilidad de esperanza de una nueva vida en Cristo, e insistiendo en una respuesta inmediata a su mensaje[278].

• A Jonathan Edwards (1703-1758) se le atribuye haber generado el Primer Gran Despertar desde el púlpito de su abuelo. Su predicación, al igual que la de Stoddard, evocaba fuertes respuestas con imágenes estridentes, como en la primera línea de su famoso sermón "Pecadores en las manos de un Dios airado". Declaró: "El Dios que te mantiene sobre el abismo del infierno, muy parecido a como uno sujeta una araña o un insecto repugnante sobre el fuego…"[279].

• Barton W. Stone (1772-1844), cuya iglesia de Kentucky (junto con un grupo ecuménico de iglesias) acogió el famoso avivamiento de Cane Ridge en 1801, atrayendo multitudes estimadas entre diez mil a veinte mil personas. Este avivamiento consolidó la reunión de campo como un género de avivamiento que floreció en todo el país a lo largo del siglo XIX[280].

• Charles Finney (1792-1875) introdujo "nuevas medidas" controversiales, tales como alentar a las mujeres a orar y testificar en reuniones públicas, establecer un "asiento de la inquietud" donde se podía orar por quienes estaban bajo convicción, celebrar reuniones prolongadas de varias noches y formar una asociación evangelística con "colaboradores de ideas afines", que difundieran un avivamiento al estilo de Finney mucho más lejos de lo que podría hacerlo por su cuenta[281].

• Phoebe Palmer (1807-1874) predicó "el camino más corto" a la santificación en sus campañas, que se celebraron en varios continentes. Declaró que la santificación instantánea era posible para aquellos que se consagraban enteramente en el altar y creían en la promesa de Dios de santificar en ese momento y lugar todo lo que descansaba sobre el altar[282].

• Isaac Hecker (1819-1888), un adulto convertido al catolicismo, fundó la orden Paulista en 1858 como un apostolado hacia los no católicos en los Estados Unidos. Los paulistas llevaron a cabo misiones parroquiales que, al igual que sus homólogos protestantes, incluían predicadores evangelistas itinerantes, música, publicidad y manuales prácticos[283].

• Dwight L. Moody (1837-1899) aportó a los avivamientos o campañas una conspicua habilidad de negocios. Planeando con un año de anticipación al avivamiento o campaña, reclutaba a los principales ejecutivos de negocios y ministros de las iglesias más grandes de la ciudad anfitriona. De estas iglesias y empresas procedía la gran cantidad de voluntarios que eran las abejas obreras de estos comités: finanzas, ejecutivo, oración, visitas a las casas, obras de caridad, temperancia, organización de los boletos, miembros del coro, ujieres y publicidad[284].

• Maria Woodworth-Etter (1844-1924), conocida como "la evangelista del trance", hizo arder los graneros de Indiana, metafóricamente hablando, con milagros y sermones prolongados que llamaron la atención incluso de una reportera del *New York Times*, que hizo el viaje para presenciar de primera mano sus avivamientos o campañas[285].

• Martha Moore Avery (1851-1929) era una laica católica romana que viajó por Nueva Inglaterra y Canadá, junto con su colega David Goldstein, en un Modelo-T muy decorado y personalizado apodado "El carruaje de Roma". El Model-T se modificó para celebrar avivamientos o campañas desde sus mismas puertas: una plataforma portátil se desplegaba en un ángulo de 45 grados desde la parte delantera del automóvil, y sus cuatro asientos se podían apilar uno encima del otro para formar una mesa[286].

• Billy Sunday (1862-1935), un jugador de béisbol profesional convertido en predicador evangelista, hizo famosa la frase "vayan al camino del aserrín" para describir cuando las personas se acercaban al llamado del altar sobre pisos cubiertos de aserrín para amortiguar el sonido. En la cúspide de su popularidad, predicó en un tabernáculo colosal, construido en 1917 exclusivamente para su avivamiento o campaña en la ciudad de Nueva York, con una capacidad para dieciséis mil personas y espacio para cuatro mil más de pie[287].

• Mary Lee Cagle (1864-1955) predicó en avivamientos o campañas en zonas rurales de Texas, Alabama y Arkansas. Ella y un grupo de mujeres predicadoras evangelistas fueron ordenadas ministras en la Iglesia de Cristo del Nuevo Testamento, que se fusionó con la Iglesia del Nazareno en 1917[288].

• Helen "Ma" Sunday (1868-1957) dirigió el lado comercial de la Organización Billy Sunday que alcanzó las alturas de un grupo de élite de empresas de principios del siglo XX, como la *Standard Oil Company*, *United States Steel* y *National Cash Regis-*

ter[289]. Después de la muerte de Billy, Ma Sunday comenzó a predicar en campañas y compartió la plataforma con la siguiente generación de predicadores evangelistas, incluido Billy Graham, que se había convertido durante una campaña de Billy Sunday[290].

• William Seymour (1870-1922), nacido de antiguos esclavos, ayudó a avivar la chispa inicial del avivamiento de la calle Azusa, que surgió en 1906 en Los Ángeles y sirvió como catalizador del movimiento pentecostal mundial[291].

• Aimee Semple McPherson (1890-1944) fue una predicadora evangelista de sanidad por la fe, cuya calidad de estrella rivalizaba con las principales estrellas de cine de la época. A pesar de la prensa negativa que suscitó su supuesto secuestro en un desierto mexicano, los fieles la apoyaron inquebrantablemente, sintonizaban la radio para escuchar su transmisión matutina, *The Sunshine Hour*, y acudieron en masa a sus campañas[292].

• Obispa Ida Robinson (1891-1946) fue una predicadora evangelista llena de energía cuyos sermones de varias horas de duración alternaban la palabra hablada con la palabra cantada. Ella, junto con una caravana de predicadoras vestidas de negro, realizó campañas a lo largo de la costa este desde Nueva York hasta Florida y plantó iglesias para la denominación que fundó, la Santa Iglesia Monte Sinaí de los Estados Unidos (*Mount Sinai Holy Church of America*)[293].

• Kathryn Kuhlman (1907-1976) fue una predicadora evangelista de sanidad por la fe que, con su vestido blanco largo y suelto de costumbre, predicaba en lugares como el Centro Cívico en Providence, Rhode Island, con capacidad para catorce mil personas, mientras diez mil personas se reunían afuera. Su programa de radio *Heart-to-Heart* (De corazón a corazón) se transmitió regularmente por más de cuarenta, y su programa de televisión de larga duración en CBS, *I Believe in Miracles* (Creo en milagros), la catapultó a las salas de los hogares de los Estados Unidos[294].

• Uldine Utley (1912-1995) famosa predicadora evangelista infantil, llenó el Madison Square Garden en 1926 durante cuatro semanas de sermones dos veces al día. Vestida con su habitual uniforme blanco (zapatos blancos, medias blancas y un vestido blanco con cuello), organizó campañas de este a oeste de Canadá y Estados Unidos[295].

• Billy Graham (1918-2018) se convirtió en una figura nacional de las campañas a partir de 1949 con el enorme éxito de su Cruzada de Los Ángeles. En 1950, lanzó su popular programa de radio, *Momentos de decisión*, y formó la Asociación Evangelística Billy Graham (AEBG). A través de la AEBG, continuó desarrollando expresiones mediáticas en constante expansión de su mensaje de avivamiento por medio de una columna diaria en periódicos, películas, televisión, una revista mensual, libros, transmisiones simultáneas y redes sociales[296].

Esta lista de predicadores evangelistas podría expandirse a miles y demuestra que los avivamientos o campañas han sido una parte importante del cristianismo estadounidense. Al mismo tiempo, esta lista es suficiente para impresionarnos sobre la diversidad en denominación, género, raza, teología y región de aquellos que han contribuido al modelo de evangelismo de avivamiento o campaña.

Fundamentos prácticos

Si bien no es ni del norte ni del sur, ni protestante ni católico, el modelo de evangelismo de avivamiento o campaña en los Estados Unidos sí tiene características comunes. La vestimenta puede diferir —también la música— pero algunos elementos básicos unen este modelo y proporcionan las bases prácticas para ponerlo en práctica.

1. *Organice y ore*

Preparar un avivamiento o campaña requiere algo más que un mínimo de planificación avanzada y organización diligente. Asegurar un lugar adecuado para el tamaño esperado de la multitud, contratar oradores reconocidos, hacer publicidad en vecindarios o ciudades, cultivar comunidades en línea a través de las redes sociales: cada parte de un avivamiento o campaña requiere una atención cuidadosa.

Las estrategias organizativas de Moody del siglo XIX siguen dictando el flujo general de los avivamientos o campañas hasta el día de hoy: "música, sermones, consejeros de concentraciones masivas, campañas en los medios de comunicación y capacitación en el fino arte del evangelismo personal"[297]. Durante varias semanas, los capacitadores en evangelismo personal trabajaban con los aspirantes a consejeros para equiparlos "para ayudar a los interesados en la fe a aclarar sus decisiones y dirigirlos a iglesias que creen en la Biblia"[298]. Su formación los preparaba para ser especialmente efectivos a la hora de guiar a quienes se acercaban a la fe en Cristo. También se enviaban visitadores a los vecindarios para participar en el evangelismo de visitación, de modo que se ofreciera la oportunidad de responder al evangelio incluso antes de que comenzara el avivamiento o campaña. Este enfoque bien administrado de un avivamiento o campaña subraya la participación y el impacto en los asuntos logísticos que tiene el predicador evangelista encargado.

Otro aspecto esencial del avivamiento o campaña es la oración: antes, durante y después. Antes de la campaña de *Harvest America* (Cosecha Estados Unidos), 750 iglesias de diferentes orígenes unieron sus fuerzas en la oración. En una escala más pequeña (y más manejable para la mayoría de nosotros), John Kilpatrick, antiguo pastor de la Iglesia Asamblea de Dios de Brownsville, atribuyó el surgimiento del avivamiento de 1995 en Pensacola, Florida, a las oraciones de la congregación durante varios años[299]. Este aspecto pone de relieve el derramamiento divino en un avivamiento o campaña.

Los dos aspectos se unen cuando se organizan oraciones por el avivamiento o campaña por parte de parejas que se comprometen a orar juntos todos los días durante varias semanas de antemano. Durante estas sesiones de oración, cada persona ora específicamente por los interesados en la fe que conoce. El siguiente paso es visitar a dichas personas por quienes la pareja estuvo orando. La visita puede involucrar una invitación a la campaña o puede ser simplemente una instancia para practicar la amistad y establecer confianza.

2. Dirija con música

Siguiendo un patrón establecido desde hace mucho tiempo, un evento de avivamiento o campaña comienza con música, a menudo con músicos famosos como lo hace *Harvest America* (Cosecha Estados Unidos). La música alegre, en particular, da energía a la audiencia, incitándola a escuchar de manera participativa el mensaje hablado; esta es una estrategia clave de los avivamientos o campañas. Si bien algunos predicadores evangelistas interpretan la música ellos mismos, como la cantante y predicadora de gospel Juanita Bynum, la mayoría depende de músicos expertos para el "doble golpe efectivo de mensaje y música": músicos como Ira Sankey (que trabajó con Dwight L. Moody), Homer Rodeheaver (que trabajó con Billy Sunday) y Cliff Barrows (que trabajó con Billy Graham)[300]. Durante las reuniones a gran escala de Moody, un coro considerable interpretaba varios cantos, luego la congregación, encabezada por su intrépido músico, Ira Sankey, cantaba himnos y cantos de góspel, especialmente los favoritos perennes: "Salva a tus prójimos", "No me pases, no me olvides" y "Lejos de mi Padre Dios", todos escritos por la famosa y preciada escritora de himnos Fanny Crosby.

Billy Graham consideraba la música como "la atracción estrella" junto con su predicación[301]. Además del canto congregacional y coral, incluido el himno característico "Tal como soy" ("Los autobuses esperarán", insistía Graham, con los acordes de fondo del himno), los avivamientos o campañas de Graham acogieron una asombrosa variedad de estilos musicales "desde el zapateo de la familia Gaither, al *country* de Johnny Cash y Ricky Skaggs, los espirituales de Ethel Waters y Mahalia Jackson, el *pop* de Robert Goulet y Cliff Richard, la música clásica de Jerome Hines y Kathleen Battle, el rap de DC Talk, el jazz de

Take 6, el *folk* de Paul Stookey, la música patriótica de *Marine Corps Band*, la música ligera de Norma Zimmer, la música cristiana contemporánea de Michael W. Smith y Jars of Clay, el góspel sureño de Blackwood Brothers y Statler Brothers, y el góspel negro del *Brooklyn Tabernacle Choir*"[302].

3. Predique un mensaje evangelístico

Con la multitud preparada por la música, el mensaje del predicador evangelista se concentra en la obtención de un objetivo: presentar el evangelio de una manera sencilla y accesible. Para enfatizar este punto, Billy Graham repitió una broma originalmente contada por el Dr. James S. Stewart, de Edimburgo, quien dijo: "Si disparas por encima de la cabeza de tus oyentes, no demuestras nada, excepto que tienes mala puntería"[303]. Ecos de Solomon Stoddard resuenan a lo largo de los siglos: use un lenguaje sencillo, imágenes vívidas y un discurso directo. (Hay aún más información sobre el marco de un mensaje evangelístico en el capítulo 4, donde discutimos el evangelismo litúrgico).

Esto es lo que la mayoría de nosotros conocemos de un avivamiento o campaña: los portadores de sus mensajes, que son conocidos hoy en día en los círculos eclesiásticos como la figura "atrayente"[304]. El éxito de un avivamiento o campaña a menudo suele depender del carisma del predicador evangelista. También puede depender en mayor o menor grado de la *integridad* de este predicador evangelista. La inmoralidad —finanzas turbias, vidas de excesos y aventuras sexuales extramatrimoniales— han llevado una y otra vez a la caída de un predicador evangelista, así como a la caricatura tristemente justificada del evangelismo como manipulación de masas para el beneficio personal del predicador evangelista. Lo que distinguió a Billy Graham, además de su carisma personal y su energía inagotable, fue su integridad personal, que le dio solidez y efectividad a su mensaje. Graham también enfatizó repetidamente el trabajo en equipo, restando importancia a su propia contribución, a pesar de que era un evangelista de renombre internacional. Como ya comentamos en el capítulo 1, el estilo de vida de un evangelista (en este caso, de un predicador evangelista) está inevitablemente relacionado, como debería ser, con el mensaje que comunica.

4. Invite a una respuesta

Después del mensaje evangelístico viene la invitación, un claro llamado al arrepentimiento y a creer en el evangelio que recientemente ha sido predicado. Este es un ingrediente esencial en una campaña: el llamado a una decisión. La revista de la AEBG, de prolongada circulación, se tituló simplemente *Decisión*. Llamar a una decisión, en palabras del evangelista Leighton Ford, emula a Dios: "Dios llama a las personas a una decisión. Desde Moisés ('¿Quién está de parte del Señor?'), pasando por Elías ('¿Hasta cuándo claudicaréis vosotros entre dos pensamientos?'), a Pedro ('Arrepiéntanse y sea bautizado cada uno de ustedes') y Pablo ('Les he proclamado que se arrepientan y se conviertan a Dios, haciendo obras dignas de arrepentimiento') —la tradición bíblica es una *predicación de crisis* que llama a una decisión"[305].

La música vuelve a pasar a primer plano porque a menudo señala la transición de la predicación a la invitación al disminuir el tempo y tocar melodías de fondo más suaves. Si bien este uso de la música puede impulsar el momento de la decisión, algunos predicadores evangelistas sostienen que la invitación debe comenzar mucho antes en el mensaje hablado. Puede suceder primeramente durante la introducción, cuando el orador revela su intención de que pedirá una respuesta más tarde. La expresión podría ser así: "Esta noche, al final de mi charla, voy a pedirles que hagan algo al respecto, que tomen una decisión". El predicador puede incluso esbozar por adelantado la respuesta del público a la invitación que se hará en este lugar en particular[306].

Otra forma de invitar a una respuesta sigue el protocolo de Charles Finney para el servicio posterior. Después de su predicación, Finney pedía a los "inquietos por el estado de sus almas" que se acercaran y se sentaran en un área designada como "el asiento de la inquietud", que incluso podría estar en una habitación o edificio separado de la congregación reunida. Finney concluía el servicio regular, pronunciaba la bendición y luego se trasladaba al área del "asiento de la inquietud" para comenzar el servicio posterior, en el cual instruía a los que se habían acercado en los principios básicos del cristianismo[307]. Este enfoque combina, incluso en un formato abreviado, catequesis y evangelización.

5. Haga conexiones con las iglesias

Los predicadores evangelistas más exitosos, desde Moody hasta Graham, se preocupaban mucho por establecer relaciones estrechas con las principales iglesias mucho antes de que llegaran a la ciudad. Uno de los biógrafos de Graham explicó que la teología que predicaba era comunitaria: "Aunque tenía como objetivo fomentar la conversión de las personas, también buscaba definir y fortalecer las congregaciones locales, las familias de los creyentes y, en última instancia, la nación. Puede ser que la conversión haya comenzado como una transacción privada entre la persona y Dios, pero si se quedada así, era una experiencia atrofiada que no cumplía con su propósito"[308]. Graham subrayó repetidamente la responsabilidad del predicador evangelista de ayudar a aquellos que respondían favorablemente a la invitación para que encontraran una comunidad de adoración local. Creía que muchos predicadores evangelistas, al prestar muy poca atención a los resultados del avivamiento o campaña, descuidaban su responsabilidad hacia aquellos que respondían afirmativamente a la invitación de entregar sus vidas a Cristo. Graham dijo: "Ellos reconocen su papel como cosechadores espirituales, pero hacen poco, si es que hacen algo, para preservar los resultados de sus ministerios. Puede que acepten que los nuevos cristianos necesitan ser nutridos, pero se contentan con dejar esto a otros"[309].

Las iglesias locales deben estar preparadas con anticipación para ayudar en la catequesis e integración de los nuevos creyentes. Esto puede suceder, simplemente, mediante la creación de grupos pequeños preparados y esperando para recibir a quienes respondan durante el avivamiento o campaña[310]. Estos grupos sirven, en términos de iglecrecimiento, como nuevos puertos de entrada abiertos específicamente a personas nuevas en la fe cristiana y la comunidad de la iglesia.

VALORACIÓN

Con una larga y a veces tortuosa historia en Norteamérica, que se completa con el fuerte ascenso y la caída precipitada de famosos predicadores evangelistas, el evangelismo de avivamiento o campaña es —justificadamente— amado y menospreciado, despreciado y adorado. Marcado por lo que significa ser estadounidense —emprendedor, adaptable, espectacular y orientado a la fe de cada individuo— el avivamiento o campaña es bienvenido por algunos y rechazado por otros. Sin embargo, los avivamientos continúan prosperando en Estados Unidos, aferrándose a patrones de larga data, pero adaptados a la cultura contemporánea en términos de ritmo, música y tecnología. Ya sea que aprecie o denigre este modelo de evangelismo, es difícil negar su atractivo cuando audiencias de miles de personas —y decenas de miles más en todo el mundo— asisten a un avivamiento o campaña de *Harvest America* (Cosecha Estados Unidos).

Aún así, los críticos encuentran que los avivamientos o campañas son dañinos debido a su dependencia de las emociones, y los consideran simplemente histeria colectiva. Las emociones son más fáciles de exaltar, incluso de fabricar, en el contexto de una multitud, con música conmovedora, una poderosa predicación y multitudes respondiendo. Una decisión emocional, más que intelectual, puede conducir a una experiencia auténtica, pero también puede llevar fácilmente a un compromiso religioso superficial que se desvanece rápidamente después de que apaga el resplandor del avivamiento o la campaña.

Los críticos del avivamiento o campaña también se resisten a la idea de que la conversión pueda equipararse a un momento preciso en el tiempo. Rechazan la veracidad de esta convicción: "Puedes fecharla. Puedes marcarla. Puedes saber cuándo fuiste salvo, porque sabes el momento exacto en el que oraste lo que típicamente se llama 'la oración del pecador'"[311]. Este énfasis en la conversión instantánea provocada por una decisión individual pone demasiado énfasis, sostienen los críticos, en el individuo y su experiencia personal.

¿Cuáles son las implicaciones de un modelo de evangelismo centrado en la multitud?

Un avivamiento o campaña sucede en medio de una multitud, sea en el *AT&T Stadium* con capacidad para cien mil personas o en el edificio de una iglesia pequeña. Esto puede ser una fortaleza porque brinda a muchas personas, particularmente cuando un orador conocido atrae a una gran multitud, la oportunidad de escuchar el mensaje del evangelio en términos claros. La presentación del evangelio a una multitud puede acelerar el evangelismo. Súmese a esto la ventaja de poder presenciar las respuestas activas de las personas a la invitación, como caminar por el pasillo, lo que a su vez anima a otros a seguir su ejemplo. Cuando miles de personas recorrieron pacíficamente, pero con determinación, los pasillos de un estadio de béisbol al son de "Tal como soy" en una cruzada de Billy Graham, muchos en la multitud experimentaron algo real, algo auténtico, en cuanto a lo que estaba sucediendo. En ese momento, por efímero que fuera, había una sensación de comunidad en la multitud.

Otro beneficio de un modelo de evangelismo centrado en la multitud es proporcionar un entorno de anonimato, que permite a las personas ingresar al lugar de manera subrepticia, lejos de la mirada de quienes conocen. Esto puede ser más seguro que entrar al santuario de una iglesia un domingo por la mañana, donde todos se conocen y los recién llegados sobresalen como pulgares adoloridos o, peor aún, donde los visitantes ven a las personas saludarse, pero se van sin ser saludados.

Un desafío obvio del avivamiento o campaña es lo difícil que es, en una multitud, evaluar la fuerza de la conversión de quienes toman una decisión. George MacLeod, fundador de la Comunidad Iona en una isla escocesa aislada, predijo en 1954 antes del avivamiento o campaña de Billy Graham en Glasgow: "Si Billy Graham viene, creo que habrá una especie de cosecha y estoy seguro de que se sentirá como de verano por un tiempo. Lo que temo es que cuando haya pasado la cosecha y el verano haya terminado, todavía no seremos salvos"[312]. El propio Billy Graham se preocupó por la siguiente respuesta: "Eso los está desviando y dejándolos en una situación peor que antes. Además, podemos generar un gran resentimiento contra el Evangelio"[313]. Sin embargo, muchos de los que se convirtieron durante las campañas de Graham se mantuvieron fieles a su decisión y continuaron evangelizando a otros, personas como Tom Phillips, quien llevó a Chuck Colson a Cristo.

Si bien el aspecto de estar centrado en la multitud presenta desafíos claros que deben anticiparse y abordarse, también crea la oportunidad para que las personas interesadas escuchen, o escuchen con relativa seguridad, una interpretación clara y accesible de las buenas nuevas de Jesucristo. Siguiendo la estrategia de Graham sobre la necesidad del seguimiento, considere la posibilidad de vincular el evangelismo de avivamiento o campaña con otros modelos de evangelismo que proporcionan catequesis (como el evangelismo litúrgico y el de grupos pequeños) o una vía de servicio (como el evangelismo profético). El evangelismo de avivamiento o campaña siempre debe ir acompañado de comunidades cristianas de adoración, que estudiaremos a continuación.

¿Cómo puede la iglesia integrarse de mejor manera en un avivamiento o campaña?

Existe una larga tradición de predicadores evangelistas itinerantes que llegan a una ciudad, montan una carpa o alquilan un estadio, predican un poco y luego se van a la siguiente ciudad. En este escenario tan familiar, el avivamiento o campaña corre el riesgo de convertirse en una entidad autónoma, sin preparación significativa o, especialmente, sin seguimiento. El avivamiento o campaña, en otras palabras, a menudo se ha desconectado de la iglesia y, por lo tanto, ha tenido poco impacto en ella. Michael Riddell describe conmovedoramente un retrato del avivamiento o las campañas en su tierra natal de Nueva Zelanda: "He perdido la cuenta de la cantidad de movimientos de evangelismo de campaña que han pasado mi tierra natal prometiendo una afluencia masiva a la iglesia a su paso", escribe. "Un año después de que se han desvanecido, la situación de la comunidad cristiana parece no haber cambiado en gran medida, aparte de unos cuantos más que se han vuelto cínicos por el abuso de la buena voluntad, la energía y el dinero"[314].

Aún así, existe la posibilidad de que un avivamiento o campaña, cuando se asocia con las iglesias locales, como defendieron Moody, Graham y otros predicadores evangelistas, tenga el potencial de generar un enfoque renovado en el evangelismo, cultivar un catecumenado de instrucción para iniciar a los recién llegados a la fe cristiana y despertar un nuevo compromiso con el alcance ecuménico en la comunidad, a medida que las iglesias de diversos tipos se unen para alcanzar vecindarios, pueblos y ciudades para Cristo.

Una de las ocasiones para que las iglesias logren esto es en un avivamiento o campaña *shalom*, que combina lo mejor de los modelos de evangelismo profético y de avivamiento o campaña. Como tal, seguirá el mismo modelo que se mencionó anteriormente, incluyendo un llamado o invitación a la conversión. El elemento singular de un avivamiento o campaña *shalom* es que "presentará un llamado vigoroso a los cristianos para que compartan con los pobres y busquen justicia para los oprimidos"[315]. La invitación que se hace a los interesados para que acepten a Cristo, irá acompañada de una invitación a los cristianos ya comprometidos "a pasar al frente si sienten que Dios los llama a asumir nuevos compromisos concretos de servicio cristiano, ya sea en nuevos esfuerzos evangelísticos o nuevos compromisos para resolver las tragedias del hambre en el mundo, los centros urbanos destrozados y un medio ambiente devastado; ya sea en nuevos programas de renovación cristiana o en compromisos políticos concretos"[316].

Aquí también pueden entrar en juego otros modelos de evangelismo. La preparación para un avivamiento o campaña *shalom* puede reforzarse mediante el evangelismo de visitación, cuando los cristianos llegan a conocer, timbre por timbre, las necesidades de sus vecindarios y cuando extienden invitaciones a sus vecinos para que vengan al evento de avivamiento o campaña. Después del avivamiento o campaña, aquellos que respondieron a la invitación serán puestos en contacto con iglesias y organizaciones dedicadas al evangelismo profético, quizás a través de nuevos puertos de entrada. También sería ideal que las iglesias adaptaran sus liturgias a los visitantes durante esta temporada de avivamiento, especialmente mediante las estrategias propuestas por el evangelismo litúrgico. Un avivamiento o campaña *shalom*, por tanto, puede ser la ocasión para implementar estrategias de varios modelos de evangelismo.

¿Son aún relevantes hoy en día los predicadores evangelistas o son más bien una reliquia del pasado?

Un avivamiento o campaña, en general, tiene un guión cuidadosamente planificado, y ese guión tiene siglos de antigüedad. Incluso podríamos llamar *litúrgico* a un avivamiento o campaña, como lo hace el historiador Russ Richey, ya que tiene un formato tan familiar y duradero[317]. Aunque esté actualizada en avivamientos o campañas como *Harvest America* (Cosecha Estados Unidos) a través de música contemporánea, sistemas de sonido de última generación, *jeans* ajustados e iluminación espectacular, la liturgia del avivamiento sigue siendo notablemente consistente a lo largo de los siglos. Esta previsibilidad, esta liturgia de avivamiento o campaña, proporcionó consuelo cuando los colonos norteamericanos dejaron sus iglesias de origen para viajar al oeste en el siglo XIX. Esta liturgia también ofreció consuelo a los campesinos que llegaban a los enclaves urbanos a principios del siglo XX. La pregunta que plantean los críticos es si estas mismas técnicas suenan a una religión obsoleta modificada para parecer moderna. En otras palabras, ¿es el avivamiento demasiado pasado de moda y cursi, que atrae principalmente a cristianos que anhelan una teología conservadora vestida con ropa de moda?

Precisamente esta atemporalidad atrae a algunos que consideran que un Estados Unidos cristiano se está desvaneciendo rápidamente y que es necesario recuperarlo mezclando patriotismo con cristianismo. Esta mezcla no es nueva. El Model-T personalizado que conducía la predicadora evangelista Martha Moore Avery lucía una cita de un arzobispo católico romano en un lado y una cita de George Washington en el otro, una bandera de barras y estrellas en miniatura en el capó, un gran crucifijo coronado por una luz eléctrica en el techo, y los colores del chasis amarillo y blanco de la bandera papal. Evangeline Booth, comandante del Ejército de Salvación en los Estados Unidos de 1904 a 1934, se retrató sosteniendo la bandera estadounidense. El mensaje de avivamiento de Billy Sunday, que combinaba patriotismo y cristianismo, lo ayudó a alcanzar la cima de la popularidad cuando Estados Unidos entró en la Primera Guerra Mundial. "Cuando se llenaba de patriotismo, [Sunday] terminaba el sermón saltando sobre el púlpito y ondeando la bandera estadounidense". Entremezclada con tales excentricidades estaba su frase, a menudo repetida, "cristianismo y patriotismo son términos sinónimos, e infierno y traidores son sinónimos"[318].

Algunos predicadores evangelistas continúan respaldando esta conexión entre el patriotismo estadounidense y el cristianismo al afirmar que es la obediencia o desobediencia de Estados Unidos a Dios lo que promoverá o disminuirá los avivamientos o campañas. El texto bíblico más popular adoptado para hacer este comentario, que incluso estaba pegado en una valla publicitaria que pasé en la carretera I-20 en el este de Texas, es 2 Crónicas 7:14: "si se humilla mi pueblo sobre el cual es invocado mi nombre, si oran y buscan mi rostro y se vuelven de sus malos caminos, entonces yo oiré desde los cielos, perdonaré sus pecados y sanaré su tierra". Si bien el contexto histórico de 2 Crónicas 7:14 es la dedicación del templo durante el reinado del rey Salomón, Greg Laurie lo usa para señalar la necesidad de avivamiento que tienen los Estados Unidos: "Creo que Estados Unidos de América se encuentra en una encrucijada", escribió Laurie en una publicación de blog de 2016. "Nunca hemos estado en peor forma moralmente. El crimen sigue expandiéndose. Las familias continúan dividiéndose. El tejido de la sociedad continúa deshaciéndose. Lo que necesitamos en Estados Unidos hoy y, en realidad, en todo el mundo, es un avivamiento de gran alcance, enviado por el cielo". Luego, comenta sobre 2 Crónicas 7:14: "Dios nos ha dado su prescripción para la sanidad de una nación y ésta incluye el arrepentimiento"[319].

La asociación entre avivamiento y nación a menudo representa un cierto tipo de política en la que Estados Unidos es el heredero del lugar de Israel como nación elegida por Dios. Los eventos de Greg Laurie no se llaman *Harvest The World* (Cosecha el mundo) o *Harvest the Kingdom* (Cosecha el reino). Se les llama a propósito *Harvest America* (Cosecha Estados Unidos). El resultado de esta perspectiva, perfecta y meticulosamente planificada, es que "el avivamiento a menudo se convierte en una súplica por grandeza nacional. Aplicada a un nación, tal retórica distorsiona su aplicación principal al pueblo de Dios, equiparado en el Antiguo Testamento con la iglesia-nación combinada de Israel, pero que en el Nuevo Testamento se identifica con la iglesia internacional de Dios"[320].

Sin embargo, el genio del modelo de evangelismo de avivamiento o campaña es que su contenido no está limitado por la estrategia o la liturgia. Los avivamientos pueden defender el excepcionalismo estadounidense. Pero también pueden ser fomentados por las iglesias más afines a un avivamiento *shalom*. Tal avivamiento puede ser el medio por el cual se pueda comunicar el evangelio integral a través de cánticos, mensajes e invitaciones, y todo en coordinación con iglesias locales preparadas para servir a sus vecindarios.

PREGUNTAS DE REFLEXIÓN

• ¿Cómo valoraría usted el modelo de evangelismo de avivamiento o campaña?

• ¿Ha asistido usted a un evento de avivamiento o campaña? Si es así, ¿cuál fue su reacción? Si no ha asistido a un evento de avivamiento o campaña, ¿por qué no?

• ¿Puede ser auténtica una conversión a Cristo cuando sucede en una multitud? ¿Por qué sí o por qué no?

• ¿Considera usted aceptables o injustas las preocupaciones que tienen muchas personas, incluso cristianos, sobre los avivamientos o campañas en el siglo XXI?

• ¿Qué otro modelo de evangelismo se complementa mejor con el de avivamiento o campaña? ¿Por qué?

Ocho
MEDIOS DE COMUNICACIÓN

"He aquí ... un gran nuevo arte que se ha apoderado de toda clase de personas... . La sabiduría parece indicar que la Iglesia debería cooperar en su desarrollo y utilizarlo de todas las formas posibles... para llegar a las masas sin iglesia"[321]. ¿Cuál es este gran nuevo arte? ¿La computadora? ¿La Internet? ¿Las redes sociales? ¿O quizás, desde hace mucho tiempo, la imprenta de Gutenberg? ¿El telégrafo? ¿La radio? En realidad, el gran nuevo arte de esta cita de 1916 es el cine. Hace un siglo, las imágenes en movimiento representaban la vanguardia de los medios de comunicación, y la pregunta que se planteaba la iglesia era si utilizarlas con fines evangelísticos. Para aquellos que lo hicieron, surgió un mundo completamente nuevo.

La palabra *medios* significa simplemente "herramientas de comunicación"[322]. Los medios que aparecen en este capítulo incluyen la radio y la televisión, la palabra impresa y la internet, cuya influencia se extiende cada día más. En la actualidad, la mayoría de los ministerios de medios de comunicación se dirigen a quienes ya afirman ser cristianos. Los programas de radio y televisión cristianos se transmiten a los fieles, proporcionándoles recursos para la vida cristiana diaria. En el mundo digital, ocurre lo mismo; la mayoría de los medios de comunicación responden a las necesidades de la comunidad cristiana[323].

El *evangelismo* de medios de comunicación se enfoca, en cambio, en los interesados y navegantes (de la internet) en un esfuerzo por involucrarlos en conversaciones y presentaciones del evangelio. Antes de seguir leyendo, tómese un momento para hacer clic en varios sitios de evangelismo de medios de comunicación, como SearchforJesus.net, una plataforma de evangelismo en línea patrocinada por la Asociación Evangelística Billy Graham. Este sitio por sí solo revela el alcance global del evangelismo de medios de comunicación; los diez primeros países alcanzados componen un sorprendente caleidoscopio global: Estados Unidos, Brasil, Argelia, Tailandia, Egipto, Siria, Nepal, Colombia, Marruecos y Myanmar. También puede examinar detenidamente la página de Facebook para el *Internet Evangelism Day* (Día de evangelismo por Internet), un día al año dedicado a aumentar la conciencia del evangelismo en el mundo digital[324].

Consideremos todavía un escenario más para el evangelismo de medios de comunicación: los avatares. Un avatar es una representación del yo en un mundo virtual. A menudo, un avatar se aproxima a su creador humano tal y como es en realidad; para otros, un avatar ofrece la oportunidad de adoptar o probar una nueva identidad, un juego de roles e incluso explorar un sistema de creencias radicalmente diferente al de la vida real. A través de un avatar, las personas pueden hacer preguntas más difíciles de las que plantearían en sus vidas ordinarias y, desde la perspectiva del evangelismo, pueden ser más receptivas a las buenas nuevas de Jesucristo. Douglas Estes, en su libro *SimChurch*, incluso se pregunta si "en un sentido muy real, esta desinhibición podría permitir a una persona tener un punto de partida para convertirse en discípulo de Cristo plenamente devoto en el mundo virtual mejor que en el real"[325].

Un siglo después del surgimiento del cine como la vanguardia de las posibilidades evangelísticas, la iglesia se enfrenta a otra revolución mediática con el auge de la internet. Por un lado, los defensores del evangelismo de medios de comunicación han respondido con presteza a la internet, aprovechando a toda velocidad sus capacidades tecnológicas y las oportunidades que presenta para extender el evangelio por todo el mundo. Por otro lado, los observadores diligentes plantean que los medios de comunicación de cualquier tipo moldean indeleblemente el evangelio al tiempo que facilitan su comunicación y circulación. Esta interacción bidireccional entre los medios de comunicación y el evangelio no es neutral ni intrascendente, lo que deja a las iglesias en la misma dificultad que estaban hace un siglo con los nuevos medios del cine: cómo utilizar las perspectivas de los medios de comunicación para el evangelismo minimizando sus obstáculos y peligros[326].

FUNDAMENTOS BÍBLICOS

El texto bíblico que satura la discusión sobre el evangelismo de medios de comunicación es la Gran Comisión en Mateo 28:16-20, particularmente el mandato de Jesús: "por tanto, id, y haced discípulos a todas las naciones [*panta ta ethne*]". El énfasis invariablemente recae en el alcance global de los medios de comunicación, particularmente a la luz del desarrollo tecnológico y sofisticación de la internet. Hay una aprobación estimulante, casi de mirada sorprendida, de la internet como una herramienta de medios dada por Dios para evangelizar a todas las naciones. Una bloguera en el sitio de *Christian Broadcasting Network*, posiblemente el líder de los medios de comunicación cristianos, se goza de las posibilidades cuando escribe: "Internet es solo una herramienta más que muchos ministerios están usando para alcanzar el mundo para Cristo. Cuando Jesús dio el mandamiento: 'Id por todo el mundo y predicad el Evangelio', los discípulos iban a pie. No había televisión, ni radio, ni aviones y ciertamente no había Internet. ¡Qué diferencia pueden hacer 2000 años! O, de hecho, 10 años. Hoy en día, cada vez más personas llegan a la fe en Cristo conectándose a la *World Wide Web*"[327]. Otros, incluso menos comedidos, sugieren que, con su referencia a *todo el mundo* en la Gran Comisión, Jesús en realidad previó el desarrollo futuro de la internet. Aún más extrema —y cuestionable— es la noción de que Jesús previó específicamente la internet en Mateo 13:47, cuando usó la palabra *red* en la proclamación: "Asimismo, el reino de los cielos es semejante a una *red* que fue echada al mar y juntó toda clase de peces"[328].

Los proponentes de este modelo también encuentran sustento para el evangelismo de medios de comunicación en las estrategias de comunicación de dos comunicadores de gran éxito: Jesús y Pablo. En su discurso público, Jesús integró imágenes e ilustraciones del contexto palestino del primer siglo de sus oyentes; habló de agricultura, de pesca, de pastoreo, de panadería e incluso de barrer el piso. También empleó todo tipo de estrategias retóricas para comunicar su mensaje, como contar historias, hacer preguntas, entablar debates, iniciar diálogos, ordenar a los espíritus malignos que salieran y declarar predicciones proféticas. Para extender su mensaje, los defensores del evangelismo de medios de comunicación señalan que Jesús estableció una red social con sus discípulos y luego los envió de dos en dos con un mensaje claro[329].

Leonard Sweet está de acuerdo y observa que "no es casualidad que Jesús sea el principal narrador de historias del mundo. Sobresalió en lograr que las personas se conectaran entre sí, con él mismo, con la creación y con Dios"[330]. En resumen —para volver a la definición de medios de comunicación que adoptamos al comienzo de este capítulo— Jesús fue un comunicador capaz, que utilizó las "herramientas de comunicación" que tenía su disposición. Si hubiera nacido hoy, afirman los defensores de este modelo, Jesús indudablemente habría explotado la internet para desarrollar una sólida red social mundial.

El apóstol Pablo, otro hábil comunicador, predicaba y debatía en lugares públicos de Asia Menor, particularmente en sinagogas y mercados, con el fin de relacionarse con todo tipo de personas, tanto judías como gentiles. Cuando la gente comenzó a creer, Pablo plantó iglesias —redes sociales— en todo el mundo mediterráneo. Se comunicaba con ellos mediante cartas enviadas por mensajeros, como Timoteo; este método de comunicación utilizaba la mejor tecnología, sobre todo los caminos romanos, para difundir el evangelio. Este esfuerzo tan enérgico por emplear una amplia gama de estrategias de comunicación, desde viajes intensos hasta debates abiertos y cartas, le ha valido a Pablo el apelativo de "el primer apóstol cibernético". Al aprovechar la tecnología disponible en su época, desde barcos hasta caminos y cartas, pudo "estar virtualmente presente en diferentes iglesias y en diferentes épocas"[331].

Pablo comunicó el evangelio a las culturas que encontró al integrar sus creencias y prácticas en su mensaje. En el Areópago de Atenas, situado a la sombra del Partenón, citó a algunos de sus poetas (Hechos

17:28). Con más audacia, relacionó las buenas nuevas de Jesucristo con su cultura religiosa al hacer referencia directa a un altar que habían hecho a un Dios desconocido, "Varones atenienses", predicó Pablo, "he observado que ustedes son muy religiosos. Porque al pasar y observar sus santuarios, hallé un altar con esta inscripción: 'Al Dios no conocido'. Pues al Dios que ustedes adoran sin conocerlo, es el Dios que yo les anuncio" (17:22-23)[332].

El Papa Juan Pablo II, en *Redemptoris Missio (La misión del Redentor)*, destacó el ejemplo de Pablo como una persona que los cristianos deben emular en nuestra era de medios de comunicación y tecnología tan diferentes. "El primer Areópago de la era moderna es el *mundo de las comunicaciones*... No basta con utilizar los medios de comunicación simplemente para difundir el mensaje cristiano... También es necesario integrar ese mensaje en la 'nueva cultura' creada por las comunicaciones modernas"[333]. El Papa Juan Pablo II hizo esta afirmación antes del auge de la internet; ciertamente, aún más ahora se da la existencia de una "nueva cultura" a tomar en cuenta cuando se comunica el evangelio.

Los proponentes del 'e-vangelismo' (evangelismo electrónico), como se le llama frecuentemente, utilizan la internet como medio para ganar acceso al campo misionero global. Es el equivalente en línea de la antigua y apostólica predicación y plantación de iglesias. La razón fundamental para el compromiso evangelístico a través de la internet es simple, tan simple y directa como la compulsión de los primeros cristianos a plantar iglesias en todo el mundo mediterráneo: "Los cristianos deben establecer una presencia" en la internet, "así como los misioneros habían viajado siempre para proclamar el evangelio en nuevas tierras"[334].

Fundamentos teológicos

La encarnación es el fundamento principal para el evangelismo de medios de comunicación. Como lo acabamos de ver, esto es práctico: Jesús adoptó modos de comunicación que son relevantes a través de diversos medios. Sin embargo, este fundamento teológico es más amplio. Este mismo Jesús —que se comunicaba con campesinos y sacerdotes, con discípulos y endemoniados— es la Palabra que estaba con Dios, que era Dios, en el principio (Juan 1:1). Es más que un comunicador; él, en carne y hueso, es también el medio divino —el *medium* divino— de comunicación. Jesús, la Palabra que vive, habla y sana a través del cual "todas las cosas fueron hechas" (v. 3), se encarnó y estableció contacto con el mundo con el propósito de comunicar a Dios de una manera íntima y habitando entre nosotros (v. 14). Esa comunicación encarnada era necesaria para que Dios pudiera ser comunicado a través de las palabras de Jesús, la Palabra. (v. 18). Esa comunicación encarnada era necesaria para que Dios pudiera traer luz —luz inextinguible— a un mundo en tinieblas (vv. 9-14).

Esta encarnación aparece en las discusiones sobre el evangelismo de medios de comunicación, especialmente las relacionadas con la internet. "Hay algo profundamente encarnado en la era digital", dicen tres investigadores y escritores que hablan sobre la comunicación digital y la iglesia. Ellos apoyan esta declaración con una paráfrasis de Hebreos 1:1-3, con fragmentos de Juan 1:1-4 entremezclados:

En el pasado Dios habló a nuestros ancestros por medio de papiro y papel de muchas y variadas maneras, pero en estos últimos días, su Palabra se muestra a través del ámbito digital. Dios es todo comunicación. El Evangelio de Juan comienza con la Palabra presente con Dios y comunicándose con Dios. Inmediatamente, esa Palabra se asocia con la luz, la vida y la creatividad, que son las características propias de la era digital, y se transmite al mundo, encarnada entre nosotros y hemos visto su gloria. Esa Palabra comunicada, esa Palabra encarnada, da a conocer a Dios, y hace exégesis de Dios para todos nosotros[335].

Otro fundamento teológico que nos hemos encontrado en otros capítulos —eclesiología— vuelve a aflorar en este último capítulo. El modelo de Dulles de la iglesia como heraldo ofrece una lente para entender el evangelismo de medios de comunicación, particularmente cuando se trata de iglesias en línea. La mayoría de las iglesias en línea son de naturaleza misionera y se esfuerzan por alcanzar a las personas interesadas en la fe y a los navegantes de internet. Un ejemplo que discutimos en el capítulo 5 es *Church Online*. Life.Church, que tiene su sede en Edmond, Oklahoma, estableció *Church Online*, junto con un edificio con asientos para avatares que asisten a la iglesia[336]. Esta iglesia en línea hace que el mensaje cristiano sea accesible en todo el mundo. Esta estrategia tiene una peculiaridad, ya que permite a *Church Online* llegar a personas incluso en países donde el cristianismo es ilegal en la actualidad y en donde se prohíbe físicamente la entrada a los misioneros. Se calcula que varios cientos de miles de personas por semana acceden a *Church Online* en todo el mundo, y el mayor número de ellos proceden actualmente de India y Pakistán. El servicio de *Church Online* siempre ofrece una invitación a seguir a Jesucristo, así como a participar en una comunidad cristiana en línea.

Dulles también identificó otro modelo, que hemos visto anteriormente, llamado la iglesia como servidora. En este caso, la iglesia no es solo portadora de un mensaje para el mundo; es portadora de las necesidades del mundo. Este modelo de iglesia como receptora, portadora, como servidora, abre un panorama para ver la internet como una oportunidad para *escuchar* más que para hablar. El Papa Francisco ha aprovechado esta vocación eclesial esencial al insistir en que la iglesia utilice las redes sociales para escuchar a las personas y oírlas expresar sus necesidades y esperanzas. En su mensaje de 2014 con motivo del Día Mundial de las Comunicaciones afirmó: "La Iglesia debe preocuparse y estar presente en el mundo de la comunicación para dialogar con las personas de hoy y ayudarlas a encontrar a Cristo. Necesita ser una Iglesia al lado de los demás, capaz de acompañar a todos en el camino. La revolución que se está produciendo en los medios de comunicación y en las tecnologías de la información representa un desafío grande y apasionante; debemos responder a ese desafío con energía e imaginación renovadas, mientras buscamos compartir con otros la belleza de Dios"[337]. En este conmovedor llamado, el Papa Francisco sitúa a las demás personas en el centro de la vocación de la iglesia. La iglesia las acompaña; la iglesia está a su lado.

Durante una visita reciente a Roma, escuché una frase similar en una esclarecedora conversación con la Dra. Natasha Govekar, quien supervisa las cuentas de Twitter e Instagram del Papa. Cinco años después del llamado del Papa Francisco a acompañar a las personas a través de los medios de comunicación, la Dra. Govekar me expresó esta convicción. Dijo: "¿Cuál es la mejor manera de conectar las redes sociales con las comunidades humanas? Miremos por la ventana. ¿Qué buscan estas personas? Con las redes sociales, hay una respuesta inmediata. Te responden. Si no escuchas a la gente, [a] sus profundos deseos, entonces se corre el riesgo de hacer preguntas que nadie hace. Con las redes sociales, tienes números, retroalimentación. Puedes ver las respuestas. Usamos esa retroalimentación para enviar un mejor mensaje". La Dra. Govekar comprende, al igual que el Papa Francisco, la conexión energizante entre una eclesiología rica y una sólida visión del evangelismo. De hecho, dos veces en el transcurso de esa única conversación, la supervisora de la cuenta de Twitter e Instagram del Papa planteó la pregunta esencial: "¿Cuál es la mejor manera de conectar las redes sociales con las comunidades humanas?"[338]

FUNDAMENTOS HISTÓRICOS

Gracias a la revolucionaria invención de Johannes Gutenberg de los tipos móviles para la imprenta a mediados del siglo XV, que prácticamente reemplazó los textos copiados a mano, la publicación y distribución de literatura cristiana ha sido un elemento básico del evangelismo de medios de comunicación. Tomemos, por ejemplo, a Florence Crawford (1872-1936), fundadora de la *Apostolic Faith Mission* (AFM), en Portland, Oregon. En 1908, salió de la prensa el primer número del boletín de su denominación, *Apostolic Faith* (Fe Apostólica); la tirada aumentó rápidamente a 150.000 números bimensuales y se amplió a ediciones en alemán y noruego[339]. Para 1920, la AFM publicó material religioso en diez idiomas y lo enviaba por correo a destinos en todo el mundo, desde Panamá hasta China. Para difundir la literatura aún más ampliamente, Crawford aprovechó dos vehículos: una lancha a motor de veintiocho pies, la *Morning Star*, y un avión Curtis Oriole de tres pasajeros, el *Sky Pilot*. Barcos mercantes con marineros de muchos países atracaban en el puerto de Portland, ubicado a unas cien millas del Océano Pacífico en el río Willamette. Los trabajadores de AFM ubicaban el *Morning Star* junto a los barcos atracados y utilizaban una escalera de extensión para subir a bordo, cuando se les daba permiso, para distribuir literatura del evangelio. Cuando los capitanes prohibieron su acceso, los trabajadores de AFM lanzaban "granadas del evangelio" o "paquetes impermeables de escritos y folletos en el idioma de los hombres en ese barco"[340]. Teniendo en cuenta la diferencia de altura entre el *Moning Star* y un carguero marítimo, las granadas debían lanzarse hasta quince pies de altura para que cayeran en la cubierta. Con tanto ingenio —y persistencia— la AFM difundió el mensaje del evangelio por todo el mundo, ya que los marineros de otros países llevaban los paquetes de regreso a casa.

El *Sky Pilot*, comprado en 1919 y pilotado por Raymond Crawford (1891-1965), hijo de Florence, se utilizaba para la distribución aérea de literatura. Una vez que el avión estaba en el aire, Crawford soltaba miles de ejemplares de literatura evangélica o copias del Evangelio de Juan en áreas específicas que incluían la penitenciaría estatal de Oregón, reformatorios, granjas pobres en los condados de Multonamh y Clackamas, y parques públicos en todo Portland un sábado por la tarde. Esta práctica solo duró unos pocos años porque en 1922 una orden judicial prohibió la práctica de soltar volantes desde el aire y el *Sky Pilot* se vendió. Pero eso no detuvo a la AFM. El evangelismo de medios de comunicación a través de literatura religiosa continúa hoy en su sede de Portland, donde el departamento de publicaciones produce más de dos millones de ejemplares de literatura anualmente en tres idiomas principales: inglés, español y portugués[341].

Cuando llegó la tecnología de la radio, la radiodifusión religiosa se convirtió instantáneamente en un nuevo escenario para el evangelismo a través de los medios de comunicación. La primera transmisión religiosa tuvo lugar durante un servicio dominical vespertino de la Iglesia Episcopal Calvario el 2 de enero de 1921, a través de KDKA Pittsburgh. Al año siguiente, John Roach Straton (1875-1929), pastor de la Iglesia Bautista Calvario en la ciudad de Nueva York, gastó $1,000 en la instalación de un transmisor para transmitir sermones y música. En cinco meses, la señal de 250 vatios de WQAQ se podía escuchar a lo largo de la costa atlántica desde Maine hasta Georgia. "Trataré de seguir haciendo mi parte", prometió Straton, "derribando las fortalezas de Satanás, y espero que nuestro sistema de radio resulte tan eficiente que cuando le retuerza la cola al diablo en Nueva York, su graznido se escuche en todo el continente"[342]. El evangelismo radiofónico alcanzó su punto culminante en la década de 1940, con la muy exitosa *Old-Fashioned Revival Hour* de Charles Fuller, que se transmitió a una audiencia estimada de veinte millones de personas en 456 estaciones, aproximadamente el 60 por ciento de todas las emisoras de radio en los Estados Unidos[343]. En muchas cartas dirigidas a Fuller, la gente testificaba que la radio se convertía en un altar, ya que se arrodillaban ante ella para entregar sus vidas a Cristo[344].

Luego vino la televisión comercial y los principales evangelistas de la segunda mitad del siglo XX se abrieron paso en este medio. Kathryn Kuhlman (1907-1976) comenzó presentando el popular programa de radio *Heart-to-Heart* (De corazón a corazón), que iniciaba con su pregunta familiar y conversacional: "Hola, ¿me han estado esperando?". Luego se diversificó hacia las transmisiones de televisión. Su serie de televisión de larga duración *I Believe in Miracles* (Creo en milagros) incluyó su propia y breve charla inspiradora, seguida de una entrevista con alguien sanado en alguno de sus servicios. Siguiendo los pasos de Kuhlman, Pat Robertson lanzó el *Club 700* y se convirtió en el "primer tele-evangelista en transmitir en televisión por satélite, lo que permitió que su *Christian Broadcasting Network* llegara a millones de personas las veinticuatro horas del día"[345].

Luego, por supuesto, surgió la internet a principios de la década de 1980. Menos de dos décadas después, cuando apareció el número especial de la revista *Time* "*Jesus Online*" (Jesús en línea) en 1996, decenas de sitios web religiosos ya poblaban la internet y la primera congregación cristiana virtual, "*The First Church of Cyberspace*" (La Primera Iglesia del Ciberespacio), había estado funcionando durante cuatro años[346]. Ese mismo año, un estudio de *Barna Group* recomendó que las organizaciones eclesiásticas deberían establecer rápidamente su presencia en el ciberespacio o perderían contacto con muchos miembros de sus propias iglesias[347]. En 2004, *Church of Fools*, patrocinada por la Iglesia Metodista Británica, celebró servicios semanales en línea durante varios meses, lo que permitió a los participantes estar presentes a través de avatares que adoraban e interactuaban entre sí sincrónicamente en

un entorno multiusuario 3D. En sus primeras veinticuatro horas en línea, la iglesia tuvo cuarenta y un mil
visitantes[348].

Entre las primeras iglesias en línea de "servicio completo", *Alpha Church* (Iglesia Alfa) comenzó en 1999 y
continúa hoy bajo el liderazgo pastoral de su fundadora,
la Reverenda Patricia Walker. Ella explica el impulso
evangelístico que la impulsó a plantar la Iglesia Alpha:
"Sí, el Señor me llamó desde el ministerio metodista
unido hace 20 años para ofrecer a Cristo en internet
cuando nadie hacía nada para evangelizar globalmente
en internet... Fue increíble ver a la gente salir del portal
cerrado de China para encontrar que Cristo los esperaba
en *Alpha Church*"[349]. *Alpha Church* ofrece "comunión,
bautismos, ofrendas, sermones [y] cantos" a través de
internet, y aproximadamente siete mil personas partici
pan en esta iglesia en línea semanalmente[350].

Los grupos cristianos albergan casi el 78 por ciento
de todos los sitios web religiosos en línea, y dentro del
cristianismo, el catolicismo romano es la iglesia más
grande representada[351]. Esto no es sorprendente si se
tiene en cuenta que la Iglesia Católica lleva mucho
tiempo apoyando el evangelismo de medios de comunicación. En 1930, el arzobispo Fulton Sheen (1895-
1979) lanzó un programa de radio, *The Catholic Hour*
(La hora católica), que alcanzó a unos cuatro millones
de oyentes en el apogeo de su popularidad. Luego se
trasladó a la cadena de televisión ABC, donde presentó una serie semanal, *Life Is Worth Living* (Vale la pena
vivir la vida), que atraía a unos treinta millones de es-
pectadores semanalmente[352]. A principios de la década
de 1990, la Iglesia Católica dio la bienvenida a la internet como una herramienta para cumplir su misión.
El Papa Juan Pablo II vio el potencial de las "oportu-

nidades que ofrecían las telecomunicaciones informáticas para cumplir con la misión de la Iglesia, a la que llamó la 'nueva evangelización'"[353]. En 1995, el Vaticano lanzó un sitio web y años más tarde creó su propio canal de YouTube. Con la incorporación de las redes sociales actualizadas, millones se han inscrito para seguir al Papa Francisco en Twitter en @Pontifex (18,1 millones) y en Instagram en @franciscus (6,5 millones).

FUNDAMENTOS PRÁCTICOS

Las opciones de medios de comunicación en el siglo XXI son innumerables: la palabra impresa, el teléfono, la radio, la televisión, el cine y, por supuesto, las redes sociales. Dada la rápida revolución que está produciendo en las redes sociales, para cuando este libro esté impreso, no hay duda de que parte de este capítulo estará obsoleto. Por esta razón, las estrategias recomendadas a continuación son lo suficientemente básicas como para permitir su aplicación a una amplia variedad de medios. Al mismo tiempo, esta sección se centrará en el 'e-vangelismo' —evangelismo a través de Internet— por las siguientes razones: es relativamente asequible para las personas, grupos pequeños e iglesias locales de todos los tamaños; es popular entre todas las edades demográficas; es interactivo; es global; y puede aumentar fácilmente el número y alcance de cristianos que comparten su fe[354]. "Con una inversión financiera comparativamente pequeña, los usuarios de internet pueden dar a conocer sus opiniones religiosas, al menos potencialmente, a millones de personas en todo el mundo"[355].

1. Establezca un equipo de medios de comunicación

El primer paso es identificar un grupo intergeneracional interesado en formar parte del equipo de evangelismo de medios de comunicación. Aunque, en algún momento futuro, contratar a un profesional de la tecnología puede tener sentido, mientras tanto, los voluntarios proporcionan el fundamento, ya que la mayoría de las opciones de evangelismo de medios de comunicación requieren una atención regular para mantener a la audiencia comprometida. Consideremos la posibilidad de recurrir a aquellos que habitan en lo que Leonard Sweet llama un mundo TGIF (Twitter, Google, iPhone, Facebook)[356], o para tomar prestados otros términos de él, son *Googlers* (seguidores de Google) en lugar de *Gutenbergers*[357] (seguidores de Gutenberg). El evangelismo electrónico (e-vangelismo) requiere una familiaridad particular con la cultura y el lenguaje de las redes sociales y la capacidad de manejar cambios y actualizaciones tecnológicas casi diarios.

Ciertamente, incluya jóvenes en el equipo, tal vez sea una clase de confirmación cuyos miembros dominen el idioma y las habilidades tecnológicas requeridas. Las personas mayores también deberían incorporarse al equipo. Su uso de las redes sociales está aumentando exponencialmente a medida que usan internet para mantenerse en contacto con familiares y amigos que viven en otros lugares. Además, a medida que las personas van dejando la fuerza laboral, tienen más tiempo para dedicar a los medios de comunicación a diario. En este caso, el potencial de un equipo intergeneracional, en el que los mayores son mentores de los jóvenes y los jóvenes son mentores de los mayores, es enorme. De esta manera el evangelismo de alcance se convierte en un medio poderoso para llegar a la iglesia, transformándola a través del desarrollo de relaciones de por vida entre grupos de edad que de otra manera no podrían interactuar.

El equipo de evangelismo de medios de comunicación debe participar regularmente en conversaciones de fondo sobre las posibilidades y los peligros, la ética y las excentricidades del evangelismo de medios de comunicación. La experta en medios y teóloga Angela Williams Gorrell anima a mantener conversaciones "significativas, imaginativas, crítica y teológicamente reflexivas, guiadas por el Espíritu y fructíferas ... *interesadas* en plantear y responder las preguntas esenciales que motivan una vida de fidelidad en un nuevo panorama mediático". Ella subraya la necesidad de que el equipo ore regularmente por la guía de Dios al utilizar los medios de comunicación para el evangelismo: "Oren para que Dios le enseñe a su comunidad lo que está haciendo en este panorama. En cada movimiento de conversación que manifiesta interés, invite al Espíritu Santo para que dirija y enseñe a su comunidad, y para que los ayude a escucharse y a cuidarse mutuamente mientras disciernen lo que significa ser una comunidad cristiana que atraviesa el terreno de los nuevos medios de comunicación"[358].

2. Enfóquese en una audiencia receptiva

El siguiente paso en el evangelismo de medios de comunicación es determinar cuidadosamente con qué audiencia conectarse a través de las redes sociales. Este asunto requiere una cuidadosa deliberación porque un enfoque de megáfono —saturar el mundo digital con un mensaje del evangelio desencarnado— no es tan efectivo como desarrollar intencionalmente contactos a través de los medios de comunicación y comprometerse relacionalmente hacia una conexión más profunda con Jesucristo. Es más ventajoso que la audiencia esté conectada con alguien del equipo de evangelismo de medios e, idealmente, también con la comunidad de la iglesia que apoya al equipo. Por lo tanto, la pregunta que debemos hacernos es: ¿Para cuál audiencia puede el equipo de evangelismo de medios de comunicación ser un puente?[359] Para responder a esta pregunta, busque intereses compartidos, datos demográficos compartidos o una ubicación geográfica compartida, lo que facilitará, en el paso 4, que se produzca una conversación cara a cara fuera de línea.

Una vez seleccionada la audiencia, averigüe todo lo que pueda sobre ella, especialmente sus preferencias de medios de comunicación. ¿Leen periódicos o revistas? ¿Prefieren los libros y, de ser así, de qué género? ¿Ven ciertos canales de televisión o programas de Netflix? ¿Escuchan determinados programas de radio o podcasts? ¿Cuál plataforma de redes sociales utilizan? El objetivo de estas preguntas de investigación es desarrollar un personaje real para la audiencia y luego tenerlo siempre en mente mientras el equipo crea y difunde contenido de medios[360].

3. Elija el medio de comunicación

La información obtenida del paso 2 ayudará a priorizar los medios a los que el equipo dedica tiempo y fondos. Algunos medios son más caros que otros.

Una presencia en radio o televisión, por ejemplo, está fuera del alcance de la mayoría de las iglesias. La Iglesia Bautista Sherwood en Albany, Georgia, es una excepción notable. Esta iglesia lanzó un ministerio cinematográfico en 2009 con $20,000 en donaciones, y sigue siendo viable financieramente porque las películas que producen generan ingresos más allá de los gastos[361]. Dado que, a diferencia de la televisión y la radio, varios medios sociales son relativamente asequibles y muy utilizados, centraremos nuestra atención en ellos en particular.

Cada una de las opciones de redes sociales que se presentan a continuación requiere un delicado equilibrio entre el evangelismo electrónico y otros tipos de contenido, porque si el alcance de lo que se ofrece en las redes sociales (o en cualquier tipo de medio) es 100% evangelístico, la participación de la audiencia tenderá a disminuir. Historias de interés humano, arte musical, teatro, reflexiones breves sobre temas teológicos, reseñas de libros y preguntas frecuentes sobre el cristianismo, contribuyen a que los medios de comunicación sean interesantes, informativos y amigables para los interesados en la fe. No es necesario que el equipo de evangelismo de medios de comunicación invente todas estas cosas; se pueden incluir a través de hipervínculos a blogs, artículos, videos o fotografías. Lo mismo ocurre a la inversa. Demuestre interés por su audiencia interactuando con sus publicaciones a través de comentarios, "me gusta" y volviendo a publicar o "retuitear". Las redes sociales son *sociales*: "Las redes sociales se llaman así porque están pensadas para la interacción. Nuestros esfuerzos en las redes sociales deben implicar mucho más que simplemente transmitir nuestro mensaje. Hay que sintonizar con las vidas y las noticias de las otras personas con las que nos conectamos ... Esfuércense por lograr una proporción de 80/20 de cuatro comunicaciones de interacción por cada mensaje promocional"[362].

Con esto en mente, catalogaré brevemente algunas opciones de redes sociales que pueden ser beneficiosas en el evangelismo de medios de comunicación.

Sitio web

Un sitio web, "la ventana frontal de la internet", es un lugar indispensable para comenzar el evangelismo de medios de comunicación[363]. Si ya existe un sitio web para su iglesia, tómese el tiempo de revisarlo lenta y críticamente, adoptando el personaje establecido en el paso 2. En otras palabras, analice el sitio web de la iglesia desde la perspectiva de una persona externa. Lo más probable es que este ejercicio ponga de manifiesto que la información disponible en el sitio web atrae a las personas ya iniciadas, no a los visitantes del sitio. Muchos sitios web de iglesias funcionan como un tablero de anuncios anticuado, en el que de vez en cuando se publican anuncios sobre programas de la iglesia y fotos de los miembros en el culto. Incluso la información básica que guía a los visitantes a la ubicación de la iglesia, los horarios de los servicios y los nombres y números del personal a veces no está disponible o es difícil de encontrar. Si este es el caso, entonces hace falta por completo una conexión intencional y atractiva con los interesados y navegantes de internet.

El objetivo es desarrollar un sitio web que sea un "sitio pegajoso, uno que atraiga a la gente a volver por más"[364]. Un punto de partida imprescindible es un botón de "Contáctenos" (en negrita) y que alguien del equipo de medios lo revise con regularidad, incluso a diario. Una vez solucionado esto, las posibilidades son enormes. Incluya foros interactivos que sirvan para que una gran variedad de personas comparta ideas, experiencias y puntos de vista. Inserte hipervínculos a oportunidades de servicio, blogs y videos que lleven a las personas a profundizar en la vida de fe. Publique una reflexión bíblica provocativa o un testimonio personal dirigido específicamente a presentarle a Dios a un internauta. Una persona llegó a la fe al buscar en Google esta sencilla pregunta: ¿Existe Dios? Se encontró con el sitio web de *Campus Crusade for Christ* (Cru) y eventualmente oró lo que Cru llama la oración del pecador. Un miembro del personal de Cru respondió a su correo electrónico poniéndola en contacto con un grupo local de Cru en su universidad[365].

Un estudio de *Pew* recomienda una variedad de métodos para captar la atención del buscador o interesado en la fe: información general sobre el cristianismo, debates sobre temas sociales, meditaciones guiadas, devocionales u otro material para la oración personal[366]. Las posibilidades interactivas no tienen fin; las limitaciones estarán determinadas por el tiempo y el personal que publique, participe y responda.

Facebook

Al ser la herramienta número uno de las redes sociales actualmente disponible, Facebook ofrece una prolífica oportunidad de divulgación. Un estudio de *Barna Group* descubrió que la mayor parte del compartir la fe en línea se realiza ahora a través de Facebook, por lo que este es un lugar razonable para comenzar a llegar a un público objetivo con el evangelio. Actualmente, más de dos mil millones de personas son usuarios activos en Facebook[367]. Cinco nuevos perfiles de Facebook se conectan cada segundo, lo que "suma una tasa de 18.000 nuevos usuarios por hora"[368]. Además, "el 74% de los usuarios de Facebook dicen que visitan el sitio a diario y alrededor de la mitad (51%) dice que lo hacen varias veces al día"[369]. Estadísticas abrumadoras por decir lo menos, pero si se presta atención al paso 2, el equipo de medios de comunicación debe saber qué hace su personaje con Facebook: qué páginas, grupos, amigos e historias valora. Utiliza estos criterios para lograr una conexión con tu audiencia. Teniendo en cuenta que el usuario promedio de Facebook tiene 155 amigos, un equipo de evangelismo de medios de comunicación ya tiene una excelente oportunidad para crear una lista de amigos con quienes compartir publicaciones significativas sobre el evangelio[370].

Twitter

Diariamente se envían más de quinientos millones de tuits, a menudo con una foto, video o hipervínculo agregado a cada tweet de 280 caracteres[371]. La brevedad de un tuit permite responder en tiempo real a los acontecimientos y participar en ellos a medida que ocurren. Si hace público su perfil de Twitter, cualquiera puede seguirlo, ver sus tuits y retuitearlos. Al crear listas de grupos se relacionan con su audiencia, la interacción puede resultar sorprendentemente rápida y directa.

YouTube

Entre los jóvenes de dieciocho a treinta y cuatro años, YouTube es "la segunda plataforma preferida para ver vídeos en pantallas de televisión", y dos mil millones de usuarios acceden a ella mensualmente. YouTube atrae tanto a jóvenes como a mayores. Un poco más del 80 por ciento de las personas de quince a veinticinco años en los Estados Unidos lo usan, al igual que el 58 por ciento de los usuarios de Internet de cincuenta y seis años o más[372]. Una vez más, con el personaje de la audiencia en mente, cree y publique un vídeo en YouTube. Parece complicado, pero puede ser tan simple como contar la historia de cómo alguien del equipo de medios o de la comunidad de la iglesia llegó a la fe, o compartir una idea de un estudio bíblico o de su tiempo de oración que considere que es relevante para los demás y grabarlo en un teléfono inteligente. O, con el permiso respectivo, capture aspectos de los eventos a los que asiste (elementos de un servicio de adoración, una conversación durante un estudio bíblico) y publíquelos en YouTube. Luego, comparta este y otros contenidos relevantes en otros sitios de redes sociales, como Facebook y Twitter, o por correo electrónico.

Instragram and Snapchat

Lanzados en 2010 y 2011 respectivamente, tanto Instagram como Snapchat ofrecen a millones de usuarios la oportunidad de publicar imágenes, palabras y vídeos breves. Con los medios visuales en el centro de estos sitios, su popularidad continúa creciendo exponencialmente: "Las imágenes particularmente propician la participación y se sitúan un 180% por encima en términos de interactividad que las publicaciones de solo texto"[373]. Estos sitios también pueden fusionar la presencia en línea y fuera de línea, como sucede cuando los usuarios de Instagram se encuentran cara a cara en *InstaMeets*. Esta capacidad de que las comunidades en línea se conviertan en comunidades fuera de línea conduce al siguiente paso en el evangelismo de medios de comunicación.

4. Cultive relaciones en línea y fuera de línea

Las redes sociales brindan una excelente manera de iniciar conexiones con interesados en la fe y navegantes de internet en un "diálogo despreocupado"[374] relativamente informal. En este paso, la aspiración es transformar estas conexiones en relaciones más profundas. Para que esto suceda, proceda como lo haría con un nuevo conocido cara a cara; aquí, el mismo enfoque que fortalece una conexión fuera de línea se aplica también a una conexión en línea. Cuando usted se comunica a través de las redes sociales con alguien que no conoce, tómese el tiempo necesario para conocerlo. Al igual que lo haría en persona, pregunte a qué se dedican, quiénes forman parte de su familia, dónde crecieron, si siguen los deportes, qué podcasts escuchan, qué experiencia han tenido con la religión. Tenga siempre en cuenta la importancia de una asociación personal como descubrimos en el capítulo 1.

Cuando sea posible, una conversación en línea debe continuar fuera de línea, cara a cara o por teléfono. La mayoría de las conversaciones espirituales, 92 por ciento, todavía se llevan a cabo en persona, según el *Barna Group*, mientras que solo la mitad de las conversaciones ocurren a través de las redes sociales. Más revelador es su informe de que el 73 por ciento de las conversaciones que llevaron a un cambio de vida importante ocurrieron en persona. *Barna* también descubrió que muchos usuarios de internet utilizan simultáneamente varias plataformas de medios (como Facebook) *y* conversaciones en persona[375]. Esta fusión de fuera de línea y en línea, lo que se conoce como *hibridación*, se ha convertido en la norma para la mayoría de los estadounidenses. "Las interacciones en línea dan forma a las experiencias fuera de línea", explica Gorrel, "y la comunicación y las prácticas fuera de línea dan forma a la participación en línea de las personas"[376]. Lo que se desprende de esta observación es que el evangelismo de medios de comunicación no debe abordarse como un sustituto de las relaciones cara a cara; más bien, puede utilizarse para iniciarlas y desarrollarlas.

VALORACIÓN

Al rastrear las raíces históricas del evangelismo de medios de comunicación hasta la invención de la imprenta por parte de Gutenberg, o incluso más atrás, hasta la escritura de las cartas del apóstol Pablo, los proponentes de este modelo afirman que el evangelismo de medios de comunicación llegó para quedarse. Y a medida que nuevas opciones de medios estén disponibles, los evangelistas encontrarán formas de compartir el evangelio a través de ellos. Cada vez que los medios de comunicación mejoran, surge una nueva oportunidad. El evangelismo a través de los medios de comunicación, particularmente a través de internet, puede conectar a los cristianos con aquellas personas que se han desvinculado de la iglesia o que desconocen por completo el cristianismo. Es casi inconcebible que personas de la India y Pakistán accedan a la Iglesia en línea *Life.Church* con las tasas más altas. Ciertamente, parte del atractivo de este modelo de evangelismo proviene de la realidad de que las conversaciones religiosas a través de los medios de comunicación pueden resultar menos amenazantes para los interesados en la fe. El contacto inicial no es tan directo, no tan en la cara, lo que deja tiempo para reflexionar y responder.

Sin embargo, el evangelismo de medios de comunicación conlleva desafíos importantes. Puede consumir mucho tiempo; no es una actividad de temporada, como el evangelismo litúrgico o de visitación, ni tampoco es un evento anual, como un avivamiento o campaña. Una vez que inicia un sitio web o una cuenta de Twitter, es esencial "alimentar a la bestia". La creación y el mantenimiento de un sitio web de la iglesia o una página de Facebook no aumenta automáticamente las conversiones, la asistencia, las donaciones financieras, ni siquiera recibe la atención de nadie nuevo. Si a esto le agregamos la cantidad de dinero que los profesionales invierten en atraer seguidores a su producto u organización, es posible que los modestos esfuerzos de una iglesia pequeña o mediana no puedan ofrecer un contenido que atraiga la atención de los buscadores o interesados en la fe y los navegantes de internet. Además, está la realidad adicional de que los sitios dedicados a las religiones en línea de todo tipo se encuentran entre los de más rápido crecimiento en internet, más numerosos incluso que los dedicados al sexo. Dada esta realidad numérica, las personas pueden navegar en la internet fácilmente hacia prácticas de la wicca como hacia el cristianismo[377]. Por último, y lo más importante, existe una preocupación muy real por la seguridad al navegar por internet; está plagada de estafas, pornografía, juegos de azar y desinformación, todo ello creado y publicado por industrias lucrativas y depredadoras. Para hacer frente a estos y otros retos, el *equipo* de medios es clave. Hay una mayor seguridad tanto en el número como en los socios con los que puede orar y discernir antes de proceder.

¿Deberían aplicarse restricciones al evangelismo de medios de comunicación?

Los evangelistas, desde el apóstol Pablo hasta Florence Crawford, adoptaron rápidamente los desarrollos tecnológicos de su época para difundir las buenas nuevas de Jesucristo. Hoy en día, los defensores del evangelismo de medios de comunicación se sitúan en una trayectoria similar, una evolución, una revolución, en la que son capaces de difundir el evangelio más ampliamente, más rápidamente y de manera más libre que nunca. El alcance global de la internet es ciertamente asombroso en una época en la que más personas en todo el mundo poseen un teléfono móvil que un cepillo de dientes[378]. Los evangelistas electrónicos ven internet como un medio actual para cumplir con la Gran Comisión de Mateo 28: "Dios está haciendo algo grande, y es mejor que estemos atentos a lo que sucede a nuestro alrededor ... No debería sorprendernos que Dios haya hecho surgir la tecnología de la información para comunicar su Palabra al mundo entero"[379]. La capacidad de algunas personas incluso para insinuar la posibilidad de que Jesús se refiriera a la internet hace dos mil años cuando comparó el reino de Dios "a una *red* que fue echada en el mar y juntó toda clase de peces" (Mateo 13:47), demuestra que, al menos para algunos, los escollos de la internet palidecen en comparación con sus promesas. El discernimiento sobre la tecnología es superfluo; todo es bueno cuando se utiliza para implementar la Gran Comisión de Jesús.

Las personas más precavidas nos recuerdan que las redes sociales no son neutrales; nos moldean de maneras que a menudo pasan desapercibidas, especialmente cuando estamos inmersos en ellas. "Aunque utilizamos ampliamente las tecnologías de la comunicación, no percibimos fácilmente lo cargadas de valor que en realidad están"[380]. La aplicación selectiva de anuncios, la oferta específica de información y la desinformación a la hora de elegir, son peligros de la tecnología que se aplican igualmente al evangelismo de medios de comunicación.

A esto hay que añadir las desventajas que los estudios recientes de las redes sociales han identificado. Aumentan los niveles de estrés, incluido el cortisol, que es la principal hormona del estrés en el cuerpo. Presentan el peligro del anonimato: las personas responden con hostilidad y virulencia en formas que nunca podrían hacerlo cara a cara. (Este es el lado oscuro de la internet. Antes consideramos el otro lado, el potencial de ese anonimato, para indagar más profundamente en las afirmaciones del cristianismo). Permiten fácil acceso a industrias como la pornografía

233

y los juegos de azar. El mensaje no se puede separar
fácilmente del medio, y el medio, en manos de los
poderosos y bien financiados, puede ser oscuro y pe-
ligroso.

Algunas personas también dicen que la tecnología
fija el dial hacia el escape, en dirección de la diversión,
y lejos del pensamiento y la interacción sustanciales.
Lo que dijo Neil Postman en su libro de éxito comercial, *Amusing Ourselves to Death* (publicado por primera
vez en 1985), sigue siendo relevante hoy en día, en un
mundo donde las redes sociales están diseñadas para
distraer, dirigidas a complacer, disponibles las veinticuatro horas del día, los siete días de la semana, y al
alcance de la mano en público y en privado. Escapar
de la ubicuidad de las redes sociales solo puede tener
graves efectos secundarios, como lo demostró una
profesora al usar el libro de Postman en una tarea de
"ayuno de medios electrónicos", es decir, abstenerse
de todos los medios electrónicos durante veinticuatro
horas. El hijo de Postman incluye una reflexión sobre
esta tarea en una edición del vigésimo aniversario del
libro:

> Cuando anuncia la tarea, me dijo, el 90 por ciento de
> los estudiantes se encogen de hombros, pensando
> que no es gran cosa. Luego, cuando se dan cuenta de
> todas las cosas a las que deben renunciar durante to-
> do un día —teléfono móvil, computadora, internet,
> TV, radio del auto, etc.— "comienzan a lamentarse y
> refunfuñar". Ella les dice que todavía pueden leer li-
> bros. Reconoce que será un día difícil, aunque duran-
> te aproximadamente ocho de las veinticuatro horas
> estarán durmiendo...
>
> "Los trabajos que recibo son increíbles", dice la
> profesora. Tienen títulos como "El peor día de mi

vida" o "La mejor experiencia que he tenido", siempre extremos[381].

Postman predijo que la mezcla de religión y televisión no acabaría bien para la religión. "Creo que no me equivoco al decir que el cristianismo es una religión exigente y seria. Cuando se presenta como algo fácil y divertido, es otro tipo de religión totalmente diferente"[382]. Ahora avancemos dos décadas: ver una cadena televisión, como la conocía Postman, es casi una reliquia, reemplazado por ver Netflix de forma compulsiva. ¿Cuánto más podría hacerse realidad su predicción?

La conclusión de esta tensión entre las posibilidades y las trampas de las redes sociales es la necesidad de proceder con cautela en el uso del evangelismo de medios de comunicación. El Papa Francisco nos recuerda que "la internet es un regalo de Dios, pero también es una gran responsabilidad"[383]. El evangelismo a través de medios de comunicación, al igual que todos los esfuerzos en la vida cristiana, se aborda mejor en comunidad, con un fuerte vínculo con personas reales, en un equipo que brinda rendición de cuentas.

Como Pablo oró en Filipenses 1:9-11, los seguidores de Cristo deben practicar el discernimiento: "Y esta es mi oración: que su amor abunde aún más y más en conocimiento y discernimiento para que aprueben lo mejor, a fin de que sean sinceros e irreprensibles en el día de Cristo, llenos del fruto de justicia, fruto que viene por medio de Jesucristo, para gloria y alabanza de Dios". Este es un esfuerzo comunitario. De hecho, la oración de Pablo está dirigida a una comunidad. Cuando dice *su*, el pronombre griego es plural. Cuando usa verbos, como *sean*, estos son en plural en griego. El discernimiento es un proceso plural, un asunto comunitario. Esta constatación es un ingrediente fundamental del evangelismo de medios de comunicación.

¿Cómo puede el evangelismo de medios de comunicación relacionarse más eficazmente con la Iglesia?

La esperanza del evangelismo de medios de comunicación, al igual que con cada modelo de evangelismo de este libro, es que las personas experimenten una transformación de vida al convertirse en discípulos de Jesucristo. ¿Entonces qué? ¿A dónde van los nuevos cristianos, que llegaron a la fe a través del evangelismo de medios de comunicación, para recibir más enseñanza, tutoría y apoyo? La preocupación es que vivan en un relativo aislamiento en lugar de unirse a una comunidad cristiana donde puedan aprender y practicar las virtudes de cultivar una fe más profunda en medio de los vericuetos de la iglesia y el mundo. Nos encontramos con preguntas similares en nuestro estudio del modelo de evangelismo de avivamiento o campaña. Histórica y estadísticamente, una vez que la luz de la mañana se levanta sobre las decisiones del llamado al altar después del calor del evento de avivamiento de la noche, la mayoría de las veces nada ha cambiado para la persona o la iglesia. Entonces, ¿qué puede hacer un nuevo converso para no quedarse solo?

Al igual que con los avivamientos o campañas, la iglesia debe invertir en el evangelismo de medios de comunicación desde el principio. El apoyo de la iglesia en oración es crucial tanto para el lanzamiento como para el progreso sostenido del evangelismo de medios. Es absolutamente necesario que la iglesia dé una sincera bienvenida y ofrezca un puerto de entrada, fuera de línea o en línea, a los nuevos seguidores de Jesús. Aquí es donde una antigua iglesia en línea como *Alpha Church*, en la que los conversos pueden bautizarse y participar en la comida de la comunidad, la Cena del Señor y el culto y el debate regulares, puede ser muy beneficiosa para los nuevos cristianos que desean permanecer en línea o que no pueden acceder fácilmente a una iglesia en persona. Quizás también sea necesario un nuevo portal, en forma de un grupo pequeño en línea. O se pueden identificar oportunidades de servicio para participar en el trabajo de justicia a través de la iglesia, fuera de línea o en línea, a fin de involucrar al nuevo converso en el evangelio integral.

Con esta lista de sugerencias, retomamos una perspectiva que hemos recogido una y otra vez en nuestro estudio de los ocho modelos de evangelismo. Estos modelos no son islas distantes en un mar de evangelismo. Más bien componen un archipiélago. El evangelismo eficaz de medios de comunicación requiere las relaciones del *evangelismo personal*. Puede ser bien servido por los portales del *evangelismo en grupos pequeños*, por el culto y la educación regulares proporcionados por el *evangelismo litúrgico*, y por la oportunidad de vivir concretamente el evangelio integral para el mundo entero a través del *evangelismo profético*. En otras palabras, la iglesia es una vez más el crisol de la fe cristiana, en línea y fuera de línea. El mandato de Jesús de "hacer discípulos a todas las naciones, bautizándoles en el nombre del Padre, del Hijo y del Espíritu Santo, y enseñándoles que guarden todas las cosas que les he mandado" (Mateo 28:19-20) no es desencarnado. La Palabra se hizo carne, no papel, no ondas de sonido, no código. La Palabra se hizo carne y vivió entre nosotros. Y ahora, es nuestro privilegio vivir como esa Palabra en nuestro mundo.

PREGUNTAS DE REFLEXIÓN

• ¿Cómo valoraría usted el evangelismo de medios de comunicación?

• ¿Se están utilizando los nuevos medios de comunicación para el evangelismo con demasiada rapidez y entusiasmo?

• ¿Puede una iglesia pequeña o sin abundantes recursos financieros dedicarse al evangelismo de medios de comunicación?

• ¿Está usted de acuerdo con el Papa Francisco en que "la internet es un don de Dios, pero que también en una gran responsabilidad? ¿Por qué sí o por qué no?

• ¿Qué otro modelo de evangelismo se complementa mejor con el evangelismo de medios de comunicación? ¿Por qué?

Conclusión

Cuando Brian McLaren plantea la pregunta: "¿Qué tal si el evangelismo es una de las cosas que más necesita nuestro mundo?", se muestra en desacuerdo con muchos cristianos —especialmente protestantes históricos— que se retuercen las manos y se disculpan por lo que llaman "la palabra 'e'", como si el evangelismo fuera una maldición, una plaga, una vergüenza. McLaren admite que algunos evangelistas tristemente célebres venden a Dios como si se tratara de un revestimiento de vinilo, pero reconoce y destaca para nuestra consideración el tesoro del buen evangelismo que realizan los buenos evangelistas, que acompañan a las personas para ayudarles a encontrar a Jesús de una manera que les cambia la vida. McLaren pregunta de nuevo "¿Y qué tal si [hay] personas que son literalmente enviadas por Dios para intervenir, para ayudar a aquellos de nosotros que hemos estropeado nuestras vidas, para darnos una muestra de la gracia, un 'rumor de gloria', como dice el compositor Bruce Cockburn?" McLaren sabe que el buen evangelismo y los buenos evangelistas pueden marcar la diferencia en nuestro mundo frenético, agotado y desgastado[384].

Pero, ¿qué hace *bueno* al evangelismo? La buena noticia es que usted ya ha descubierto la respuesta a esta pregunta en la sección titulada "fundamentos prácticos". En la sección práctica de cada capítulo, se repiten cinco cualidades clave del buen evangelismo: hospitalidad, relación, integridad, transmisión del mensaje y arraigo en la iglesia. Cuando consideramos las diferencias dramáticas que dividen los diferentes modelos que hemos recorrido en este libro —

pensemos en el evangelismo de iglecrecimiento versus el evangelismo profético, el evangelismo de avivamiento o campaña versus el evangelismo de grupos pequeños— la recurrencia de estas cinco cualidades es sorprendente. Brillan en cada modelo de este libro, como mineral valioso en una mina profunda. No importa qué modelo usted prefiera, no importa qué modelo elija implementar, no importa si escoge un elemento aquí o allá para crear su propio modelo único de evangelismo o fusionar varios modelos juntos, estas cinco cualidades: hospitalidad, relación, integridad, llevar el mensaje y arraigo en la iglesia, son los ingredientes esenciales que miden su esfuerzo evangelístico.

Si, a medida que avanza, desea evaluar si está en el camino correcto, hágase esta pregunta: *¿Son estas cinco cualidades esenciales para el modelo de evangelismo que he desarrollado?* Los planes, programas y personal variarán, pero estas cinco cualidades siguen siendo el estándar de oro de un esfuerzo evangelístico. Si tiene dudas en cuanto a emprender una iniciativa evangelística a gran escala, adopte estas cinco cualidades incluso antes de comenzar. Pruébelas, algo que probablemente ya haya hecho, aunque ahora puede hacerlo a propósito.

- Practique la hospitalidad.
- Forme relaciones.
- Viva con integridad.
- Lleve el mensaje cristiano.
- Arráiguese en una iglesia cristiana.

A medida que usted se vuelve cada vez más consciente de estas cinco cualidades, a medida que las practique día a día, tal vez incluso sin darse cuenta, se estará preparando para el buen evangelismo. Los buenos evangelistas no brotan de la noche a la mañana; maduran a medida que cultivan estas cualidades. Este tipo de maduración y ablandamiento es necesario, especialmente para una práctica que recibe más mala imagen de la prensa de la que le corresponde. Para asegurarnos de que participamos de un buen evangelismo, podemos dedicar unos momentos para explorar, una última vez y de una sola vez, estas cinco cualidades esenciales.

HOSPITALIDAD

¿Recuerda usted la modesta invitación de Iva Dardanct, "¿Qué tal una buena Coca-Cola fría?" ¿Debería usted recordar esto? ¿Es este un ejemplo de evangelismo superficial y poco profundo, muy alejado de lo que fue una vez la hospitalidad? "Al principio, la palabra 'hospitalidad' podía evocar la imagen de una suave y dulce amabilidad, fiestas de te, conversaciones insulsas y una atmósfera general de acogimiento", comentó Henri Nouwen. "Probablemente esto tiene sus buenas razones, ya que en nuestra cultura el concepto de hospitalidad ha perdido gran parte de su poder y se utiliza a menudo en círculos donde somos más propensos a esperar una piedad diluida que una búsqueda seria de una auténtica espiritualidad cristiana"[385].

Nouwen prefirió, en cambio, vivir en el antiguo significado de hospitalidad como el ofrecimiento de un espacio donde "se puede producir el cambio", un espacio donde "el extraño puede entrar y convertirse en un amigo en lugar de un enemigo"[386]. La palabra

griega *filoxenia*, traducida al español como "hospitalidad", es una combinación de dos palabras griegas:
filia, la palabra griega para amor y amistad, y *xenos*, la
palabra griega para extraño. Conectemos los puntos y
hospitalidad sugiere *amor por el extraño*.

Esta es la esencia del mandamiento en la carta a los
Hebreos en el Nuevo Testamento: "No se olviden de
la hospitalidad [*tes filoxenias*] porque por esta algunos
hospedaron ángeles sin saberlo" (13:2). Este encargo
refleja Génesis 18:1-15, que destila la esencia de la
hospitalidad: Abraham y Sara dieron la bienvenida a
tres extraños, que aparecieron sin ser invitados a la
entrada de su tienda. A pesar de ser completos extraños que se materializaron de manera extraña,
Abraham y Sara les prodigaron una espléndida hospitalidad. Allí, en ese espacio hospitalario, sus inesperados invitados le dijeron a la vieja y desprevenida pareja que, finalmente, tendrían un hijo. La hospitalidad
había cambiado la situación, sorprendentemente,
cuando los dadores de aquella hospitalidad pródiga —
los evangelistas— se convirtieron en evangelizados,
los receptores de las buenas nuevas.

Nouwen tenía razón. La hospitalidad es cualquier
cosa menos sentimental y superficial. No es poca cosa
hacer que los extraños se sientan bienvenidos en un
grupo pequeño evangelístico, en un ambiente de con-
vivencia con abundante comida y bebidas. No es poca
cosa planear un avivamiento o campaña al que los
extraños se sientan genuinamente invitados. No es
poca cosa desarrollar, lo que los estrategas de iglecrecimiento llaman nuevos puertos de entrada, diseñados
para brindar la más cálida bienvenida a los extraños.
No es poca cosa, como bien saben los evangelistas de
medios de comunicación, invitar, en lugar de informar

o intimidar, a un extraño a la iglesia a través de un sitio web. Ciertamente tampoco es poca cosa, transformar un servicio de adoración del domingo por la mañana en un servicio de hospitalidad, en el que los miembros son anfitriones de los extraños en lugar de ser solo amigos entre sí.

La hospitalidad es profunda y deliberada. Es estratégica. Está bien planificada y, lo que es igual de esencial, implementada por anfitriones cuyos ojos se fijan en los extraños, cuyas posturas están orientadas hacia afuera, cuyas relaciones se encuentran en el futuro y no solo en el pasado.

Entonces, ¿fue la invitación de Iva Dardanet, "¿Qué tal una buena Coca-Cola fría?" cursi y superficial, una traición a las antiguas normas de hospitalidad? Podría haberlo sido, si Iva no hubiera invitado a su vecina a su casa, a un estudio bíblico, o a una comunidad cristiana. Y cuando Iva murió de cáncer cuando era joven, ella y su vecina, mi suegra, eran las mejores amigas. El propio esposo de Iva, Luis, un inmigrante de Perú, también había encontrado una red de amigos en la pequeña iglesia en la que él e Iva habían sido bienvenidos y que lo ayudaron a superar esta devastadora pérdida. Hospitalidad. La primera cualidad esencial del buen evangelismo.

RELACIÓN

Según un estudio reciente, la relación con un cristiano es la razón número uno por la que las personas tienden hacia el cristianismo; el evangelismo se practica más efectivamente a través de una relación personal. El estudio reveló que casi las tres cuartas partes de los encuestados identificaron a un cónyuge o pareja, una congregación, un ministro, un miembro de la familia o un amigo como la influencia central en su decisión. Si los hijos se cuentan como una influencia, entonces la cifra aumenta al 86 por ciento; casi nueve de cada diez personas, jóvenes y mayores, atribuyen su fe a otra persona que conocen[387]. Incluso los especialistas en evangelismo de medios de comunicación coinciden. Los autores de un documento de cien páginas sobre el uso de las redes sociales en el evangelismo subrayan la centralidad de las relaciones: "Las relaciones humanas son preciosas, ya sean cara a cara o las virtuales que tienen lugar en las plataformas de redes sociales. Requieren tiempo, oración e inversión personal". Estos mismos autores continúan con una palabra de advertencia y aliento que se enfoca en la centralidad de las relaciones: "Si bien aplaudimos su interés en utilizar las redes sociales como una plataforma de ministerio", escriben, "queremos dejarle claro que la creación y construcción de relaciones ... es tanto una oportunidad magnífica como una gran responsabilidad que no debe tomarse a la ligera"[388].

El evangelismo no es mecánico; el evangelismo es relacional. Los extraños a la fe no son objetivos; son seres humanos de pleno derecho, con quienes los cristianos están llamados a relacionarse.

La práctica de desarrollar y preservar las relaciones es aún más importante en el evangelismo de hoy porque la mayoría de los cristianos ahora llegan a la fe de manera gradual en lugar de instantáneamente. Los avivamientos o campañas en Estados Unidos florecieron en su día, llenos de urgencia por decisiones inmediatas —"Los autobuses esperarán", decía Billy Graham para calmar a las masas que asistían a sus cruzadas—, pero ahora su impacto ha disminuido drásticamente. El estudio mencionado anteriormente también afirma que "el estereotipo de la persona promedio que se convierte en cristiano en un momento de repentino despertar o conversión es, en su mayor parte, falso. Sucede, por supuesto, pero no en la mayoría de los adultos en los Estados Unidos. La preocupación por obtener resultados rápidos, además, puede incluso ser poco saludable si se tiene en cuenta el tipo de cambios en los patrones de vida, prácticas, compromisos, creencias y propósitos que a menudo terminan acompañando la conversión"[389].

Estas estadísticas y análisis de estudios recientes demuestran que el evangelismo requiere tiempo y atención, especialmente tiempo y atención a las relaciones. El evangelismo es a largo plazo. Stone escribe: "Aquellos que quieren ayudar a otros a llegar a la fe deben tomarse en serio cómo pueden acompañar a quienes están en un peregrinaje de fe, alimentándolos y nutriéndolos mediante una comprensión de la fe como un proceso de cultivo de hábitos, prácticas, convicciones, y disposiciones de carácter a lo largo del tiempo"[390]. Llegar a la fe en el siglo XXI, en otras palabras, es un peregrinaje, no un trote.

Las relaciones a largo plazo son esenciales en una sorprendente variedad de modelos. El énfasis en las relaciones se adapta naturalmente al evangelismo personal, que es, obviamente, personal, una experiencia catalizada por una relación entre personas. Lo más sorprendente es que la relación personal también es indispensable para la evangelización de medios de comunicación, ya que requiere mantenerse al día con sus contactos a través de Facebook, correo electrónico, Instagram u otros sitios de redes socia-

les. También el evangelismo litúrgico, que abarca el
año eclesiástico, se basa en relaciones construidas
durante un período de tiempo de varios meses, incluso de varios años. Incluso el evangelismo profético, con su compromiso con la conexión entre palabra y obra, comunicación y acción, invita a establecer
relaciones en torno al trabajo comunitario duradero
de cambiar estructuras y desmantelar la injusticia en
todos los ámbitos.

Si la hospitalidad es una cualidad esencial del buen
evangelismo, la relación es otra. Estas dos cualidades,
por supuesto, están muy unidas. Sería un desafío ser
hospitalarios mientras se evita la posibilidad de las
relaciones personales, y ciertamente es difícil estar en
una relación si no se está dispuesto a ofrecer una auténtica hospitalidad.

Integridad

En 1927, el famoso crítico social y autor Sinclair Lewis dirigió su mirada hacia el evangelismo estadounidense. La novela de Lewis, *Elmer Gantry*, expuso la
hipocresía y la inmoralidad de un evangelista apenas
ficticio. Su caracterización del evangelista estadounidense arquetípico se convirtió en una caricatura de un
predicador de cejas sudorosas, vestido a rayas, que
vendía el evangelio como si fuera "pomada canaria", y
una sórdida y torpe apelación al dinero.

La evangelista de *Elmer Gantry* es un retrato apenas
velado de Aimee Semple McPherson, cuya tristemente célebre saga de secuestro en 1926, ya fuera realidad
o ficción malévola, cautivó la imaginación estadounidense apenas un año antes de la publicación del libro.

Desde 1927, los evangelistas, tanto mujeres como hombres, han sido cómplices de esta caricatura. En la década de 1980, por ejemplo, Jimmy Swaggart, habiendo sucumbido a aventuras sexuales, lloró en televisión. Jim y Tammy Bakker también cayeron, perdiendo su vasto imperio financiero, que hasta incluía un parque temático. Sus engaños económicos y sexuales motivaron justificadamente a muchas personas, entre ellas cristianos, a retroceder ante la mera mención del evangelismo. Si los evangelistas pueden ser caricaturizados como egocéntricos, codiciosos y poco confiables, no es únicamente el producto de la pluma de Sinclair Lewis; durante décadas, figuras de la vida real han actuado de la misma manera.

Un legado tan inquietante exige que el buen evangelismo se haga con una integridad extraordinaria y con una coherencia impecable. Algunos líderes cristianos de renombre son ejemplos de integridad, como Oscar Romero, la Madre Teresa y Billy Graham. Si bien tuvieron vocaciones dramáticamente diferentes, se esforzaron incansablemente por hacer coincidir sus palabras con sus hechos.

La integridad es la base para un buen evangelismo. Esto sale a relucir en una encuesta de 2016 a dos mil estadounidenses que no van a la iglesia y que admiten que el impacto positivo de los cristianos les resulta atractivo. Cuando se les preguntó: "¿Cuál de las siguientes opciones, si es que hay alguna, le haría estar más interesado en escuchar lo que los cristianos tienen que decir?", las respuestas seleccionadas con mayor frecuencia de las siete opciones dadas destacan la importancia de la integridad entre palabra y hecho:

• Los vi tratar mejor a los demás gracias a su fe.

• Los vi preocuparse por las necesidades de las personas debido a su fe.

• Los vi enfrentarse a la injusticia debido a su fe.

• Los vi utilizar su fe para resolver problemas en nuestra comunidad[391].

Estas respuestas son esperanzadoras en términos del buen evangelismo porque demuestran que cuando los cristianos sincronizan sus palabras y hechos con las buenas nuevas del evangelio, socavan, poco a poco, las actitudes y opiniones negativas de los no cristianos. En otras palabras, si los cristianos quieren que los no cristianos dialoguen con ellos, deben ser el tipo de personas a las que los demás se sienten atraídos al ver la integridad en todas las facetas de sus vidas.

LLEVAR EL MENSAJE

A lo largo de los años, cuando he impartido los cursos sobre evangelismo en varios seminarios teológicos, muchos estudiantes invariablemente han tropezado con esta cualidad del evangelismo que sigue. ¿Hospitalidad? Sí. ¿Relaciones? Por supuesto. ¿Integridad? Absolutamente. Pero ¿llevar el mensaje? Probablemente no. Una estudiante sugirió que una camiseta con el nombre de una iglesia servía como presentación del evangelio. Su razón fundamental era que la gente leería la camiseta y entendería que ese proyecto de servicio se hacía en nombre de Jesús. Luego, por supuesto, está la referencia inevitable a la frase de San Francisco, "Predica el Evangelio en todo momento. Cuando sea necesario, use palabras", a pesar de que la evidencia de que San Francisco realmente dijo esto es discutido[392].

Las buenas nuevas, expresadas verbalmente en el contexto del buen evangelismo –hospitalidad, relación e integridad– están profundamente arraigadas en las tradiciones judía y cristiana. Los profetas de Israel, una y otra vez, imaginaron un buen día lleno de sanidad y esperanza para sus comunidades. Consideremos nuevamente Isaías 52:7, que aparece en la introducción de este libro:

> ¡Cuán hermosos son, sobre los montes,
>   los pies del que trae buenas nuevas!
> Los pies del que anuncia la paz,
>   del que trae buenas noticias, del que anuncia salvación,
>   del que le dice a Sion: "¡Tu Dios reina!" (RVC)

Belleza. Paz. Buenas nuevas. Salvación o integridad (*yeshu'ah*). Hay belleza en el mensaje. Hay paz. También hay bondad. Y restauración. Y todas —tres veces, de hecho— se proclaman verbalmente. La pregunta que plantea esta visión profética no es: "¿Por qué debemos usar palabras para expresar las buenas nuevas?", sino "¿Cómo *no* usar palabras para expresar estas exquisitas buenas nuevas?"

Los Evangelios también están llenos de ejemplos de Jesús predicando las buenas nuevas del inminente reinado de Dios. El primer evangelio en la historia cristiana comienza así: "Después que encarcelaron a Juan [el Bautista], Jesús se fue a Galilea a anunciar las buenas nuevas de Dios [*kerysson a euangelion tou Theou*]. 'Se ha cumplido el tiempo', decía, 'El reino de Dios está cerca. ¡Arrepiéntanse y crean las buenas nuevas [*pisteuete en to euangelio*]'" (Marcos 1:14-15, NVI). Este es solo el primero de los innumerables casos en los que Jesús da testimonio verbal de las buenas nuevas que trae.

El libro de los Hechos, que narra la expansión de la iglesia desde Jerusalén, a través de Samaria, hasta la cuenca del Mediterráneo y finalmente a Roma, está salpicado de sermones, discursos y conversaciones. El sermón de Pedro en Pentecostés es solo el primero de ellos (Hechos 2:14-39). Está el de Esteban en Jerusalén (capítulo 7), el de Pedro en Cesarea (capítulo 10) y el de Pablo por todo el Imperio Romano, incluido su famoso discurso a los griegos en el Areópago, a la sombra del Partenón (capítulo 17). Pablo también habló en las sinagogas. En una ocasión, "entró en la sinagoga y habló allí con toda valentía durante tres meses. Discutía acerca del reino de Dios, tratando de convencerlos" (19:8). A estos sermones y actividades más públicas hay que añadir las muchas conversaciones privadas que los primeros cristianos tuvieron: en carruajes en los caminos del desierto (8:26-39), en las cárceles (16:25-34) y en los aposentos altos (20:7-8).

Las cartas de Pablo también son ricas en referencias al poder de las palabras, como su carta a la iglesia en Roma, una iglesia que él espera sea una plataforma de lanzamiento para una misión en España, los confines de la tierra: "¿Cómo, pues, invocarán a aquel en quien no han creído? ¿Y cómo creerán a aquel de quien no han oído? ¿Y cómo oirán sin haber quien les predique? ¿Y cómo predicarán sin que sean enviados? Como está escrito: '¡Cuán hermosos son los pies de los que anuncian el evangelio de las cosas buenas!'" (Rom. 10:14-15). En estas pocas líneas, Pablo remite a sus lectores a Isaías 52:7, a un mundo de belleza y bondad, características de las buenas nuevas que los cristianos anuncian al mundo.

Es esencial recordar que un sermón o un discurso no es el único o singular medio del mensaje. Esto es obvio en el evangelismo personal, de visitación y de medios de comunicación, pero también es parte integrante de otro modelo. Aunque en un avivamiento o campaña el predicador es el portador más visible del mensaje, también lo son aquellos que invitan a conocidos y compañeros de trabajo a sentarse a su lado. En el iglecrecimiento, las personas puente, aquellas que son conectores dentro de una red social, son portadores del mensaje del evangelio. Si el predicador y el celebrante en el evangelismo litúrgico son portadores del mensaje, también lo son los laicos que cantan y declaran las palabras de la liturgia, que enseñan y orientan a los catecúmenos y que reafirman su fe en los ritos de celebración del bautismo y la comunión. Cuanto más —y más diversos— portadores de mensajes haya, más rico y amplio será el impacto del mensaje cristiano.

Quizás los cristianos, por lo tanto, deberían modificar su memoria del aforismo atribuido a San Francisco. Quizás debería decir: "Predica el evangelio y, ya que son indispensables, usa palabras". Jonathan Merritt, de hecho, cuando reflexiona sobre las palabras de San Francisco, admite que

> Las palabras son mucho más necesarias de lo que esta cita nos hace creer. La fe cristiana no existiría, no puede existir, sin palabras. Son la forma en que la religión produce descendencia.

> Alguien habló y el interés se despertó.
> Alguien habló y un corazón se aceleró.
> Alguien habló y un espíritu se agitó.
> Alguien habló y un nuevo convertido nació[393].

Los cristianos son inevitablemente portadores de un mensaje, y ese mensaje está lleno de belleza, paz, bondad y salvación.

Arraigo en la iglesia

La omnipresencia de esta cualidad en todos los modelos de evangelismo puede parecer perjudicial para el impulso evangelístico, dada una percepción abrumadoramente negativa de la iglesia entre los que no asisten a ella. En una encuesta realizada a estadounidenses que no asisten a la iglesia, la gran mayoría de los encuestados identificó como punto de fricción a la iglesia misma, no a Jesús. El director de *LifeWay Research*, Ed Stetzer, señala que el 72 por ciento está de acuerdo en que la iglesia "está llena de hipócritas", es decir, personas que critican a los demás por hacer las mismas cosas que ellos hacen. Además, "el 86 por ciento cree que puede tener una buena relación con Dios sin estar involucrado en la iglesia"[394].

Por otro lado, aquellos que llegaron a la fe en Jesucristo, según un estudio reciente, nombraron a la iglesia como la inspiración clave. Ya sea que se convirtieron en cristianos gradualmente (los llamados gradualistas) o en un momento de resolución (los llamados conversionistas), estos encuestados señalan cómo una iglesia influyó en su decisión y les proporcionó un lugar donde encontraron relaciones, hospitalidad, acompañamiento y formación en la fe[395].

La realidad es que la iglesia es evangelista, ya sea que los miembros y el clero estén conscientes de ello o no. Especialmente en un mundo de libre accesibilidad a los medios de comunicación, el público observa lo que la iglesia hace y escucha lo que dice o no dice. Imagínese las publicaciones positivas de Facebook o los tweets que son tendencia en las redes sociales sobre una iglesia comprometida con la hospitalidad, las relaciones y la integridad, con un mensaje claro de belleza, bondad, paz y salvación. Por lo tanto, es absolutamente esencial que la iglesia moderna encarne las cualidades que se encuentran en la base del buen evangelismo.

Para esta comisión, la iglesia no necesita reinventar la rueda, aunque pueda que tenga que reinventarse a sí misma siguiendo el ejemplo de la primera iglesia de Jerusalén, en la que, a raíz del sermón de Pedro, comieron juntos, oraron juntos, aprendieron juntos y pusieron en común sus recursos financieros (Hechos 2:42-47). Al igual que la primera iglesia de Jerusalén, la iglesia contemporánea tiene la oportunidad de cultivar una base de integridad que no distinga entre piedad y posesiones, economía y euforia, evangelismo y justicia. Y, al igual que la primera iglesia, la iglesia contemporánea tiene la oportunidad de suscitar "el favor de todo el pueblo", aunque una mejor traducción de esta frase griega, una que es totalmente apta para nuestra comprensión del evangelismo, puede ser "gracia [*charin*] en presencia de todo el pueblo" (v. 47, traducción de la autora).

El evangelismo, entonces, no es el problema apremiante de la iglesia. La *iglesia* es el problema apremiante de la iglesia. Pero la iglesia también es un punto de promesa, una piedra angular para los que no asisten a la iglesia. Y la iglesia puede convertirse en una brújula para un mundo desorientado si adopta las cualidades que ejemplifican el buen evangelismo: hospitalidad, relación, integridad, un mensaje de las buenas nuevas del evangelio y arraigo en la iglesia. Este tipo de comunidad encarna las buenas nuevas; es la buena nueva. Con la búsqueda incesante de estas cinco cualidades, la iglesia puede ser una comunidad distintiva de discípulos centrados en Jesús que el mundo nota, quizás incluso admira, y que quiere "venir y ver" (Juan 1:46).

Notas

INTRODUCCIÓN

[1] Jennie Fowler Willing, "The Mother's Power in Evangelism," *Guide to Holiness* (December 1896): 220.

[2] "Nations Reaching Nations," Wilcrest Baptist Church, 2020, http://wilcrestbaptist.org.

[3] Barna Group, *Spiritual Conversations in the Digital Age: How Christians' Approach to Sharing Their Faith Has Changed in 25 Years* (Ventura, CA: Barna Group, 2018), 23.

[4] Richard Stoll Armstrong, *Service Evangelism* (Philadelphia: Westmister, 1979), 72.

[5] He aquí el contexto más completo de esta famosa frase, en un capítulo titulado "El no cristiano": "El evangelismo es un testimonio. Es un mendigo diciéndole a otro mendigo dónde conseguir alimento. El cristiano no ofrece de su abundancia. No tiene abundancia. Es simplemente un invitado a la mesa de su Maestro y, como evangelista, también llama a otros. La relación evangelística debe estar 'al lado de', no 'en contra'. El cristiano está al lado del no cristiano y le señala el evangelio, la acción santa de Dios". D. T. Niles, *That They May Have Life* (New York: Harper & Brothers, 1951), 96.

[6] Delos Miles, *Introduction to Evangelism* (Nashville: Broadman, 1983), 47.

[7] Martha Grace Reese, *Unbinding the Gospel: Real Life Evangelism* (St. Louis: Chalice, 2006), 6.

[8] Papa Francisco, *Evangelii Gaudium*, Vatican Publishing House, November 24, 2013, http://www.vatican.va/content/francesco/en/apost_exhortations/documents/papa-francesco_esortazione-ap_20131124_evangelii-gaudium.html, III. 15.

[9] Elegí modelos de evangelismo que cumplieron con tres criterios: (1) que demostraron longevidad, habiendo sido practicados durante al menos una generación y, en la mayoría de los casos, mucho más tiempo; (2) que ofrecieron un corpus bibliográfico sustancial que analizó cuatro fundamentos: bíblicos, teológicos, históricos y prácticos; y (3) que contaron con un número significativo de proponentes. En algunos casos, cuando varios modelos se traslapaban estrechamente, los fusioné en un solo modelo. Por ejemplo, en el evangelismo personal, integré el evangelismo

de estilo de vida como el paso 1 del modelo y el evangelismo de discipulado como el paso 4. Los ocho modelos discutidos aquí no agotan los modelos potenciales; sin embargo, representan una amplia, diversa y atemporal franja de las formas en que los evangelistas se han dedicado y se siguen dedicando al evangelismo.

PERSONAL

[10] Kevin Harney, *Organic Outreach for Ordinary People* (Grand Rapids: Zondervan, 2009), 13-14.

[11] "Why People Are Reluctant to Discuss Faith," Barna.com, August 14, 2018, https://www.barna.com/research/reasons-for-reluctance. Estas son tres de las cuatro respuestas más importantes.

[12] Tom Stebbins, *Friendship Evangelism by the Book: Applying First-Century Principles to Twenty-First-Century Relationships* (Camp Hill, PA: Christian Publications, 1995), 72.

[13] Hay más ejemplos a lo largo de los Evangelios, como el de Jesús cuando llama a Zaqueo mientras se acomodaba en el árbol para tener una mejor vista (Lucas 19:1-10) y el de las muchas personas que Jesús sana, como el endemoniado gadareno (Marcos 5:1-20).). En estas historias, Jesús sale al encuentro de las personas donde se encuentran y atiende su necesidad de sanidad, restitución o aprendizaje adicional; las personas responden a su vez trayendo a otros al encuentro con Jesús.

[14] Jack Levison and Priscilla Pope-Levison, *How Is It with Your Soul?* (New York: United Methodist Women, 2014), 71.

[15] El verbo griego *skenoo* puede significar "vivir", "habitar", "albergar" o "plantar una tienda". Por ejemplo, *eskenosen* (en Gén. 13:12 en la Septuaginta) tiene el significado de plantar una tienda: "Abraham acampó en la tierra de Canaán, en tanto que Lot habitó en las ciudades de la llanura, y fue poniendo sus tiendas hasta la ciudad de Sodoma".

[16] Véase Éxodo 40:34-38 en la Septuaginta.

[17] Joseph Aldrich, *Lifestyle Evangelism* (Colorado Springs: Multnomah, 1993), 31.

[18] Rebecca Manly Pippert, *Fuera del salero para servir al mundo: Evangelización como estilo de vida.* (Ediciones Certeza Unida, 2004), 30.

[19] Duncan McIntosh, *The Everyday Evangelist* (Valley Forge, PA: Judson, 1984), 15.

[20] D. McIntosh, *Everyday Evangelist*, 54.

[21] Jean Miller Schmidt, *Souls or the Social Order: The Two-Party System in American Protestantism* (Brooklyn: Carlson, 1991), 99; Thekla Ellen Joiner, *Sin in the City: Chicago and Revivalism, 1880-1920* (Columbia: University of Missouri Press, 2007), 85.

[22] Joiner, *Sin in the City*, 106.

[23] C. Howard Hopkins, *John R. Mott (1865-1955): A Biography* (Grand Rapids: Eerdmans, 1979), 26. Mott proporcionó inspiración y liderazgo al movimiento ecuménico del siglo veinte, y se le concedió el Premio Nobel de la Paz en 1946.

[24] Las Cuatro Leyes Espirituales consisten en estas declaraciones: (1) Dios te ama y tiene un plan maravilloso para su vida (Juan 3:16; 10:10); (2) La humanidad es pecadora y está separada de Dios; por lo tanto, no puede conocer ni experimentar el amor y el plan de Dios para su vida (Rom. 3:23; 6:23); (3) Jesucristo es la única provisión de Dios para el pecador. Solo en él puede usted conocer y experimentar el amor de Dios y el plan para su vida (Juan 14:6; Rom. 5:8; 1 Cor. 15:3-6); y (4) Debemos individualmente recibir a Jesucristo como Señor y Salvador para poder conocer y experimentar el amor y el plan de Dios para nuestras vidas (Juan 1:12; 3:1-8; Efesios 2:8-9; Apocalipsis 3:20). Bill Bright, "¿Ha oído usted las cuatro leyes espirituales?", Bright Media Foundation y Campus Crusade for Christ International, http://www.4laws.com/laws/spanish/default.htm.

[25] El material y las citas en estos párrafos, a menos que se indique lo contrario, proceden de un discurso grabado de Colson, que está disponible en YouTube. Chuck Colson, "Chuck Colson Gives His Testimony", Columbia University, 2008, YouTube video, 34:27, https://www.youtube.com/view_play_list?p=B7F7760E341D3 4BE.

[26] Jonathan Aitken, "Remembering Charles Colson, a Man Transformed," *Christianity Today*, April 21, 2012, https://www.christianitytoday.com/ct/2012/aprilweb-only/charles-colson-aitken.html.

[27] "Our Approach," Prison Fellowship, https://www.prisonfellowship.org/about.

[28] Stebbins, *Friendship Evangelism by the Book*, 153.

[29] Aldrich, *Lifestyle Evangelism*, 19-20.

[30] Harney, *Organic Outreach*, 62.

[31] Barna Group, *Spiritual Conversations in the Digital Age: How Christians' Approach to Sharing Their Faith Has Changed in 25 Years*. (Ventura, CA: Barna Group, 2018), 18.

[32] Harney, *Organic Outreach*, 63.

[33] Richard Peace, "Evangelism and Spiritual Formation." *Theology, News & Notes* 51, no. 3 (October 2004): 11-12.

[34] Para un recurso sobre la oración, véase Levison and Pope-Levison, *How Is It with Your Soul?*, 7-27.

[35] El movimiento ecuménico defina proselitismo como "todo aquello que viola el derecho de la persona humana … a ser libre de todo tipo de coerción física, restricción moral o presión psicológica que pueda privar a una persona o a una comunidad de la libertad de juicio y elección responsable". *Common Witness: A Study Document of the Joint Working Group of the Roman Catholic Church and the World Council of Churches*, WCC Mission Series 1 (Geneva: WCC, 1984), 24-25.

[36] Aldrich llama a esto la pregunta de la "peregrinación" y afirma que funciona cuando otras preguntas no lo hacen. Aldrich, *Lifestyle Evangelism*, 193.

[37] A esto se le ha llamado el "enfoque socrático" del evangelismo. George Barna defiende el enfoque socrático del evangelismo personal porque comienza preguntando a los demás sobre su versión de la respuesta al significado de la vida y la existencia de Dios, ayuda a desarrollar una relación entre los interlocutores y reconoce que el evangelismo tomará tiempo. Para obtener más información de Barna sobre el enfoque socrático al evangelismo, consulte Ron Crandall, *The Contagious Witness: Exploring Christian Conversion* (Nashville: Abingdon, 1999), 158.

[38] D. McIntosh, *Everyday Evangelist*, 17.

[39] James Kennedy, *Led by the Carpenter: Finding God's Purpose for Your Life!* (Nashville: Nelson, 1999), 90.

[40] Delos Miles, *Introduction to Evangelism* (Nashville: Broadman, 1983), 181.

[41] La presentación del Camino de los Romanos varía, pero generalmente incluye estos versículos: Rom. 3:23; 6:23; 8:1; 10:9-10; 10:13; 12:1-2. Véase Harney, *Organic Outreach*, 230.

[42] Véase la nota 15.

[43] El diagrama consiste en un abismo atravesado por la cruz. La humanidad está de un lado del abismo y Dios del otro, una imagen que subraya el abismo entre la humanidad y Dios. La cruz de Jesús atraviesa el golfo, permitiendo que aquellos que confían en Jesús pasen al lado de Dios. Para un análisis completo de este diagrama, véase Harney, *Organic Outreach*, 234.

[44] Aldrich, *Lifestyle Evangelism*, 187.

[45] Stebbins, *Friendship Evangelism by the Book*, 82-83.

[46] Robert Coleman, *El plan supremo de evangelización* (El Paso: Casa Bautista de Publicaciones, 1993).

[47] Pippert, *Fuera del salero*, 234.

GRUPO PEQUEÑO

[48] Robert Wuthnow, ed., *"I Come Away Stronger": How Small Groups Are Shaping American Religion* (Grand Rapids: Eerdmans, 1994), 369.

[49] "Registration," Starting Point, North Point Ministries, Inc., https://www.startingpoint.com/northpoint.

[50] Clyde Reid, *Groups Alive -Church Alive: The Effective Use of Small Groups in the Local Church* (New York: Harper & Row, 1969), 16-28.

[51] Neal McBride, *How to Lead Small Groups* (Colorado Springs: NavPress, 1990), 26. Véase en español: Neal F. McBride, *Cómo liderar grupos pequeños* (Christian Literature Crusade, 2004).

[52] Richard Peace, *Small Group Evangelism: A Training Program for Reaching Out with the Gospel* (Downers Grove, IL: InterVarsity, 1985), 13. Véase en español: Richard Peace, *La evangelización en grupos pequeños* (Ediciones Crecimiento Cristiano, 2ª edición, 2009).

[53] Gareth Weldon Icenogle, *Biblical Foundations for Small Group Ministry: An Integrational Approach* (Downers Grove, IL: InterVarsity, 1994), 14.

[54] Icenogle, *Biblical Foundations for Small Group Ministry*, 14.

[55] Hechos 27:33 dice: "Cuando comenzó a amanecer, Pablo exhortaba a todos que comiesen, diciendo: Este es el decimocuarto

día que veláis y permanecéis en ayunas, sin comer [*proslabomenoi*] nada". Hechos 27:36 dice: "Entonces todos, teniendo ya mejor ánimo, comieron [*proselabonto trophes*] también".

56 Icenogle, *Biblical Foundations for Small Group Ministry*, 20-21. Un refrán similar suena en Mat. 18:20: "porque donde dos o tres están congregados en mi nombre, allí estoy yo [Jesús] en medio de ellos".

57 Icenogle, *Biblical Foundations for Small Group Ministry*, 22-23.

58 Véase Avery Dulles, "Problems of Ecclesiology," *First Things* 87 (November 1998): 52.

59 Shirley Guthrie, *Chrisitan Doctrine* (Louisville: Westminster John Knox, 1994), 92.

60 Kallistos Ware, *The Orthodox Way* (Crestwood, NY: St. Vladimir's Seminary Press, 1995), 27.

61 Stanley Grenz, *The Social God and the Relational Self: A Trinitarian Theology of the* Imago Dei (Louisville: Westminster John Knox, 2001), 4, 9.

62 Catherine Mowry LaCugna, ed., *Freeing Theology: The Essentials of Theology in Feminist Perspective* (New York: HarperSanFrancisco, 1993), 84.

63 LaCugna, *Freeing Theology*, 84.

64 *Mil voces para celebrar: Himnario Metodista.* (Nashville, Tenn.: The United Methodist Publishing House, 1996), Himno #347. La traducción literal de esta estrofa es la siguiente: "Bendito sea el lazo que une nuestros corazones en amor cristiano; la comunión de mentes afines es semejante a la de arriba". Véase también: Grenz, *Social God and the Relational Self*, 336.

65 John Wesley, *The Nature, Design, and General Rules of the United Societies*, in Rupert E. Davies, *The Works of John Wesley, vol. 9, The Methodist Societies: History, Nature, and Design* (Nashville: Abingdon, 1989), 69-70. La base bíblica para esta idea de ayudarse mutuamente a "ocuparse en su propia salvación" está en Fil. 2:12. Véase también: Juan Wesley, *Naturaleza, propósitos y normas generales de las Sociedades Unidas en Londres, Bristol, Kingswood y Newcastle sobre el Tyne,* en Justo Gonzáles (Ed. General), *Obras de Wesley, Tomo V, Las primeras sociedades metodistas* (Edición auspiciada por Wesley Heritage Foundation. Franklin, Tennessee: Providence House Publishers, 1996), 52.

66 Glenn Gould, *Healing the Hurt of Man: A Study in John Wesley's "Cure of Souls"* (Kansas City, MO: Beacon Hill, 1971), 65.

[67] John Wesley, "Rules of the Band Societies, Drawn Up Dec. 25, 1738," in Davies, *Works of John Wesley* 9:77. También puede verse: Justo Gonzáles (Ed. General), *Obras de Wesley, Tomo V, Las primeras sociedades metodistas*, Reglamento de las Sociedades de Bandas (Edición auspiciada por Wesley Heritage Foundation. Franklin, Tennessee: Providence House Publishers, 1996), 57.

[68] John Wesley, "Directions Given to the Band Societies, Dec. 25, 1744," in Davies, *Works of John Wesley* 9:79.

[69] Charles Wesley, "Help Us to Help Each Other Lord," *The Hymnal of the Evangelical United Brethren Church*, #275 (Dayton: Board of Publications of the Evangelical United Brethren, 1957), 260-61. Para la traducción de la primera estrofa que aparece aquí: véase también: Justo Gonzáles (Ed. General), *Obras de Wesley, Tomo IX, Espiritualidad e Himnos, Notas al Nuevo Testamento, Primera Parte*, (Edición auspiciada por Wesley Heritage Foundation. Franklin, Tennessee: Providence House Publishers, 1996), 280.

[70] David Hempton, *Methodism: Empire of the Spirit* (New Haven: Yale University Press, 2005), 79.

[71] "Getting Started in Covenant Discipleship Groups," Discipleship Ministries, United Methodist Church, July 13, 2010, https://www.umcdiscipleship.org/resources/getting-started-in-covenant-discipleship-groups. Véase también David Lowes Watson, *Covenant Discipleship: Christian Formation through Mutual Accountability* (Nashville: Discipleship Resources, 1991). En español puede verse: David Lowes Watson, *Discípulos responsables: Manual para la Organización y Desarrollo de Grupos de Discipulado cristiano en la iglesia local* (Nashville: Ediciones Discipulado, 1991).

[72] George Gallup, *The Unchurched American: 10 Years Later* (Princeton: Princeton Religious Research Center, 1988), 4.

[73] Wuthnow, *"I Come Away Stronger,"* 350-51.

[74] "Una iglesia atractiva es aquella que se centra en atraer personas al edificio y los programas de la iglesia, siendo la reunión de culto la pieza central y la actividad más importante de la semana... Las iglesias de 'buscadores' que se hicieron muy populares en la década de 1990, fueron los principales ejemplos de la iglesia atractiva". Elaine A. Heath y Larry Duggins, *Missional, Monastic, Mainline: A Guide to Starting Missional Micro-Communities in Historically Mainline Traditions* (Eugene, OR: Cascade Books, 2014), 40.

[75] Wuthnow, *"I Come Away Stronger,"* 350-51.

[76] David Yonggi Cho, *Successful Home Cell Groups* (Alachua, FL: Bridge-Logos, 1981), 50. Véase también en español: David Yonggi Cho, *Los grupos familiares y el crecimiento de la iglesia* (Editorial Vida, 1982).

[77] M. Scott Boren, *Missional Small Groups: Becoming a Community That Makes a Difference in the World* (Grand Rapids: Baker Books, 2010), 159. Para ver la escala de Engel completa, consulte James F. Engel y Wilbert Norton, *What's Gone Wrong with the Harvest?* (Grand Rapids: Zondervan, 1975).

[78] Ada Lum, *How to Begin an Evangelistic Bible Study* (Downers Grove, IL: InterVarsity, 1971), 8.

[79] Rebecca Manley Pippert, *How to Lead a Seeker Bible Discussion* (Downers Grove, IL: InterVarsity, 2003), 9, 37. Pippert sugiere tres partes clave para un estudio bíblico inductivo: observe, interprete, aplique. También puede verse: Rebecca Manley Pippert, *Cómo dirigir un estudio bíblico para buscadores* (Publicaciones Andamio, 2015).

[80] Pippert, *How to Lead a Seeker Bible Discussion*, 9-10.

[81] El sitio web de CRU explica Voke de la siguiente manera: "Voke es una aplicación para compartir video que ofrece videos contundentes y cortos que le ayudarán a iniciar conversaciones más profundas que realmente importan". El sitio web también sugiere cómo utilizar Voke efectivamente: "Seleccione una breve película de nuestra videoteca única y compártala con un amigo con quien le gustaría iniciar una conversación más profunda". "Aplicaciones: Voke", CRU, https://www.cru.org/co/es/comunidades/digital/apps-tools/voke.html.

[82] "What Is Alpha?," Alpha International, video, 2:26, https://alpha.org.

[83] "What Does an Alpha Session Look Like?," Alpha International, https://alpha.org.

[84] Peace, *Small Group Evangelism*, 134.

[85] Richard Peace, "Reflections on Small Group Process and Interactive Bible Teaching," correspondencia via correo electrónico con la autora, 17 mayo, 2019.

[86] David Kinnaman and Gabe Lyons, *Unchristian: What a New Generation Really Thinks about Christianity ... And Why It Matters* (Grand Rapids: Baker Books, 2007), 182.

[87] Bill Donahue, *Leading Life-Changing Small Groups* (Grand Rapids: Zondervan, 2002), 166.

[88] Peace, *Small Group Evangelism*, 68.

[89] Cho, *Successful Home Cell Groups*, 65. Véase también en español: David Yonggi Cho, *Los grupos familiares y el crecimiento de la iglesia* (Editorial Vida, 1982).

[90] George G. Hunter III, *The Celtic Way of Evangelism: How Christianity Can Reach the West ... Again* (Nashville: Abingdon, 2000), 114.

[91] Lum, *How to Begin an Evangelistic Bible Study*, 8.

[92] Robert Wuthnow, *Sharing the Journey: Support Group and America's New Quest for Community* (New York: Free Press, 1994), 246.

[93] Wuthnow, *"I Come Away Stronger,"* 356.

[94] Anne Carr, *Transforming Grace: Christian Tradition and Women's Experience* (New York: Continuum, 1996), 156-57; citado en Grenz, *Social God and the Relational Self*, 5.

VISITACIÓN

[95] Leonard I. Sweet, *FaithQuakes* (Nashville: Abingdon, 1994), 32.

[96] Robert Wuthnow, *Sharing the Journey: Support Groups and America's New Quest for Community* (New York: Free Press, 1994), 331.

[97] Nelson E. Kauffman, "Personal and Visitation Evangelism," en *Probe: For an Evangelism That Cares,* ed. James Fairfield (Scottdale, Pa: Herald, 1972), 139.

[98] Es importante señalar que no existe una relación directa entre las concepciones bíblicas de la visitación, representadas por el verbo *episkeptomai*, y el modelo de evangelismo de visitación, en el que se visita, espontáneamente, a personas que aún no se han conocido. Sin embargo, este verbo, traducido en su base como "visitar", proporciona el contexto en el que la visitación puede considerarse como un acto de cuidado, preocupación y estímulo.

[99] Hermann W. Beyer, *"episkeptomai,"* en *Theological Dictionary of the New Testament,* ed. Gerhard Kittel (Grand Rapids: Eerdmans, 1964), 2:602. Puede verse en español: Gerhard Kittel (ed.), *Diccionario teológico del Nuevo Testamento* (Editorial Libros Desafío, 2002).

[100] *A New English Translation of the Septuagint,* trans. and ed. Albert Pietersma and Benjamin G. Wright (Oxford: Oxford University Press, 2007). Puede verse en español: Fernández, Natalio. *Sep-*

tuaginta: la Biblia griega de judíos y cristianos. (Ediciones Sígueme, S. A., 1er edición, 2008).

[101] Beyer, *"episkeptomai,"* 2:603-4.

[102] Beyer, *"episkeptomai,"* 2:603-4.

[103] Richard Stoll Armstrong, *The Pastor-Evangelist in the Parish* (Louisville: Westminster John Knox, 1990), 25-26.

[104] Arthur C. Archibald, *Man to Man: Ten Sermons of Visitation Evangelism* (Nashville: Broadman, 1955), 42.

[105] A. Earl Kernahan, *Visitation Evangelism* (New York: Revell, 1925), 46. Véase también Arthur C. Archibald, *New Testament Evangelism: How It Works Today* (Philadelphia: Judson, 1946), 42.

[106] El primer capítulo del libro de Kennedy, *Evangelismo explosivo,* es "Adiestramiento de los laicos para el evangelismo". D James Kennedy, *Evangelismo explosivo: Equipando iglesias para la multiplicación por medio de la amistad, evangelismo, discipulado y crecimiento saludable* (Sociedades Bíblicas Unidas, 1991).

[107] L. Sweet, *FaithQuakes,* 33.

[108] Este escritor del blog del Huffington Post no está de acuerdo con Leonard Sweet en cuanto al evangelismo en el lugar de trabajo: John Shore, "10 Reasons It's Wrong to Evangelize in the Workplace," *HuffPost,* June 17, 2016, https://www.huffpost.com/entry/10-reasons-its-wrong-to-evangelize-in-the-workplace_b_7597602.

[109] Robert Banks, *Paul's Idea of Community: The Early House Churches in Their Cultural Setting* (Grand Rapids: Baker, 1994), 34. En español puede verse: Robert Banks, *La idea de comunidad de Pablo: El escenario cultural de las iglesias primitivas que se reunían en casas* (Editorial CLIE, 2011).

[110] Banks, *Paul's Idea of Community,* 41, 51.

[111] Avery Dulles, *Modelos de la Iglesia: Estudio crítico sobre la iglesia en todos sus aspectos* (Santander: Editorial Sal Terrae, 1975), 37.

[112] Para más información sobre Evangelismo Explosivo, véase al final de la siguiente sección "Fundamentos históricos".

[113] Kennedy, *Evangelism Explosion,* 32-33.

[114] Dulles, *Modelos de la iglesia,* 43.

[115] Richard Armstrong, *The Oak Lane Story: The Renewal of a City Church Which Started Ringing Doorbells* (New York: Division of Evangelism, Board of National Missions, United Presbyterian Church in the USA, 1971), 31.

[116] Thekla Ellen Joiner, *Sin in the City: Chicago and Revivalism, 1880-1920* (Columbia: University of Missouri Press, 2007), 91.

[117] Emma J. Ray, *Twice Sold, Twice Ransomed: Autobiography of Mr. and Mrs. L. P. Ray* (Chicago: Free Methodist Publishing House, 1926), 72-77.

[118] Emma Whittemore, "Snatched as a Brand from the Burning," *The Christian Alliance and Missionary Weekly*, July 1891, 10. Véase también Emma Whittemore, *Delia: Formerly the Blue-Bird of Mulberry Bend* (New York: Door of Hope, 1893).

[119] Emma Whittemore, "Out of Darkness into Light," *The Christian Alliance and Missionary Weekly* (December 1892): 377-78.

[120] Véase William G. McLoughlin Jr., *Modern Revivalism: Charles Grandison Finney to Billy Graham* (New York: Ronald Press, 1959), 456-62.

[121] Kernahan, *Visitation Evangelism*, 25.

[122] A. Earl Kernahan, *Adventures in Visitation Evangelism* (New York: Revell, 1928), 14.

[123] A. Karl Boehmke, "Visitation Evangelism in American Churches," *Concordia Theological Monthly* 28, no. 9 (September 1957): 669.

[124] D James Kennedy, *Evangelismo explosivo,* 29. Para una mayor explicación y análisis de la intención de estas preguntas de diagnóstico, véase Kennedy, *Evangelismo explosivo*, 89-98.

[125] "History of Coral Ridge: 1959-1966," Coral Ridge Presbyterian Church, 2020, http://www.crpc.org/1959-1966.

[126] "Annual Results," Evangelism Explosion International, 2017, https://evangelismexplosion.org/about-us/annual-results.

[127] Armstrong, *Oak Lane Story*, 15.

[128] Véase Kernahan, *Visitation Evangelism*, 76-83, y Richard Stoll Armstrong, *Service Evangelism* (Philadelphia: Westminster, 1979), 114-27.

[129] Incluso en la década de 1950, quienes hacían visitación expresaron su preocupación sobre cómo manejar un aparato de radio o televisión con un volumen alto. La respuesta sugerida puede parecer cómica para alguien que vive en el siglo XXI: "Se ha sugerido que los visitadores pueden colocar sus abrigos sobre el televisor, ¡pero este no suele ser el mejor procedimiento! Normalmente bastará con hablar en voz muy baja hasta que alguien piense en bajar el volumen, o preguntar: 'Lo siento, es difícil escuchar, ¿me pregunto si se podría bajar un poco el volumen de la radio?'"(Lewis Misselbrook,

Training in Visitation: Talks to Those about to Take Part in Visitation Evangelism [London: Carey Kingsgate Press, 1957], 21. Hoy en día, los desafíos de la tecnología son aún más intensos y omnipresentes, por lo que adoptar un enfoque mesurado es esencial para el evangelismo de visitación efectivo.

130 Shirley F. Clement and Susanne G. Braden, *Caring Evangelism: A Visitation Program for Congregations, Leader's Guide* (Nashville: Discipleship Resources, 1994), 7.

131 Cuando Jack y yo hicimos campaña para nuestro aspirante a congresista, la organización nos proporcionó una aplicación que nos permitía hacer un seguimiento a cada hogar que visitábamos, cuál fue su respuesta anterior, si habían votado y si estarían dispuestos a aceptar nuestra visita. Sin esta aplicación, nuestras visitas habrían sido ineficaces y fortuitas. Con esta aplicación, sabíamos exactamente qué casas teníamos que visitar y, al menos en parte, qué podíamos esperar. Si se recurre a una persona de su congregación con conocimientos tecnológicos para desarrollar una aplicación de este tipo, sería un gran beneficio para el programa de evangelismo de visitación.

132 Tom Allan, *The Face of My Parish* (London: SCM, 1956), 25.

133 Esta lista proviene de Armstrong, *Service Evangelism*, 83.

134 Armstrong, *Oak Lane Story*, 19.

135 Allan, *Face of My Parish*, 33-34.

136 Armstrong, *Oak Lane Story*, 26.

137 Armstrong, *Oak Lane Story*, 25.

138 Elaine Heath, *The Mystic Way of Evangelism: A Contemplative Vision for Christian Outreach*, 2nd ed. (Grand Rapids: Baker Academic, 2017), 112.

139 Heath, *Mystic Way of Evangelism*, 113.

140 Heath, *Mystic Way of Evangelism*, 113

141 Kennedy, *Evangelismo explosivo*. 27.

142 Jack Jackson, *Offering Christ: John Wesley's Evangelistic Vision* (Nashville: Kingswood Books, 2017), 158-59.

Litúrgico

143 Robert Webber, *Celebrating Our Faith: Evangelism through Worship* (San Francisco: Harper & Row, 1986), 1.

[144] Véase Joel 2:32 (Joel 3:5 en la Septuaginta y en el texto hebreo). Véase también Isa. 57:19.

[145] Webber, *Celebrating Our Faith*, 18. Para otros que recomiendan este doble proceso, véase Tory Baucum, *Evangelical Hospitality: Catechetical Evangelism in the Early Church and Its Recovery for Today* (Lanham, MD: Scarecrow, 2008), 32-38; y Michel Dujarier, *A History of the Catechumenate: The First Six Centuries* (New York: Sadlier, 1979), 19-20.

[146] Webber, *Celebrating Our Faith*, 18.

[147] Michael Grant, trans., *Jesus* (New York: Scribner's Son, 1977), 34, citado en William J. Abraham, *The Logic of Evangelism* (Grand Rapids: Eerdmans, 1989), 27.

[148] "Pacto Bautismal", *Mil voces para celebrar: Himnario Metodista* (Nashville: The United Methodist Publishing House, 1996), 22.

[149] Webber, *Celebrating Our Faith*, 8.

[150] Webber, *Celebrating Our Faith*, 6. Webber enumera ejemplos de este tipo de imágenes en los escritos de Tertuliano, Clemente de Alejandría, Cipriano, Justino Mártir y Agustín. Webber, *Celebrating Our Faith*, 7-8.

[151] Avery Dulles, *Models of the Church*, expanded ed. (New York: Doubleday, 1987), 73.

[152] Henri Nouwen, *Letters to Marc about Jesus* (San Francisco: Harper & Row, 1988), 83.

[153] Gregory Dix afirma que fue escrito en los dos años siguientes a 215 CE. Gregory Dix, ed. *The Treatise on the Apostolic Tradition of St. Hippolytus of Rome* (London: Alban, 1992), xxxvii.

[154] Alan Kreider, *Worship and Evangelism in Pre-Christiendom* (Cambridge: Grove Books, 1995), 23.

[155] Baucum, *Evangelical Hospitality*, 4.

[156] Para la discusión que hace Webber de este punto, véase Robert E. Webber, *Ancient-Future Evangelism: Making your Church a Faith-Forming Community* (Grand Rapids: Baker Books, 2003), 25-26.

[157] Aidan Kavanagh subraya la rapidez y minuciosidad de la reforma litúrgica en esta declaración, "Lo más importante aquí es la necesidad de recordar lo inédito que ha sido el reciente proceso de reforma litúrgica en la iglesia occidental. Robert Taft no se cansa de señalar que lo que se ha hecho con la liturgia de las iglesias occidentales en los últimos veinte años no tiene paran-

gón en la historia de las religiones". (Aidan Kavanagh, "Life-Cycle Events and Civil Ritual", en *Initiation Theology*, ed. James Schmeiser [Toronto: Anglican Book Centre, 1978], 12.) La importancia del Vaticano II no puede subestimarse. "Difícilmente hay un elemento en la vida interna de la Iglesia Católica o en su relación con otros que no haya sido afectado por el Concilio Vaticano II... No es exagerado, entonces, decir que la Iglesia Católica ha cambiado más en los veinticinco años transcurridos desde el Vaticano II que en los doscientos anteriores ". Joseph A. Komonchak, "1962: The Second Vatican Council", Christian History Institute, https://christianhistoryinstitute.org/magazine/article/second-vatican-council.

[158] Lawrence E. Mick, *RCIA: Renewing the Church as an Initiating Assembly* (Collegeville, MN: Liturgical Press, 1989), 55,56.

[159] Robert E. Webber, *Journey to Jesus: The Worship, Evangelism, and Nurture Mission of the Church* (Nashville: Abingdon, 2001), 11. The Ancient-Future Faith Network (AFFN) continúa la trayectoria de Webber de fomentar la vida eclesiástica y la liturgia en torno a estos principios. AFFN es una asociación interdenominacional sin fines de lucro, formada por personas e iglesias cristianas de ideas afines: evangélicos de todo tipo con un anhelo de volver a la ortodoxia y práctica cristianas clásicas, y con profundo deseo de renovación del culto y la espiritualidad de la iglesia. Para obtener más información sobre AFFN, consulte su sitio web: https://www.ancientfuturefaithnetwork.org.

[160] "About Our Church," Epiclesis, https://epiclesis.org/about-our-church.

[161] Joe G. Burnett, "Christ Has Died, Christ Has Risen, Christ Will Come Again: Toward a Liturgical Evangelism," *Journal for the Academy of Evangelism in Theological Education* 1 (1985-86): La cita de Nouwen proviene de su libro *The Living Reminder: Service and Prayer in Memory of Jesus Christ* (New York: Seabury, 1981).

[162] Agradezco a Chris Alford, pastor de Epiclesis y fundador de AFFN, por esta frase.

[163] Craig Loscalzo, *Evangelistic Preaching That Connects: Guidance in Shaping Fresh and Appealing Sermons* (Downers Gove, IL: InterVarsity, 1995), 73.

[164] Billy Graham, *A Biblical Standard for Evangelism* (Minneapolis:

World Wide Publications, 1984), 51-52.

165 Webber, *Celebrating Our Faith*, 38.

166 Webber, *Celebrating Our Faith*, 109. Véase también Frank C. Senn, *The Witness of the Worshiping Community: Liturgy and the Practice of Evangelism* (New York: Paulist Press, 1993), 146-47.

167 William J. Abraham, *The Art of Evangelism: Evangelism Carefully Crafted into the Life of the Local Church* (Sheffield, UK: Cliff College Publishing, 1993), 74. También puede verse en español: William J. Abraham, *El arte de la evangelización: La evangelización ajustada a la vida de la iglesia local*. Barcelona, España: Editorial CLIE, 2009), 82.

168 Abraham, *Logic of Evangelism*, 150-51.

169 Jaroslav Pelikan, *Divine Rhetoric: The Sermon on the Mount as Message and as Model in Augustine, Chrysostom, and Luther* (Crestwood, NY: St. Vladimir's Seminary Press, 2001) 101. Bonhoeffer, por ejemplo, lo utilizó como marco para su clásica exposición sobre lo que significa seguir a Cristo. Dietrich Bonhoeffer, *The Cost of Discipleship* (New York: MacMillan, 1963). Puede verse en español: Dietrich Bonheffer, *El precio de la gracia* (Ediciones Sígueme, 1995).

170 Según Baucum, *Evangelical Hospitality*, 110, Jesús pretendía que esta enseñanza proporcionara una "centro ético" para sus seguidores.

171 Patrick Keifert, *Welcoming the Stranger: A Public Theology of Worship and Evangelism* (Minneapolis: Fortress, 1991), 105.

172 Webber, *Celebrating Our Faith*,78.

173 Con respecto al verbo *ekballo*, Jack Levison escribe:
Este es un verbo *–ekballein—* explosivo relacionado con la palabra *balística*. El Espíritu Santo impulsa a Jesús de la misma manera que Jesús *expulsa* a los demonios (Marcos 1:34, 39), *echa fuera* de la habitación a los dolientes de una niña muerta (5:40) y *echa fuera* a los cambistas del recinto del templo. (11:15). Con este poderoso verbo, Jesús incluso comunica lo mucho que está en juego cuando ordena a sus discípulos: "Si tu ojo te hace tropezar, sácalo. Mejor te es entrar con un solo ojo en el reino de Dios que, teniendo dos ojos, ser echado al infierno" (9:47). La palabra también aparece en la historia de Jesús sobre el dueño de una viña que envió a varios esclavos para recibir el pago de los arrendatarios recalcitrantes, quienes los rechazaron repetidamente. Los arrendatarios golpearon a los esclavos y acabaron matando a uno; por lo que el dueño

envió a su hijo, pensando que al menos lo respetarían. No lo hicieron. Los trabajadores de la viña amotinados reconocieron al hijo del dueño y "lo prendieron, lo mataron y lo *echaron fuera* de la viña" (12: 8). El verbo *ekballein* no podría ser más violento que en esta historia. La mansedumbre de la paloma tras el bautismo de Jesús ha sido dejada atrás por la fuerza violenta del Espíritu, empujando a Jesús al campo de batalla de Satanás. (Jack Levison, *An Unconventional God: The Holy Spirit according to Jesus* [Grand Rapids: Baker Academic, 2020], 62-63).

[174] Levison, *Unconventional God*, 62.

[175] Emma J. Ray, *Twice Sold, Twice Ransomed: Autobiography of Mr. and Mrs. L. P. Ray* (Chicago: Free Methodist Publishing House, 1926), 53.

[176] Eugene Peterson, *Una obediencia larga en la misma dirección: El discipulado en una sociedad instantánea* (Editorial Patmos, 2005), 11.

IGLECRECIMIENTO

[177] Donald A. McGavran and Winfield C. Arn, *Ten Steps for Church Growth* (New York: Harper & Row, 1977), 21.

[178] Donald A. McGavran, *Effective Evangelism: A Theological Mandate* (Phillipsburg, NJ: Presbyterian and Reformed, 1988), 42.

[179] Para obtener más información sobre diferentes tipos de crecimiento, véase McGavran, *Effective Evangelism*, 43. Véase también Donald A. McGavran, *Understanding Church Growth*, 2nd ed. (Grand Rapids: Eerdmans, 1980), 98-100.

[180] Donald A. McGavran, *Understanding Church Growth*, 3rd ed. (Grand Rapids: Eerdmans, 1990), 9.

[181] Donald A. McGavran, "A Church in Every People: Plain Talk about a Difficult Subject," *Journal of the American Society for Church Growth* 9 (Fall 1998): 46.

[182] McGavran, *Understanding Church Growth*, 3rd ed., 9.

[183] Ralph D. Winter, "The Highest Priority: Cross-Cultural Evangelism," en *Let the Earth Hear His Voice: International Congress on World Evangelization, Lausanne, Switzerland,* Official Reference Volume: Papers and Responses, ed. J. D. Douglas (Minneapolis: World Wide Publications, 1975), 213-25. George Hunter refina las enumeraciones de Winter en una tipología séptuple de evan-

gelismo que expande E-1 en cuatro partes: E-1A hasta E-1D. (véase McGavran, *Understanding Church Growth*, 2ª ed., 69-72). Martha Grace Reese articula una progresión similar desde los más fáciles a los más difíciles de alcanzar mediante la adopción de una metáfora de ancho de banda. Véase Martha Grace Reese, *Unbinding the Gospel: Real Life Evangelism* (St. Louis: Chalice, 2006), 87-91.

184 McGavran, *Understanding Church Growth*, 3rd ed.,168. Véase 1 Cor. 1:17-25.

185 Tom Stebbins, *Friendship Evangelism by the Book: Applying First-Century Principles to Twenty-First-Century Relationships* (Camp Hill, PA: Christian Publications, 1995), 72.

186 Aquí se desvirtúa la tradición manuscrita del texto griego; parece que lo mejor es sugerir que los griegos o helenistas de este pasaje *no* son judíos.

187 Winter, "Highest Priority," 218.

188 La "teología de la cosecha" contrasta con lo que se conoce como "teología de la búsqueda", una perspectiva teológica predominante en muchas organizaciones de evangelismo y misioneras tanto tradicionales como ecuménicas de mediados y finales del siglo XX. Los defensores del iglecrecimiento critican la teología de la búsqueda, acusándola de aversión a los resultados numéricos y de una forma nebulosa de testimonio cristiano, que a menudo practica una labor filantrópica pero no un tipo de evangelismo que resulte en un crecimiento de conversiones. Para una discusión sólida de la teología de la búsqueda, véase McGavran, *Understanding Church Growth*, 2nd ed., 23-40.

189 Avery Dulles, *Models of the Church*, expanded ed. (New York: Doubleday, 1987), 76.

190 McGavran, *Understanding Church Growth*, 2nd ed., 39.

191 George G. Hunter III, *To Spread the Power: Church Growth in the Wesleyan Spirit* (Nashville: Abingdon, 1987), 21-22.

192 Hunter, *To Spread the Power,*23.

193 Gary L. McIntosh, "The Roots of Donald A. McGavran's Evangelistic Insights," *Journal of Evangelism & Missions* 7 (Spring 2008): 67.

194 "History of the Church Growth Network," McIntosh Church Growth Network, https://www.churchgrowthnetwork.com/welcome-to-home-test2.

[195] Gary L. McIntosh, *Growing God's Church: How People Are Actually Coming to Faith Today* (Grand Rapids: Baker Books, 2016), 95.
[196] McGavran, *Understanding Church Growth*, 3rd. ed., 253.
[197] Esta escala aparece en McGavran, *Understanding Church Growth*, 3rd. ed., 189, aunque se originó en el libro de Edward R. Dayton, *That Everyone May Hear: Reaching the Unreached*, 3rd. ed., (Monrovia, CA: MARC, 1983), 47.
[198] Hunter, *To Spread the Power*, 64.
[199] McGavran, *Understanding Church Growth*, 3rd ed., 181.
[200] McGavran, *Understanding Church Growth*, 3rd ed., 163. McGavran define una unidad homogénea como "una sección de la sociedad en la que todos los miembros tienen algo en común". Véase David Britt, "From Homogeneity to Congruence: A Church-Community Model," en *Planting and Growing Urban Churches: From Dream to Reality*, ed. Harvie Conn (Grand Rapids: Baker, 1997), 136.
[201] McGavran, "Church in Every People," 45.
[202] McGavran, *Understanding Church Growth*, 3rd ed., 170.
[203] Hunter, *To Spread the Power*, 142.
[204] George Hunter, citado en Tim Stafford, "Go and Plant Churches of All Peoples," *Christianity Today*, September 2007, 69. Un estudio de Hartford Institute for Religion Research también confirma que esto es cierto. "Normalmente, es en los primeros años de vida de una congregación donde se produce el crecimiento más rápido.... En todas las áreas, suburbanas, rurales o urbanas, las congregaciones más jóvenes tienen más probabilidades de crecer que las congregaciones más antiguas.... Después de 15 a 20 años, la ventana de oportunidad se cierra y la congregación 'adulta' no crece tanto, en promedio, como lo hizo cuando era más 'joven'". C. Kirk Hadaway, *Facts on Growth: 2010*. (Hartford, CT: Hartford Seminary, 2011), https://faithcommunitiestoday.org/wp-content/uploads/2019/01/FACTs-on-Growth-2010.pdf,4.
[205] "About us," First Baptist Church of Flushing, https://www.fbcflushing.org. Rodney Woo critica este enfoque porque se ha utilizado como una forma de mantener la homogeneidad al mismo tiempo que parece aceptar la diversidad. Cita el ejemplo de la Iglesia Bautista Wilcrest en Houston, Texas, que "originalmente estableció iglesias de misiones étnicas a principios

de la década de 1980, para separar a los afroamericanos y los chinos de la congregación blanca principal" (Rodney M. Woo, *The Color of Church: A Biblical and Practical Paradigm for Multiracial Churches*, [Nashville: B&H, 2009], 51). El libro de Woo expone en su totalidad la visión y el plan por el que Wilcrest se convirtió en una iglesia totalmente multirracial. Para más información sobre Wilcrest Baptist Church dentro del contexto más amplio de las iglesias multirraciales en los EE. UU., véase Michael Emerson con Rodney Woo, *People of the Dream: Multiracial Congregations in the United States'* (Princeton: Princeton University Press, 2006).

[206] Plantar una iglesia en línea también puede ser posible, y ya se ha hecho por casi tres décadas, sin los recursos de ninguna "iglesia madre". En 1992, los presbiterianos estadounidenses establecieron la primera congregación cristiana virtual, una iglesia sin denominación llamada "The First Church of Cyberspace" ["La Primera Iglesia del Ciberespacio"]; fue sede de servicios hasta 2007. Alpha Church, fundada en 1999 por la Reverenda Patricia Walker, continúa operando como una iglesia completamente en línea. Para obtener más información sobre Alpha Church, véase el capítulo 8.

[207] "About," Life.Church, https://www.life.church/online.

[208] "Our History," Munger Place Church, https://www.mungerplace.com/about/our-history. La IMUHP sigue reproduciendo este enfoque de plantación de Iglesias. Véase también la Grove Church: https://www.grove.org/.

[209] David Garrison, *Church Planting Movements: How God Is Redeeming a Lost World* (Arkadelphia, AR: WIGTake Resources, 2004), 21. En español puede verse: David Garrison, *Los Movimientos de Plantación de Iglesias* (Richmond, VA: Oficina de Operaciones Internacionales, Junta de Misiones Internacionales de la Convención Bautista del Sur de los EEUU), 21.

[210] "A Church a Day," Church Planting Movements, August 24, 2010, http://www.churchplantingmovements.com/index.php/vertpro files/113-a-church-a-day; "Tribal CPM in Middle India," Church Planting Movements, August 26, 2010, http://www.churchplantingmovements.com/index.php/vertpro files/114-tribal-cpm-in-middle-india. Para las mejores prácticas con relación a CMP, véase www.churchplantingmovements.com.

[211] McGavran and Arn, *Ten Steps for Church Growth*, 21.

[212] Ian Stackhouse, *The Gospel-Driven Church: Retrieving Classical Ministry for Contemporary Revivalism* (Milton Keynes, UK: Paternoster, 2004), 28.

[213] Dietrich Bonhoeffer, *The Cost of Discipleship* (New York: Macmillan, 1963), 47. Véase también William J. Abraham, *The Logic of Evangelism* (Grand Rapids: Eerdmans, 1989), 84. En español se puede ver: Dietrich Bonhoeffer, *El precio de la gracia: el seguimiento* (Salamanca: Ediciones Sígueme, 2004), 16.

[214] Stackhouse, *Gospel-Driven Church*, 28.

[215] Jack Levison, *Fresh Air: The Holy Spirit for an Inspired Life* (Brewster, MA: Paraclete, 2012). Los misiólogos Steve Bevans y Roger Schroeder reiteran este mismo punto: "Al comenzar Hechos, la comunidad de discípulos... se ve a sí misma como el verdadero Israel... sobre el cual el reino de Dios amanecerá inminentemente. Pero a medida que Hechos avanza, la comunidad comienza lenta e incluso dolorosamente a darse cuenta de que algo más está sucediendo, a medida que el Espíritu 'impulsa' o 'conduce' a incluir a 'medio judíos' (samaritanos), prosélitos gentiles individuales o 'temerosos de Dios' (el funcionario etíope), gentiles dignos (Cornelio y su casa) y, finalmente, gentiles en masa (en Antioquía)". Steve Bevans y Roger Schroeder, *Constants in Context: A Theology of Mission for Today* (Maryknoll, NY: Orbis Books, 2004), 10.

[216] Skip Bell, "What Is Wrong with the Homogeneous Unit Principle? The HUP in the 21st Century Church," *Journal of the American Society for Church Growth* (January 2003): 16.

[217] Mortimer Arias, "Ministries of Hope in Latin America," *International Review of Mission* 71 (January 1982): 7.

PROFÉTICO

[218] Spencer Perkins, "How I Learned to Love White People," *Christianity Today*, September 13, 1993, 38.

[219] Véase, e.g., J. Andrew Kirk, *The Good News of the Kingdom Coming: The Marriage of Evangelism and Social Responsibility* (Downers Grove, IL: InterVarsity, 1983); John Marvin Dean, *Evangelism and Social Service* (Philadelphia: Griffith & Rowland, 1913). Como se debate más adelante bajo el encabezado "Fundamentos históri-

cos", Charles G. Finney utilizó el término *reforma social*.
[220] Kirk, *Good News of the Kingdom Coming*, 88.
[221] El evangelismo de servicio combina las dimensiones sociales y personales del evangelio a través de una amalgama de evangelismo de visitación y profético (véase Richard Stoll Armstrong, *Service Evangelism* [Philadelphia: Westminster, 1979]). Sobre evangelismo holístico, véase Priscilla Pope-Levison, "Is a Holistic Evangelism Possible?," en *Questions for the Twenty-first-Century Church*, ed. Russell E. Richley, William Benjamin Lawrence, and Dennis M. Campbell (Nashville: Abingdon, 1999), 38-44. Harvie Conn también adopta el término *evangelismo holístico* (véase Harvie Conn, *Evangelism: Doing Justice and Preaching Grace* [Grand Rapids: Zondervan, 1982], 50). Sobre evangelismo compasivo, véase Bryan P. Stone, *Compassionate Ministry: Theological Foundations* (Maryknoll, NY: Orbis Books, 1996), 155. Sobre evangelismo de liberación, véase Priscilla Pope-Levison, *Evangelization from a Liberation Perspective*, American University Studies 69 (New York: Peter Lang, 1991).
[222] Leonardo Boff y David Lowes Watson adoptan el término *evangelismo profético* para referirse al evangelismo que se dirige a la sociedad y a las estructuras con el evangelio. Ambos también distinguen el evangelismo profético del evangelismo persona a persona, lo que Boff llama *evangelismo pastoral* y Watson llama *evangelismo personal*. (Leonardo Boff, *Desde el Lugar del Pobre*, 2da ed. [Bogotá: Ediciones Paulinas, 1986]; David Lowes Watson, "Evangelism: A Disciplinary Approach," *International Bulletin of Missionary Research* 7 (1983): 6-9; David Lowes Watson, "Prophetic Evangelism: The Good News of Global Grace," en *Wesleyan Theology Today: A Bicentennial Theological Consultation*, ed. Theodore Runyon [Nashville: United Methodist Publishing House, 1985] 219-26. Para una discusión sobre la diferenciación de Boff entre evangelismo profético y pastoral, véase Pope-Levison, *Evangelization from a Liberation Perspective*, 22-24. Para una discusión sobre la diferenciación de Watson entre evangelismo profético y personal, véase William J. Abraham, *The Logic of Evangelism* [Grand Rapids: Eerdmans, 1989], 61-68). El modelo de evangelismo profético presentado aquí no sigue el enfoque doble de Boff y Watson. Más bien, se esfuerza, como lo hace John Perkins, por mantener unidos lo individual y lo colectivo, lo estructural y lo social en un enfoque holístico.

En mi continua reflexión sobre este modelo desde mi primer libro sobre este tema, *Evangelization from a Liberation Perspective*, me he alejado del *evangelismo de liberación* a favor del *evangelismo profético*. Prefiero el término *evangelismo profético* porque vincula el evangelismo directamente con los profetas bíblicos y su mensaje integral de salvación, paz y liberación.

[223] John R. (Jack) Levison y Priscilla Pope-Levison, *Jesus in Global Contexts* (Louisville: Westminster John Knox, 1992), 36.

[224] Levison y Pope-Levison, *Jesus in Global Contexts*, 141.

*Nota del traductor: la palabra usada aquí en inglés es *salve*, que hemos traducido como *bálsamo*, pero que evidentemente guarda similitud y cercanía en inglés con salvación, o más precisamente, con 'saved' ('salvos').

[225] Véase Orlando Costas, *Christ outside the Gate: Mission beyond Christendom* (Maryknoll, NY: Orbis Books, 1982).

[226] Véase la discusión sobre la "opción preferencial por los pobres" en el Documento de Puebla. *Puebla: La evangelización en el presente y en el futuro de América Latina*, III Conferencia General del Episcopado Latinoamericano, párrafos 1134-65.

[227] Jack Levison, "Settling in without Settling Down: Acts 3-4," *Lectio: Guided Bible Reading* (blog), Seattle Pacific University, Center for Biblical and Theological Education, http://blog.spu.edu/lectio/settling-in-without-settling-down.

[228] *La Biblia Griega Septuaginta, III, Libros poéticos y sapienciales*, Natalio Fernández Marcos y María Victoria Spottorno Díaz-Caro, Coordinadores (Salamanca: Ediciones Sígueme, 2013).

[229] Orlando Costas, *Liberating News* (Grand Rapids: Eerdmans, 1989), 35.

[230] Abraham, *Logic of Evangelism*, 19.

[231] José Míguez Bonino, *Room to Be People*, trans. Vickie Leach (Philadelphia: Fortress, 1979), 41. Véase en español: José Míguez Bonino, *Espacio para ser hombres* (Buenos Aires: Tierra Nueva, 1975), 61.

[232] Charles G. Finney, *Lectures on Revivals on Religion* (New York: Revell, 1888), 272.

[233] Finney, *Lectures on Revival on Religion*, 272.

[234] John L. Hammond, "Revivals, Consensus and American Political Culture," *Journal of the American Academy of Religion* 46, no. 3 (September 1978): 294.

235 Mark Noll, "Glimpses of Finney," *Reformed Journal* 36, no. 5 (May 1986): 22.

236 John Perkins with Karen Waddles, *One Blood: Parting Words to the Church on Race and Love* (Chicago: Moody, 2018), 37-38.

237 "Dr. John M. Perkins Biography," John & Vera Mae Perkins Foundation, https://www.jvmpf.org/dr-john-m-perkins.

238 "Chicago Declaration of Evangelical Social Concern (1973)," Evangelicals for Social Action, November 25, 1973, https://www.evangelicalsforsocialaction.org/about-esa-2/history/chicago-declaration-evangelical-social-concern.

239 "Our Vision," Evangelicals for Social Action, https://www.evangelicalsforsocialaction.org/vision-and-mission.

240 Citado en Elizabeth Conde-Frazier, "Orlando E. Costas," Christian Educators of the 20th Century, Talbot School of Theology, https://www.biola.edu/talbot/ce20/database/orlando-e-costas.

241 En el verano de 1968, cuando manifestantes latinoamericanos y afroamericanos hicieron un piquete en la planta de Allen-Bradley Company en Milwaukee, denunciando discriminación laboral, Costas se involucró y organizó un Sindicato Latinoamericano por los Derechos Civiles. Sobre este trabajo, ofreció este comentario: "Llegué a reconocer que la misión cristiana tenía no solo dimensiones personales, espirituales y culturales, sino también sociales, económicas y políticas. Ello implicaba que el objeto de la misión no era la comunidad de fe, sino el mundo en su complejidad y concreción, y que una de mis principales responsabilidades pastorales era movilizar a la Iglesia para una praxis liberadora integral". Orlando Costas, "Teólogo en la Encrucijada", en *Hacia una Teología Evangélica Latinoamericana*, ed. C. René Padilla (San José, Costa Rica: Editorial Caribe, 1984), 22.

242 Costas, *Christ outside the Gate*, 185-86.

243 Orlando Costas, "Christian MIssion from the Periphery," *Faith and Mission* 1 (1983): 8.

244 John Perkins, "What It Means to Be the Church: Reflections on Mission and Human Rights," *International Review of Mission* (July 1, 1977): 246.

245 David Lowes Watson, "Christ All in All: The Recovery of the Gospel for North American Evangelism," *Missiology* 19, no. 4 (October 1991): 453.

246 Noel Castellanos, "5 Elements of Kingdom Ministry," *Leadership* (Summer 2010): 41.

247 Gustavo Gutiérrez, *The Power of the Poor in History*, trans. Robert Barr (Maryknoll, NY: Orbis Books, 1992), 63.

248 John Perkins, *With Justice for All: A Strategy for Community Development* (Grand Rapids: Baker Books, 2014), 145.

249 Para una discusión sobre el eco-evangelismo, véase Elaine Health, *The Mystic Way of Evangelism: A Contemplative Vision for Christian Outreach*, 2nd ed. (Grand Rapids: Baker Academic, 2017), 101-4.

250 Jamie Arpin-Ricci, "Genuine Evangelism: Friday with Francis," Jamiearpinricci.com (blog), May 9, 2008, http://www.jamiearpinricci.com/2008/05/genuine-evangelism-friday-with-francis.

251 Jonathan Merritt, *Learning to Speak God from Scratch: Why Sacred Words Are Vanishing—And How We Can Revive Them* (New York: Convergent Books, 2018), 49.

252 Kirk, *Good News of the Kingdom Coming*, 104.

253 Un grupo importante dentro del protestantismo estadounidense, a fines del siglo XIX y principios del XX, defendió la dimensión social de las enseñanzas de Jesús, conocidas de diversas formas como cristianismo social, socialismo cristiano o evangelio social. Sus defensores creían que el evangelio social era la clave, si la iglesia estadounidense lo aplicaba estratégicamente, para transformar la sociedad y sus instituciones, así como a los individuos. El ministro congregacional Josiah Strong (1847-1916), por ejemplo, instó a las iglesias a ampliar su concepto de redención para abarcar toda la tierra sin abandonar al individuo: "Tan pronto como las iglesias recuperen el punto de vista de Cristo y lleguen a creer que la tierra ha de ser redimida de sus males, ven que es su deber trabajar por la realización del ideal social de Cristo, y adaptan sus métodos en consecuencia; ya no consideran el deber como un círculo descrito en torno al individuo como centro, sino más bien como una elipse descrita alrededor del individuo y la sociedad como los dos focos". Josiah Strong, *Religious Movements for Social Betterment* (Nueva York: Baker and Taylor, 1900), 21.

El evangelio social tuvo sus críticos en la época de Josiah Strong, y continúan señalando sus defectos en la actualidad. Mark Labberton, presidente del Seminario Teológico Fuller, explica que para los críticos del evangelio social "el énfasis en la justicia… conduce a un evangelio centrado en el ser humano que da demasiada importancia a esta vida y no da suficiente importancia a la vida por venir. Trata los síntomas sociales, pero no la raíz espiritual del sufrimiento humano". Así "los asuntos de justicia… son una distracción de la tarea más urgente de salvar almas". Mark Labberton, "A Mighty River or a Slippery Slope? Examining the Cultural and Theological Forces behind the New Interest in Justice," *Leadership* (Summer 2010): 22.

254 Richard Stearns, *The Hole in Our Gospel: What Does God Expect of Us? The Answer That Changed My Life and Might Just Change the World* (Nashville: Nelson, 2009), 22.

255 Explore ESA aquí: https://www.evangelicalsforsocialaction.org/ .

256 "Our Vision," Evangelicals for Social Action, https://www.evangelicalsforsocialaction.org/vision-and-mission.

257 Tim Stafford, "Grandpa John," *Christianity Today*, March 9, 2007, https://www.christianitytoday.com/ct/2007/march/35.48.html.

258 Conn, *Evangelism*, 56.

259 Abraham, *Logic of Evangelism*, 66.

260 Abraham, *Logic of Evangelism*, 67.

261 Randy L. Maddox, "The Rule of Christian Faith, Practice, and Hope: John Wesley on the Bible," *Methodist Review* 3 (2011): 1-35, https://divinity.duke.edu/sites/divinity.duke.edu/diles/docume nts/faculty-maddox/31a_Rule_of_Christian_Faith.pdf.

262 Costas, *Liberating News*, 78-79.

AVIVAMIENTO O CAMPAÑA

263 Accese la página de Laurie en YouTube aquí: https://www.youtube.com/user/HarvestTV. Véase también Andrew Careaga, eMinistry: *Connecting with the Net Generation* (Grand Rapids: Kregel, 2001), 149.

264 William G. McLoughlin Jr., *Modern Revivalism: Charles Grandison Finney to Billy Graham* (New York: Ronald Press, 1959), 279-80; citando a David C. Utter, "The Passing of the Revivalist," *Arena* 21 (1900): 107.

[265] William Warren Sweet, *Revivalism in America: Its Origin, Growth, and Decline* (New York: Scribner's Sons, 1944), xiii-xiv.

[266] En este versículo, *jayah* está en la raíz hebrea piel (o intensiva). *Jayah* es un verbo común en la Biblia hebrea. También se puede traducir al español como "restaurar", "traer de vuelta a la vida" o "reparar (una ciudad)". Para obtener más información sobre el hebreo, consulte *The Hebrew and Aramaic Lexicon of the Old Testament*, ed. Ludwig Koehler and Walter Baumgartner (Leiden: Brill, 1994), 1: 309.

[267] Raymond C. Ortlund Jr., *Revival Sent from God: What the Bible Teaches for the Church Today* (Leicester, UK: Inter-Varsity, 2000), 7.

[268] Billy Graham, *A Biblical Standard for Evangelists* (Minneapolis: World Wide Publications, 1984), 66-67.

[269] El arminianismo promueve la creencia de que "la salvación está disponible para cualquiera que ejerza la fe". La fe viene a la persona que ejerce su voluntad, soberanía y autodeterminación. Particularmente después de la Guerra de la Independencia, el arminianismo surgió en un contexto en el que los estadounidenses ejercían su propia voluntad política. Respondieron con entusiasmo "a un mensaje que les aseguraba que ellos también controlaban sus destinos religiosos". El arminianismo se refleja en el mensaje de Billy Graham de "tomar una decisión por Cristo" (Randall Balmer, *Encyclopedia of Evangelicalism*, 2ª ed. [Waco: Baylor University Press, 2004], 32). El calvinismo adopta la posición opuesta, afirmando que Dios es soberano y no actúa de acuerdo con los llamados, intervención u oraciones de la humanidad, sino únicamente como Dios quiere. El calvinismo acoge la doctrina de la predestinación en la que las determinaciones soberanas de Dios, incluso antes del comienzo de los tiempos, establecen quién será salvo y quién no. Balmer, *Encyclopedia of Evangelicalism*, 122-23.

[270] Keith Hardman, *Issues in American Christianity: Primary Sources with Introductions* (Grand Rapids: Baker, 1993), 47.

[271] Balmer, *Encyclopedia of Evangelicalism*, 32.

[272] Greg Laurie, "Does America Need a Revival?," ChurchLeaders.com, June 30, 2014, https://churchleaders.com/outreach-missions/outreach-missions-articles/175195-greg-laurie-does-america-need-a-revival.html.

[273] Charles G. Finney, *Lectures on Revivals of Religion* (New York: Reell, 1888), 12-13. William J. Abraham expone la diferencia

radical entre Edwards y Finney. Véase William J. Abraham, *The Art of Evangelism: Evangelism Carefully Crafted into the Life of the Local Church* (Sheffield, UK: Cliff College Publishing, 1993), 12-14.

[274] Mark Shaw, *Global Awakening: How 20th-Century Revivals Triggered a Christian Revolution* (Downers Grove, IL: IVP Academic, 2010), 207.

[275] Shaw, *Global Awakening,* 207.

[276] Shaw, *Global Awakening,* 207.

[277] Michael J. McClymond, "Issues and Explanations in the Study of North American Revivalism," en *Embodying the Spirit: New Perspectives on North American Revivalism,* ed. Michael J. McClymond (Baltimore: Johns Hopkins University Press, 2004), 45 (cursiva añadida). Delos Miles está de acuerdo: El avivamiento es tanto una obra sorprendente de Dios como la ardua labor de cristianos fervientes. Todos los avivamientos de nuestras iglesias locales deben buscar preservar este delicado equilibrio entre la soberanía de Dios y la responsabilidad de las personas". Delos Miles, *Introduction to Evangelism* (Nashville: Broadman, 1983), pág. 297.

[278] El historiador Perry Miller describió los sermones de Stoddard de esta manera: "Sus sermones eran sobresalientes en su época por la decisión con la que barrió la parafernalia de la teología y la lógica, para despertar a los hombres a ser partícipes de la naturaleza divina, y fue el primer ministro en Nueva Inglaterra en abogar abiertamente por la predicación de fuego y azufre del infierno con el fin de asustar a los hombres y lograr su conversión". Perry Miller, "Solomon Stoddard, 1643-1729," *Harvard Theological Review* 34, no. 4 (1941): 316-17.

[279] Jonathan Edwards, "Sinners in the Hands of an Angry God," sermón predicado en Enfield, CT, July 8, 1741, https://digitalcommons.unl.edu/cgi/viewcontent.cgi?article=1053&context=etas. En español puede verse: https://chapellibrary.org:8443/pdf/books/siths.pdf.

[280] George C. Bedell, Leo Sandon Jr., y Charles T. Wellborn, *Religion in America* (New York: Macmillan, 1975), 160-61.

[281] Keith Hardman, *Seasons of Refreshing: Evangelism and Revivals in America* (Eugene, OR: Wipf & Stock, 1994), 153.

[282] Para más información sobre Palmer, véase Priscilla Pope-Levison, *Turn the Pulpit Loose: Two Centuries of American Women*

Evangelists (New York: Macmillan, 2004), 61-71. Para más información sobre la metáfora del altar de Palmer, véase Susie C. Stanley, *Holy Boldness: Women Preachers' Autobiographies and the Sanctified Self* (Knoxville: University of Tennessee Press, 2002), 69-79; y Diane Leclere, *Singleness of Heart: Gender, Sin, and Holiness in Historical Perspective* (Lanham, MD: Scarecrow, 2002), 116-21.

[283] Jay Dolan, *Catholic Revivalism: The American Experience, 1830-1900* (Notre Dame, IN: University of Noter Dame Press, 1978), 189-92. Al mismo tiempo, Dolan señala dos diferencias significativas entre los avivamientos o campañas católicas y las protestantes. Para los protestantes, la integración de la iglesia local tendía a ser un asunto de éxito o fracaso. A veces, las reuniones comenzaban en una iglesia y luego crecían, lo que obligaba a los asistentes a trasladarse a una tienda o un tabernáculo temporal. En ese caso, podría quedar solo un vínculo tangencial con una iglesia local. Además, literalmente cualquier persona, incluso los niños convertidos en una reunión de campo, y ciertamente los laicos, incluidas las mujeres, podían predicar. En contraste, los avivamientos o campañas católicas eran patrocinadas por una parroquia católica, de modo que tanto su ubicación como su objetivo se relacionaban con la iglesia local, y solo los sacerdotes dirigían las misiones parroquiales debido al papel central de los sacramentos. Dolan, *Catholic Revivalism*, 196-97.

[284] Para más información sobre los avivamientos o campañas de Moody, véase Priscilla Pope-Levison, *Building the Old Time Religion: Women Evangelists in the Progressive Era* (New York: University Press, 2015), 42-43.

[285] Para más información sobre Woodworth-Etter, véase Pope-Levison, *Turn the Pulpit Loose*, 147-55; Pope-Levison, *Building the Old Time Religion*, 36-42, 56-59.

[286] Para más información sobre *Catholic Truth Guild*, véase Pope-Levison, *Building the Old Time Religion*, 27-36, 41-47, 55-56. Para más información sobre Avery, véase Pope-Levison, *Turn the Pulpit Loose*, 111-21.

[287] William G. McLoughlin Jr., *Billy Sunday Was His Real Name* (Chicago: University of Chicago Press, 1955), xvii.

[288] Para más información sobre Cagle, véase Pope-Levison, *Turn the Pulpit Loose*, 147-55; Pope-Levison, *Building the Old Time Religion*, 80-81; Priscilla Pope-Levison, "Mary Lee Cagle (1864-1955):

Autobiography of an Evangelist Preacher," *Southern Women in the Progressive Era: A Reader*, ed. Giselle Roberts and Melissa Walker (Columbia: University of South Carolina Press, 2019), 59-91.

[289] Homer Rodeheaver, *Twenty Years with Billy Sunday* (Winona Lake, IN: Rodeheaver Hall-Mack, 1936), 119.

[290] Para más información sobre "Ma" Sunday, véase Pope-Levison, *Turn the Pulpit Loose*, 169-77, y Pope-Levison, *Building the Old Time Religion*, 43-45, 62-64.

[291] Priscilla Pope-Levison, "William J. Seymour (1870-1922)," BlackPast.org, January 26, 2007, https://www.blackpast.org/vignette_aahw/seymour-william-j-1870-1922.

[292] Para más información sobre McPherson, véase Pope-Levison, *Turn the Pulpit Loose*, 187-203, y Pope-Levison, *Building the Old Time Religion*, 173-82.

[293] Para más información sobre Robinson, véase Pope-Levison, *Turn the Pulpit Loose*, 205-11.

[294] Para más información sobre Kuhlman, véase Pope-Levison, *Turn the Pulpit Loose*, 213-21.

[295] Para más información sobre Utley, véase Pope-Levison, *Turn the Pulpit Loose*, 223-33.

[296] "History," Billy Graham Evangelistic Association, https://billygraham.org/news/media-resources/electronic-press-kit/bgea-history.

[297] William J. Leonard, "Evangelism and Contemporary Life," *Review and Expositor* 77, no. 4 (Fall 1980): 495.

[298] William Martin, *A Prophet with Honor: The Billy Graham Story* (New York: Morrow, 1991), 113.

[299] Steve Rabey, *Revival in Brownsville: Pensacola, Pentecostalism, and the Power of American Revivalism* (Nashville: Nelson, 1998), 71.

[300] Rabey, *Revival in Brownsville*, 110-11.

[301] Grant Wacker, *America's Pastor: Billy Graham and the Shaping of a Nation* (Cambridge, MA: Harvard University Press, 2014), 146.

[302] Wacker, *America's Pastor*, 147.

[303] Billy Graham, "The Evangelist and His Preaching," en *The Calling of an Evangelist: The Second International Congress for Itinerant Evangelists, The Netherlands*, ed. J. D. Douglas (Minneapolis: World Wide Publications, 1987), 98.

[304] Véase Elaine A. Heath and Larry Duggins, *Missional, Monastic,*

Mainline: A Guide to Starting Missional Micro-Communities in Histori-cally Mainline Traditions (Eugene, OR: Cascade Books, 2014), 40-45.

[305] Leighton Ford, "How to Give an Honest Invitation," *Leader-ship 5*, no. 2 (1984): 106.

[306] Ford, "How to Give an Honest Invitations," 106.

[307] Charles Bradley Templeton, *Evangelism for Tomorrow* (New York: Harper & Brothers, 1957), 169. Templeton sugiere que el ministro u otro líder esté preparado para explicar en términos simples pero claros lo que implica un compromiso cristiano. También se distribuiría literatura que proporciona información adicional. Templeton, *Evangelism for Tomorrow*, 172.

[308] Wacker, *America's Pastor*, 51.

[309] Graham, *Biblical Standard for Evangelists*, 27.

[310] Graham, *Biblical Standard for Evangelists*, 109.

[311] Gordon T. Smith, *Transforming Conversion: Rethinking the Lan-guage and Contours of Christian Initiation* (Grand Rapids: Baker Aca-demic, 2010), 5.

[312] Frank D. Bardgett, "The Tell Scotland Movement: Failure and Success," *Records of the Scottish Church History Society* 38 (2008): 124.

[313] Graham, *Biblical Standard for Evangelists*, 61.

[314] Michael Riddell, *Threshold of the Future: Reforming the Church in the Post-Christian West* (London: SPCK, 1998), 4.

[315] Ronald C. Sider, *One-Sided Christianity? Uniting the Church to Heal a Lost and Broken World* (Grand Rapids: Zondervan, 1993), 193.

[316] Sider, *One-Sided Christianity?*, 194.

[317] Russell E. Richey, "Revivalism: In Search of a Definition," *Wesleyan Theological Journal* 28, nos. 1-2 (Spring/Fall 1993): 170.

[318] George Marsden, *Understanding Fundamentalism and Evangelical-ism* (Grand Rapids: Eerdmans, 1991), 51.

[319] Greg Laurie, "The '3 Rs' of Personal Revival," Harvest.org, July 2, 2016, https://harvest.org/resources/gregs-blog/post/the-3-rs-of-personal-revival.

[320] Steve Latham, "'God Came from Teman': Revival and Con-temporary Revivalism," en *On Revival: A Critical Examination*, ed. Andrew Walker and Kristin Aune (Carlisle, UK: Paternoster, 2003), 179.

MEDIOS DE COMUNICACIÓN

[321] Orrin G. Cocks, "Urging an Alliance of Church and Motion Picture," *Literary Digest* (1916), citado en John P. Jewell, *Wired for Ministry: How the Internet, Visual Media, and Other New Technologies Can Serve Your Church* (Grand Rapids: Brazos, 2004), 147.

[322] Peter Horsfield, *From Jesus to the Internet: A History of Christianity and Media* (Hoboken, NJ: Wiley-Blackwell, 2015), 5. Angela Williams Gorrell, *Always On: Practicing Faith in a New Media Landscape* (Grand Rapids: Baker Academic, 2019), 40. También relacionado con las definiciones, términos como *ciberespacio, espacio digital* y *mundos digitales* serán usados intercambiablemente como abreviatura de "cualquier forma de tecnología digital que implique la participación del usuario con el software por medio de una interfaz de pantalla". Rachel Wagner, *Godwired: Religion, Ritual and Virtual Reality* (New York: Routledge, 2012), 1.

[323] Según un estudio de *Hartford Seminary*, "En su mayor parte, las congregaciones están utilizando las tecnologías para comunicarse con los miembros en lugar de aprovechar al máximo la interactividad de las tecnologías". "New Study Examines Technology and Internet Use in American Congregations," Hartford Seminary, March 7, 2012, https://www.hartsem.edu/2012/03/new-study-examines-technology-and-internet-use-american-congregations.

[324] "Internet Evangelism Day," Facebook, https://www.facebook.com/internetevangelismday. Véase en español: https://www.facebook.com/diadeevangelismoporinternet/.

[325] Douglas Estes, *SimChurch: Becoming the Church in the Virtual World* (Grand Rapids: Zondervan, 2009), 80, 93.

[326] Estoy agradecida con Angela Williams Gorrell por señalarme esta idea en Peter Horsfield's book, *From Jesus to the Internet*. Horsfield enmarca el enigma de esta manera: "El cristianismo es un fenómeno mediado en sí mismo: un fenómeno que se ha desarrollado y construido en el proceso de ser comunicado... La forma en que el cristianismo se comunica se convierte en una parte indistinguible de lo que es el cristianismo ", independientemente de los medios a través de los cuales se exprese. Horsfield, *From Jesus to the Internet*, 7.

[327] Wendy Griffith, "Internet Evangelism: Casting a New Kind of Net," Christian Broadcasting Network, http://www1.cbn.com/churchandministry/internet-evangelism-casting-a-new-kind-of-net.

[328] Andrew Careaga, *E-vangelism: Sharing the Gospel in Cyberspace* (Lafayette, LA: Vital Issues, 1999), 9. Otro evangelista de Internet repite la idea: "Jesús sabía, cuando pronunció las palabras registradas en Mateo 28, lo que haríamos con el silicio en el año 2000... Cuando dijo que estaría con nosotros hasta el fin de los tiempos..., ciertamente visualizó la era de la información". Walter P. Wilson, *The Internet Church* (Nashville: Word, 1999), 14.

[329] "Definitivamente entendía el poder de la palabra compartida de boca en boca y valoraba la naturaleza viral —o contagiosa— de amigos y familiares que comparten las buenas nuevas y llevan a otros a una fe en Dios que transforma la vida. Si recuerdan Lucas 10, Jesús incluso envió personas en parejas para difundir el evangelio. Éstos se lo contaron a dos amigos y así sucesivamente... Puedes hacerte la idea" (" Social Networking Overview", ResourceUMC, http://www.umcom.org/learn/social-networking-overview). Véase también Meredith Gould, *The Social Media Gospel: Sharing the Good News in New Ways*, 2ª ed. (Collegeville, MN: Liturgical Press, 2015), cap. 2.

[330] Leonard Sweet, *Viral: How Social Networking Is Poised to Ignite Revival* (Colorado Springs: WaterBook, 2012), 6.

[331] Patrick Dixon, *Cyberchurch, Christianity and the Internet* (Eastborne, UK: Kingsway, 1997), 17, citado en Heidi Campbell, "Evangelicals and the Internet," en *Evangelical Christians and Popular Culture: Pop Goes the Gospel,* ed. Robert Woods (Santa Barbara, CA: Praeger, 2013), 2:285.

[332] Fr. Eugene LaVerdiere, "What Is 'Inculturation' Really All About?," Catholic News Singapore, February 10, 2009, https://catholicnews.sg/2009/02/10/what-is-inculturation-really-all-about.

[333] John Paul II, *Redemptoris Missio,* Vatican Publishing House, December 7, 1990, http://w2.vatican.va/content/john-paul-ii/en/encyclicals/documents/hf_jp_ii_07121990_redemptoris-missio.html, párrafo 37.

[334] Pam Smith, *Online Mission and Ministry: A Theological and Practical Guide* (London: SPCK, 2015), 3, citado en Tim Hutchings,

Creating Church Online: Ritual, Community and New Media (New York: Routledge, 2017), 28. Smith es sacerdote en i-church. Visite su sitio web en https://www.i-church.org/gatehouse/index.php/home/information/4-community. Para más información sobre i-church, véase Hutchings, *Creating Church Online*, 90-112.

335 Peter Phillips, Bex Lewis, and Kate Bruce, "Digital Communication, the Church and Mission," *Church Growth: Resourcing Mission bulletin,* June 2013, http://www.churchgrowthrd.org.uk/UserFiles/File/Resourcing_Mission_Bulletin/June_2013/Digital_Communication_the_Church_and_Mission.pdf, 3.

336 Estes, *SimChurch*, 21.

337 Pope Francis, "Message of Pope Francis for the 48th World Communications Day," Vatican Publishing House, June 1, 2014, http://www.vatican.va/content/francesco/en/messages/comm unications/documents/papa-francesco_20140124_messaggio-comuicazioni-sociali.html.

338 Natasha Govekar, conversación personal, Rome, Italy, February 25, 2019.

339 Estrelda Alexander, *Limited Liberty: The Legacy of Four Pentecostal Women Pioneers* (Cleveland: Pilgrim, 2008), 41.

340 *The Apostolic Faith: History, Doctrine, and Purpose* (Portland: Apostolic Faith Mission, 2005), 153.

341 La AFM también almacena literatura en chino, francés, birmano, ruso y kiswahili, mientras que sus contactos internacionales en África e India imprimen su propia literatura en otros dialectos. Rick Olson (Supervisor de distribución, Apostolic Faith Church), correspondencia por correo electrónico con el autor.

342 John Roach Straton, citado en "Twinting the Devil's Tail," *Time,* March 16, 1953, 83.

343 Quentin J. Schultze, "Evangelical Radio and the Rise of the Electronic Church, 1921-1948," *Journal of Broadcasting and Electronic Media* 32, no. 3 (Summer 1988): 301.

344 "Junto a mi radio, por fin, he aceptado al Señor como mi Salvador. Le he escuchado durante mucho tiempo y me ha convencido de que soy un pecador que necesita un Salvador". Michael E. Pohlman, "Broadcasting the Faith: Protestant Religious Radio and Theology in America, 1920-1950" (PhD diss., South-

ern Baptist Theological Seminary, 2011), 167.

[345] Stewart Hoover, *Mass Media Religion: The Social Sources of the Electronic Church* (Newbury Park, CA: Sage, 1988), 73.

[346] Heidi Campbell, *When Religion Meets New Media* (New York: Routledge, 2010), 23.

[347] Christopher Helland, "Popular Religion and the World Wide Web: A Match Made in (Cyber) Heaven," en *Religion Online: Finding Faith on the Internet,* ed. Lorne L. Dawson and Douglas E. Cowan (New York: Routledge, 2004), 26.

[348] Campbell, *When Religion Meets New Media,* 24.

[349] Patricia Walker, correspondencia por correo electrónico con la autora, marzo 18, 2019.

[350] Bill Easum and Bill Tenny-Brittian, *Under the Radar: Learning from Risk-Taking Churches* (Nashville: Abingdon, 2005), viii.

[351] Dawson and Cowan, *Religion Online,* 27.

[352] El programa de Sheen es "único en la historia de la difusión estadounidense. Fue, y es, el único programa religioso que ha competido comercialmente en las cadenas de televisión". Hoover, *Mass Media Religion,* 53.

[353] Joshua Ramo, "Finding God on the Web," *Time,* December 16, 1996, 55.

[354] Según un estudio reciente de Barna Group, el 53 por ciento de quienes se identifican como cristianos creen que la tecnología ha hecho que compartir su fe sea más fácil. (Barna Group, *Spiritual Conversations in the Digital Age: How Christians' Approach to Sharing Their Faith Has Changed in 25 Years* [Ventura, CA: Barna Group, 2018], 38. En un estudio reciente sobre cómo las personas llegan a la fe, Bryan P. Stone afirma que "la televisión y la radio son mucho menos importantes para la comunicación de la fe que los nuevos medios de comunicación en línea… En una semana determinada, casi la mitad de todos los adultos en los EE. UU. están expuestos a alguien que comparte su fe religiosa en línea". Bryan P. Stone *Finding Faith Today* (Eugene, OR: Wipf & Stock, 2018), 78.

[355] Dawson and Cowan, *Religion Online,* 10.

[356] L. Sweet, *Viral,* 15.

[357] Sweet escribe:

Quienes pertenecen al grupo de Gutenberg se basan sin tapujos en el texto, y uso *texto* aquí como sustantivo. Hace mucho tiempo, aceptaron como misión principal la tarea de hacer llegar la Palabra de Dios impresa a las manos de los miembros de todos los grupos lingüísticos del planeta… En el cristianismo de Gutenberg, el texto que respalda la fe (la Biblia) tiende a recibir tanto énfasis (si no más) como la vida diaria de la fe… Los *Googlers* han reescrito las reglas para formar redes, conexiones y relaciones… Una de las principales formas en que suceden estas cosas en la Cultura *Googler* es mediante el uso de metáforas para contar historias, captar historias y compartir historias… Los *Googlers* se remontan a la era de Jesús. Y no es casualidad que Jesús sea el principal narrador de historias del mundo. Se destacó en conectar a las personas entre sí, con él mismo, con la creación y con Dios. (L. Sweet, *Viral*, 6)

Si aún no está seguro de a cuál grupo pertenece usted, Sweet ofrece una serie de preguntas junto con una rúbrica de calificación para proporcionar la respuesta. L. Sweet, *Viral*, 4-5.

[358] Gorrell, *Always On*, 33-34.

[359] Para más información sobre lo que implica ser un puente, véase cap. 5, "Iglecrecimiento".

[360] *Social Media for Missions: An Introductory Guide,* version 1.2, Mobile Ministry Forum, February 2018, https://drive.google.com/file/d/1di5zYLh4O2ooN7cvVW-aPzDwob_mqHa/view, 17-18.

[361] Para más información sobre Sherwood Pictures, véase http://sherwoodpictures.com.

[362] *Social Media for Missions,* https://drive.google.com/file/d/1di5z/YLh4O2ooN7cvVW-aPzDwob_mwHa/view, 28-29. Véase también M. Gould, *Social Media Gospel,* capítulo 10.

[363] Keith Knight, "The E-vangelist: Taking the Gospel into Cyberspace," *Presbyterian Record* 127, no. 5 (May 2003): 41.

[364] Wilson, *Internet Church*, 132.

[365] Campbell, "Evangelicals and the Internet," 277.

[366] Aubrey Malphurs and Michael Malphurs, *Church Next: Using the Internet to Maximize Your Ministry* (Grand Rapids: Kregel, 2003), 138.

[367] Andrew Hutchinson, "Facebook Reaches 2.38 Billion Users, Beats Revenue Estimates in Latest Update," Social Media Today, April 24, 2019,

https://www.socialmediatoday.com/news/facebook-reaches-238-billion-users-beats-revenue-estimates-in-latest-upda/553403.
368 Bernadette Coleman, "6 Important Facts about Facebook and Local Presence Management," Social Media Today, May 9, 2017, https://www.socialmediatoday.com/social-networks/6-important-facts-about-facebook-and-local-presence-management.
369 Aaron Smith and Monica Anderson, "Social Media Use in 2018," Pew Research Center, March 1, 2018, https://www.pewinternet.org/2018/03/01/social-media-use-in-2018.
370 Sarah Knapton, "Facebook Users Have 155 Friends but Would Trust Just Four in a Crisis," *The Telegraph*, January 20, 2016, https://www.telegraph.co.uk/news/science/science-news/12108412/Facebook-users-have-155-friends-but-trust-just-four-in-a-crisis.html.
371 Paige Cooper, "125 Twitter Stats All Marketers Need to Know in 2020," Hootsuite Inc., October 30, 2019, https://blog.hootsuite.com/twitter-statistics.
372 Paige Cooper, "125 Twitter Stats All Marketers Need to Know in 2020," Hootsuite Inc., December 17, 2019, https://blog.hootsuite.com/youtube-stats-marketers.
373 *Social Media for Missions*, https://drive.google.com/file/d/1di5zYLh4O20oN7cvVW-aPzDwob_mqHa/view, 29.
374 Brandon Dollarhite, "Evangelism in the Digital Age: Using Social Media to Spread the Gospel" (DMin thesis, Perkins School of Theology, 2013), 98.
375 Barna Group, *Spiritual Conversations in the Digital Age*, 47, 75.
376 Gorrell, *Always On*, 47.
377 Teresa Berger, *@Worship: Liturgical Practices in Digital Worlds* (New York: Routledge,2017), 2.
378 Chris Raines, "More Mobile Phones Than Toothbrushes? Fact or Fiction," Pi Dental Implant Center, August 3, 2016, https://blog.dentalimplants-usa.com/more-mobile-phones-than-toothbrushes-fact-or-fiction.
379 Wilson, *Internet Church*, xiii-xiv. Esta aceptación desmedida del evangelismo de medios encaja en uno de los "cuatro tipos de conversaciones infructuosas sobre los nuevos medios de comu-

nicación" de Gorrell, al que se refiere como utilitario en lugar de cristiano:
La idea básica en las conversaciones utilitarias es que si la institución puede volverse más capacitada (o encontrar el personal adecuado) o gastar más dinero en mejores formas de nuevos medios, puede usarlos para hacer la obra de Dios en el mundo. Las personas que se entusiasman con la tecnología a menudo se olvidan de evaluar críticamente la visión malformada por la que está moldeada, así como sus valores y prácticas dañinos. La convicción malformada que informa este tipo de conversación es que los nuevos medios de comunicación son solo una herramienta y, si se usan con buenas intenciones, contribuyen a los propósitos de Dios. Esto es demasiado simplista. (Gorrell, *Always On*, 28-29)

[380] Quentin J. Schultze, *Christianity and the Mass Media in America: Toward a Democratic Accommodation* (East Lansing: Michigan State University Press, 2003), 341.

[381] Andrew Postman, "Introduction to the Twentieth Anniversary Edition," in Neil Postman, *Amusing Ourselves to Death: Public Discourse in the Age of Show Business* (New York: Penguin, 2005), xii.

[382] Postman, *Amusing Ourselves to Death*, 121.

[383] Kathleen N. Hattrup, "The Internet Is a Gift of God, Says Pope; It's Also a Responsibility," Aleteia, June 6, 2018, https://aleteia.org/2018/06/06/the-internet-is-a-gift-of-god-says-pope-its-also-a-responsibility.

CONCLUSIÓN

[384] Brian McLaren, *More Ready Than You Realize: Evangelism as Dance in the Postmodern Matrix* (Grand Rapids: Zondervan, 2002), 13-14.

[385] Henri Nouwen, *Reaching Out: The Three Movements of the Spiritual Life* (Garden City, NY: Doubleday, 1975), 46-47.

[386] Nouwen, *Reaching Out*, 51.

[387] Brian P. Stone, *Finding Faith Today* (Eugene, OR: Wipf & Stock, 2018), 48-49.

[388] *Social Media for Missions: An Introductory Guide*, version 1.2, Mo-

MODELOS DE EVANGELISMO

bile Ministry Forum, February 2018, https://drive.google.com/file/d/1di5zYLh4O20oN7cvVW-aPzDwob_mqHa/view, 23.

[389] Stone, *Finding Faith Today*, 17.

[390] Stone, *Finding Faith Today*, 17-18.

[391] "Unchurches Report," LifeWay Research, http://lifewayresearch.com/wp-content/uploads/2017/01/BGCE-Unchurches-Study-Final-Report-1_5_17.pdf, 20.

[392] Jamie Arpin-Ricci, "Genuine Evangelism: Friday with Francis," Jamiearpinricci.com (blog), May 9, 2008, http://www.jamiearpinricci.com/2008/05/genuine-evangelism-friday-with-francis.

[393] Jonathan Merritt, *Learning to Speak from Scratch: Why Sacred Words Are Vanishing—And How We Can Revive Them* (New York: Convergent, 2018), 49.

[394] Audrey Barrick, "How Do Unchurched Americans View Christianity?," *Christian Post*, January 9, 2008, https://WWW.christianpost.com/new/how-do-unchurched-americans-view-christianity.html

[395] Stone, *Finding Faith Today*, 28-29, 34-35.

www.ingramcontent.com/pod-product-compliance
Lightning Source LLC
Chambersburg PA
CBHW021611120626
46545CB00001B/170